Duell der Gartenprofis

ZDF

Gestalte deinen Traumgarten

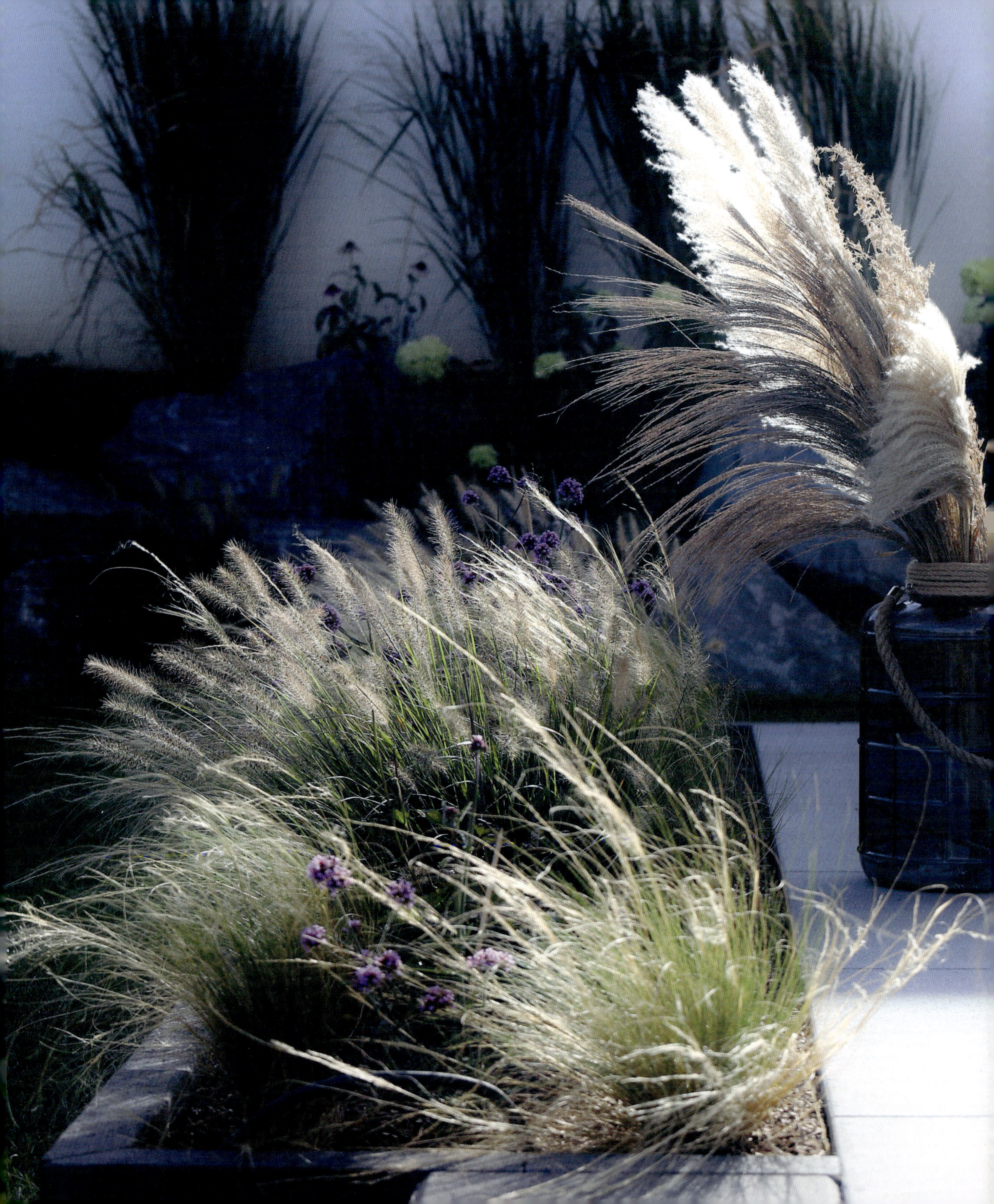

Duell der Gartenprofis

ZDF

Gestalte deinen Traumgarten

EMF

EIN BUCH DER
EDITION MICHAEL FISCHER

Inhalt

Vorwort

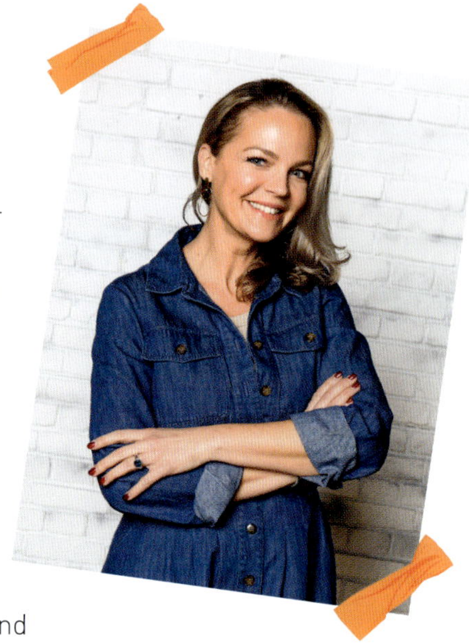

Liebe Leser*innen!

Es ist mir eine große Freude, Ihnen dieses Gartenbuch präsentieren zu dürfen, welches einen ganz besonderen Blick auf die Gärten der erfolgreichen Fernsehserie „Duell der Gartenprofis" wirft. Als Moderatorin und Expertin für Innenarchitektur durfte ich in den vergangenen Jahren zahlreiche Gärten begleiten und dabei die faszinierende Welt der Gartenkunst kennenlernen.

In dieser einzigartigen TV-Sendung haben wir es uns zur Aufgabe gemacht, die Gärten von Menschen aus ganz Deutschland zu verwandeln und ihnen somit ein Stück Lebensqualität zurückzugeben oder überhaupt erst zu kreieren.

Jedes Mal haben sich zwei Gartenprofis darum beworben, den jeweiligen Garten zu IHREM Meisterwerk zu machen!

Aber immer nur ein Profi konnte das Duell gewinnen und den Garten nach seinen Vorstellungen und den Wünschen der Bauherr*innen gestalten. Und das ist gleichzeitig der Luxus für die Gartenbesitzer*innen, gleich zwei Entwürfe zur Auswahl zu haben.

Wirklich jeder Garten war eine neue Herausforderung, bei der die Gartenprofis mit viel Leidenschaft und Kreativität die individuellen Wünsche und Bedürfnisse der Gartenbesitzer*innen umgesetzt haben. Dabei hatten die Gärtner*innen nicht nur die ästhetische Gestaltung im Blick, sondern berücksichtigten auch die Funktionalität und Nachhaltigkeit der Gärten.

So manches Mal ging die Herausforderung aber auch erst richtig los, nachdem die Gartenbaustellen begonnen hatten. Einige Gartenprojekte mussten wegen Dauerregens abgebrochen werden, andere Gärten glichen durch die andauernde Trockenheit einer Steppe, ein anderes Mal tauchten unerwartete Betonfundamente im Erdreich auf, mal musste das Team gegen die gnadenlose Hitze am steinigen

Hang ankämpfen oder die Zuwegung zum Garten war so schmal, dass kein Bagger hindurchkam und alles von Hand raus und in den Garten geschafft wurde.

Die Gärten des „Duell der Gartenprofis" forderten nicht nur die Gartenprofis heraus, sondern auch mich als Moderatorin. Ich durfte die faszinierenden Geschichten hinter den Gärten kennenlernen und habe viel über die verschiedenen Pflanzen, Materialien und Gestaltungsmöglichkeiten gelernt. Es ist und bleibt eine wahre Bereicherung für mein eigenes Gartenwissen.

In diesem Buch haben wir für Sie die Höhepunkte der vergangenen Jahre zusammengestellt. Sie werden die atemberaubenden Verwandlungen der Gärten noch einmal miterleben und von den wertvollen Tipps und Tricks der Gartenprofis profitieren können. Auch die persönlichen Geschichten der Gartenbesitzer*innen werden nicht zu kurz kommen.

Sie werden die unterschiedlichsten Stilrichtungen und Gestaltungsideen kennenlernen. Von romantischen Landhausgärten über moderne Designoasen bis hin zu naturnahen Paradiesen – hier ist für jeden Geschmack etwas dabei.

Egal, ob Sie bereits einen grünen Daumen haben oder gerade erst in die Welt des Gärtnerns eintauchen möchten, dieses Buch wird Ihnen Inspiration und praktische Anleitungen bieten.

Ich möchte mich an dieser Stelle bei allen Teilnehmer*innen bedanken, die uns mit ihren wundervollen Gärten und ihrer Leidenschaft für die Natur begeistert haben. Ein besonderer Dank geht auch an alle Beteiligten vor und hinter der Kamera, welche mit viel Engagement und Liebe zum Detail dieses einzigartige TV-Format ermöglicht haben.

Ich wünsche Ihnen nun viel Freude beim Lesen und Entdecken der faszinierenden Gärten aus dem „Duell der Gartenprofis". Lassen Sie sich inspirieren und erwecken Sie Ihren eigenen grünen Traum zum Leben!

Herzlichst,
Eva Brenner

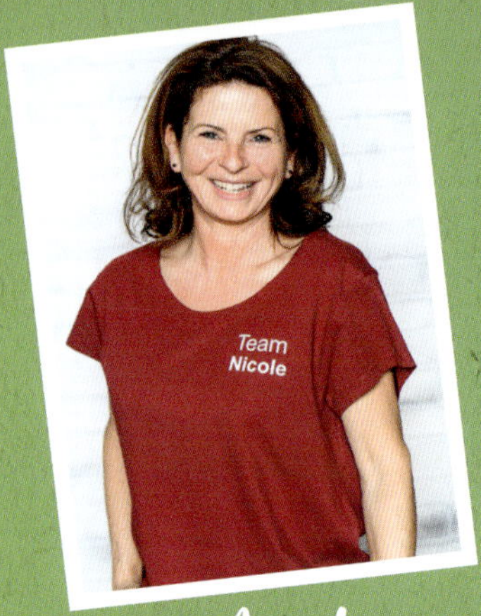

Nicole

Marius

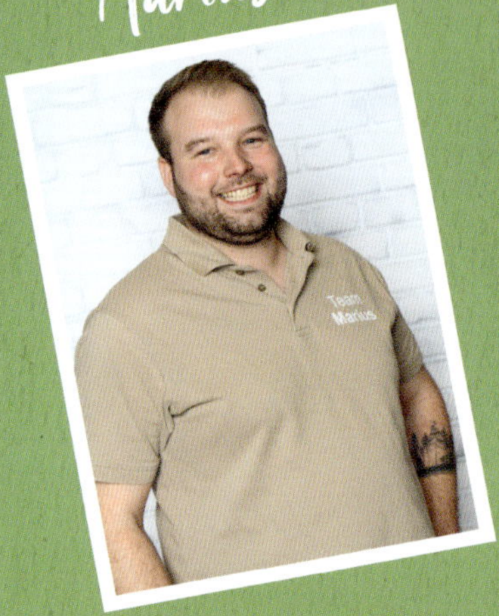

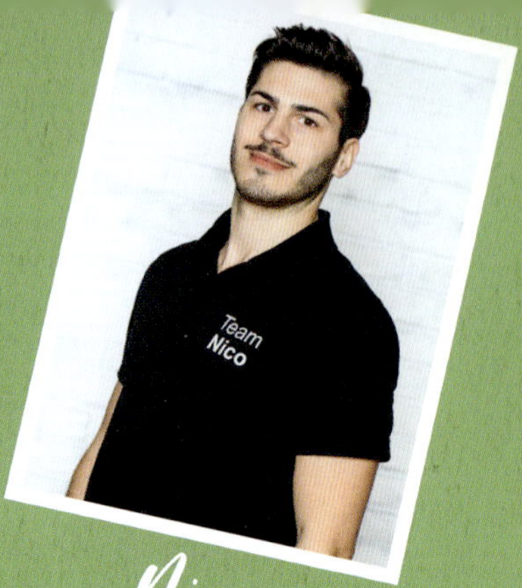

Nico

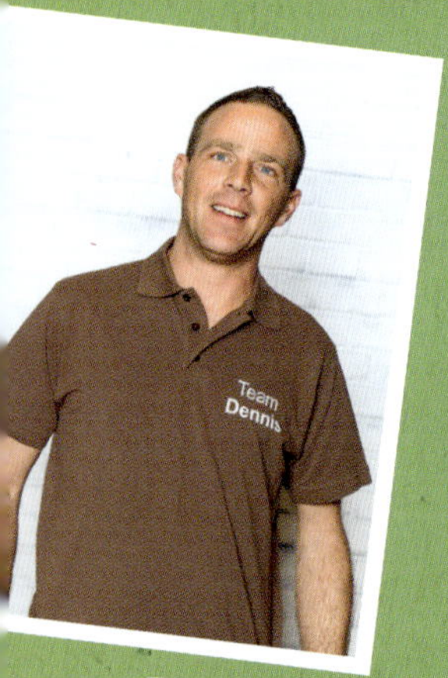

Dennis

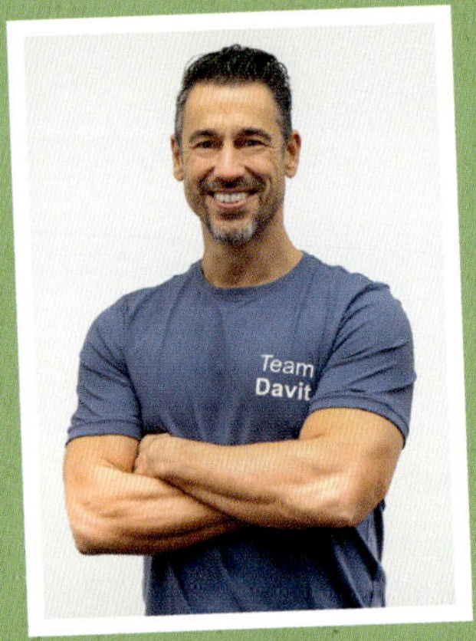

Davit

Alexandra

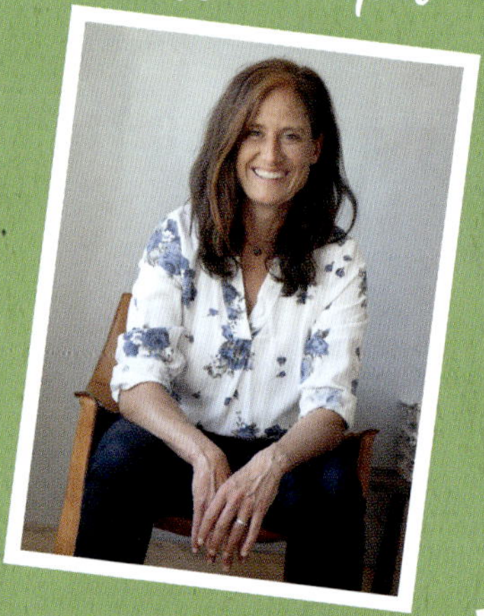

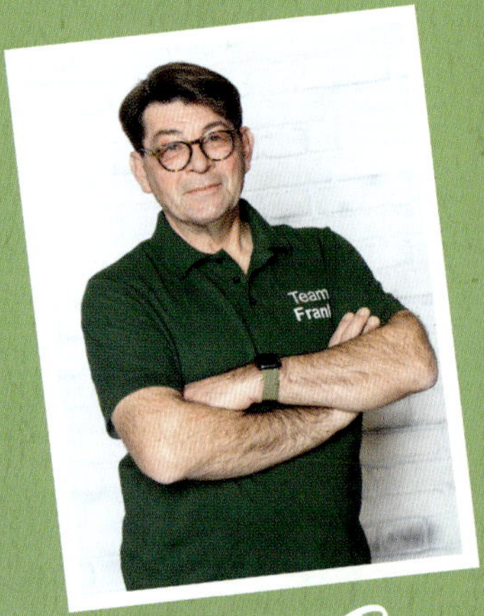

Frank R.

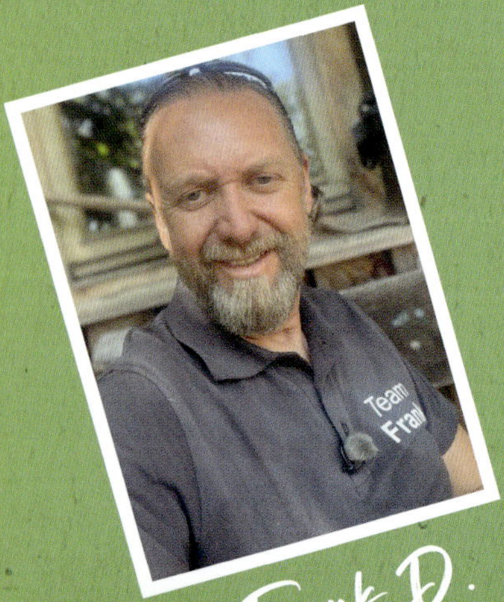

Frank D.

René

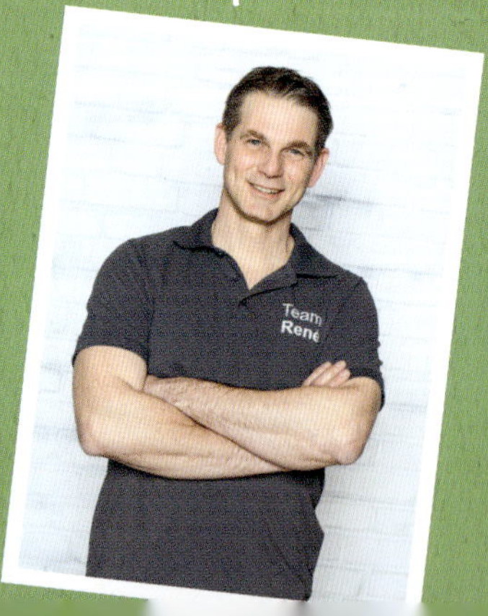

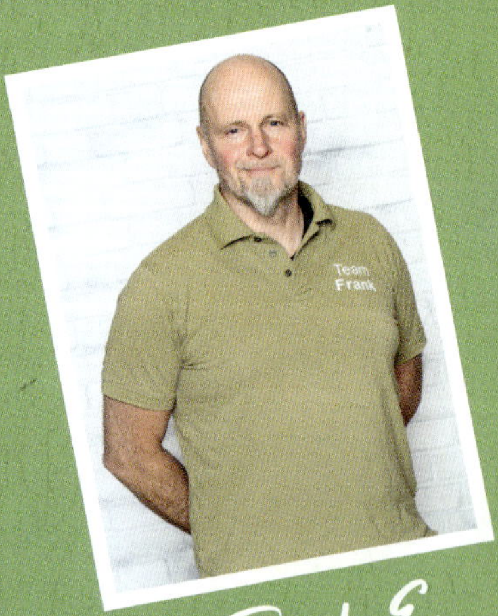

Frank E.

Die Gartenprofis

Alexandra Lehne

Diplom-Gartendesignerin Alexandra Lehne liebt und erschafft Gärten, die zu jeder Jahreszeit blühen.

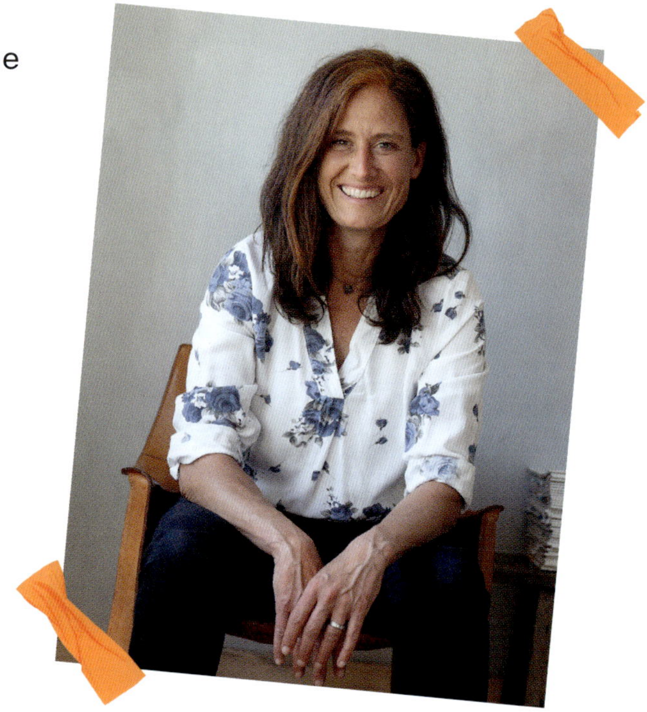

→ Was hat Sie bewogen, Gartenplanerin zu werden, und welche Ausbildung haben Sie dafür gemacht?

Ursprünglich wollte ich Töpferin werden. Mein Großvater meinte jedoch, ich müsse unbedingt studieren. Als ehemalige Hochleistungssportlerin habe ich daher Sportwissenschaften studiert. Irgendwann kam der Wunsch zurück, kreativ zu arbeiten. Ich zog nach England und studierte Gartendesign und Landschaftsarchitektur in Oxford. Meine Entwürfe sind sehr englisch geprägt, mit klaren Formen und vielen Pflanzen.

→ Wie gehen Sie vor, um den Wünschen der Kund*innen möglichst genau zu entsprechen und diese in eine Planung umzusetzen?

Wir beginnen mit einem Fragebogen und mit Gesprächen. Ich habe gelernt, gut hinzuhören und zu spüren, was die Menschen erleben wollen, wenn sie sich im Garten aufhalten. Gartengestaltung ist reine Psychologie. Ein Entwurf ist immer ein Kompromiss aus den Wünschen der Bauherr*innen, den Gegebenheiten vor Ort, Bebauungsplänen, Satzungen, Bauordnungen sowie dem Budget.

→ Wonach wählen Sie das Material aus, mit dem Sie arbeiten? Wovon hängt es beispielsweise ab, ob Sie sich für Holz, Kies, Natursteine oder Betonplatten für eine Terrasse bzw. einen Sitzplatz entscheiden?

Die Wahl der Materialien ist sehr komplex und muss gut überlegt sein. Das Material soll nicht zu präsent sein, denn der Garten wirkt durch die Pflanzen. Es geht um ein gut geplantes Zusammenspiel von Farben, Kontrasten, Stil, Materialmix, Pflegeleichtigkeit, Standorten im Garten untereinander und zu der umliegenden Natur. Mein oberster Leitsatz ist „Weniger ist mehr". Ich möchte einen Garten nicht überladen. Auch schaue ich immer, was bereits da ist und was sich gut einfügt, damit ein harmonisches Bild entsteht.

→ Wovon hängt es ab, ob Sie eine Rasenfläche oder eine Staudenfläche einplanen?

Das hängt vom Grundkonzept ab. Dabei schaue ich, welche Funktionsbereiche gewünscht sind und wo sich diese im Garten wiederfinden. Praktikabilität im Zusammenhang mit Sonnenstand, Sichtachsen und störenden Einflüssen wie Wind oder Lärm fließen in die Überlegungen mit ein. In kleinen Gärten verzichte ich mittlerweile auf Rasen, da Stauden schlichtweg pflegeleichter sind und mehr Effekt für den Garten bringen.

→ Worin bestehen die Schwerpunkte Ihrer Arbeit, entwerfen Sie beispielsweise lieber Pflanzpläne oder Terrassen und Sitzplätze?

Das kann man nicht voneinander trennen. Ein Garten ist ein Gesamtwerk und darin finden sich all die oben genannten Bereiche. Sie bilden Gartenräume und sind absolut wichtig, um einen Lebensraum draußen zu erschaffen, in dem sich die Bewohner*innen wohlfühlen.

→ Wie stellen Sie sicher, dass alle Pflanzen auch anwachsen bzw. im Winter nicht erfrieren und der Rollrasen nach dem Verlegen nicht vertrocknet? Übernehmen Sie dafür irgendeine Gewährleistung?

Wir sind ein Architekturbüro und suchen alle Pflanzen sorgfältig nach ihren jeweiligen Standortansprüchen aus. Werden diese liebevoll gepflegt und erhalten sie ausreichend Wasser und Nährstoffe, dann wachsen sie ausgezeichnet. Junge Pflanzen sind vergleichbar mit kleinen Kindern, die darf man auch nicht alleine lassen. Ist der Garten später gut eingewachsen und „erwachsen", dann kommt er besser alleine klar. Fakt ist, ein Garten braucht Pflege, selbst wenn nur trockenheitstolerante Pflanzen gepflanzt werden. Und wer erkennt, wieviel Freude und Erfüllung die „Arbeit" im Garten mit sich bringt, tut dies einfach gern.

Ihre Gärten:

- → Ausgeklügelte Staudenbeete rund ums Haus, Seite 118
- → Filigrane Gräser vor der Terrasse, Seite 124

Davit Arican

Davit Arican mag geschwungene Linien und natürlichen Charme: Der Gartenbauingenieur schafft durchdesignte Gartenanlagen mit Farben und Kontrasten.

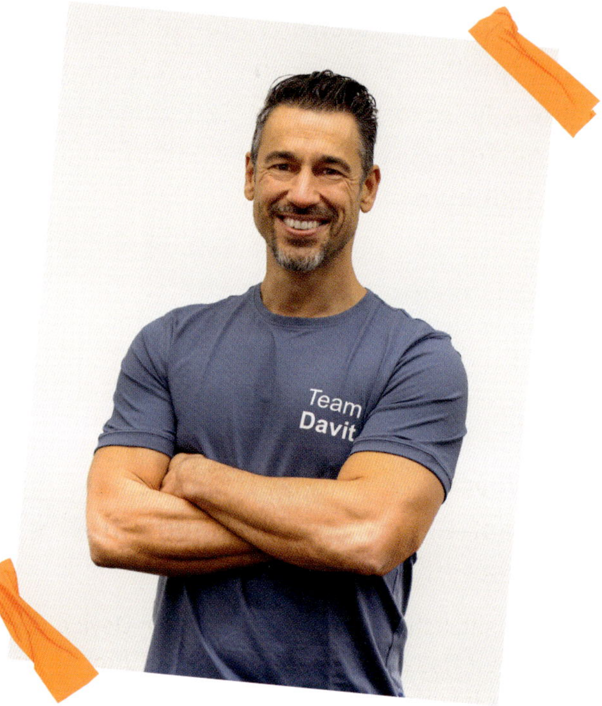

→ Was hat Sie bewogen, Gartenplaner zu werden, und welche Ausbildung haben Sie dafür gemacht?

Schon als Kind bin ich mit meinen Eltern viel in der Natur unterwegs gewesen. Nach dem Abitur habe ich eine Ausbildung zum Landschaftsgärtner gemacht. Dann habe ich Landschaftsarchitektur in Essen studiert und im Anschluss meine eigene Firma gegründet.

→ Wie gehen Sie vor, um den Wünschen der Kund*innen möglichst genau zu entsprechen und diese in eine Planung umzusetzen?

Wichtig ist für mich, die Kund*innen kennenzulernen. Ich möchte erfahren, ob sie Kinder haben, welchen Hobbys sie nachgehen, ob sie Wasser mögen. So bekomme ich eine Vorstellung davon, wohin die Reise geht. Dann schaue ich mir den Garten an. Wo geht die Sonne auf, wo geht sie unter? Sind Sichtbeziehungen zu berücksichtigen und wo können spannungsreiche Räume entstehen? Meine Analyse bringe ich dann mit den Wünschen der Kund*innen zusammen.

→ Was müssen Sie dafür von Ihren Kund*innen wissen und wie bekommen Sie diese Informationen von ihnen?

Ich lasse mir von den Kund*innen ein Moodboard schicken. Also eine Sammlung von Fotos und anderen Darstellungen, die zeigen, welchen Stil sie bevorzugen. Ich habe für mich vier Kategorien entwickelt: den romantischen, den modernen, den klassischen und den natürlichen Typ. Diese Typenkategorien helfen mir, dem Geschmack der Kund*innen zu entsprechen.

→ Wonach wählen Sie das Material aus, mit dem Sie arbeiten? Wovon hängt es beispielsweise ab, ob Sie sich für Holz, Kies, Natursteine oder Betonplatten für eine Terrasse bzw. einen Sitzplatz entscheiden?

Auch hier orientiere ich mich an den jeweiligen Typen. Ein Naturtyp tendiert eher zu Naturstein – und bei Holz mag er anstelle einer chemisch behandelten die geölte Variante. Ein moderner Typ bevorzugt dagegen die Keramikplatten.

→ Wovon hängt es ab, ob Sie eine Rasenfläche oder eine Staudenfläche einplanen?

Grundsätzlich verfahre ich nach der Devise Stauden statt Rasen. Viele Stauden sind Futterpflanzen für die Insekten. Sie sorgen daher für mehr Biodiversität. Zudem machen Stauden weniger Arbeit. Andererseits richte ich mich natürlich auch nach den Wünschen meiner Kund*innen. Ein moderner Typ etwa möchte meist eine große Rasenfläche.

→ Worin bestehen die Schwerpunkte Ihrer Arbeit, entwerfen Sie also lieber Pflanzpläne oder Terrassen und Sitzplätze?

Ganz klar in den Pflanzplänen. Für mich ist das eine Art komponieren: Es müssen Blütenfolgen sowie Formen, Textur und Farben in Einklang gebracht werden. Der Boden sollte möglichst wenig versiegelt werden. Anderseits ist es für mich wichtig, für die Kund*innen Orte der Ruhe zu schaffen.

→ Wie stellen Sie sicher, dass alle Pflanzen auch anwachsen bzw. im Winter nicht erfrieren und der Rollrasen nach dem Verlegen nicht vertrocknet? Übernehmen Sie dafür irgendeine Gewährleistung?

Zunächst einmal bringen wir unsere umfangreichen Pflanzenkenntnisse ein, die dafür sorgen, dass die Pflanzen an einen passenden Standort gepflanzt werden. Wir sorgen für das Vorwässern des Bodens und das In-Wasser-Tunken trockener Pflanzenballen. Damit erhalten die Pflanzen die besten Startbedingungen. Darüber hinaus gelten die gesetzlichen Gewährleistungsfristen.

Seine Gärten:

→ Ein Grünraum voller Möglichkeiten, Seite 34

→ Von der Sauna in den Naturpool, Seite 160

→ Ein Bad für zwei Familien, Seite 164

Dennis Thiele

Gärtnermeister Dennis Thiele findet kreative Lösungen rund ums Haus und lässt im Garten wahre Lieblingsplätze entstehen.

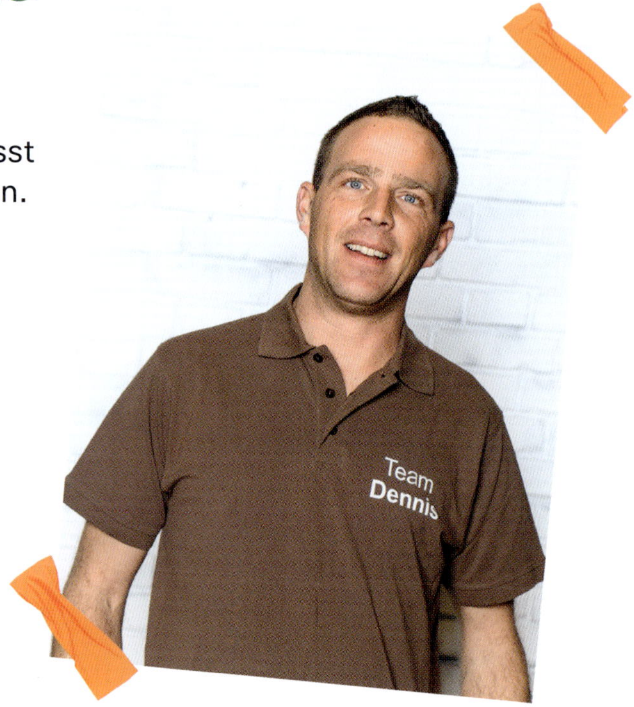

→ Was hat Sie bewogen, Gartenplaner zu werden, und welche Ausbildung haben Sie dafür gemacht?

Ich habe eine Ausbildung zum Gärtner und dann einen Meister mit der Fachrichtung Garten- und Landschaftsbau gemacht. Zudem habe ich immer wieder Lehrgänge auch für das Zeichnen von Gartenplänen besucht. Ich liebe es, eine Gartenvision in einen schönen Plan umzusetzen. Erst damit kann ich den Kund*innen zeigen, wie ihr neuer Garten aussehen könnte.

→ Wie gehen Sie vor, um den Wünschen der Kund*innen möglichst genau zu entsprechen und diese in eine Planung umzusetzen?

Wichtig ist mir der persönliche Kontakt mit den Kund*innen im Garten vor Ort. Mithilfe gezielter Fragen kläre ich, in welche Richtung die Gestaltung gehen soll, ob klassisch, modern, offen, verwunschen und/oder gemütlich. Eine wichtige Rolle spielen ebenso die örtlichen Gegebenheiten, die Lebenssituation und das zur Verfügung stehende Budget. Daraus wird ein Ziel definiert mit einer Überschrift und einem Thema. Gerne mache ich vor Ort Handskizzen, um den Auftraggeber*innen meine Vision bildlich darzustellen.

→ Was müssen Sie dafür von Ihren Kund*innen wissen und wie bekommen Sie diese Informationen von ihnen?

Ich muss zunächst wissen, was sie in ihrem Garten verändern möchten und warum. Erst wenn ich das weiß, kann ich gezielt eine neue Planung vornehmen. Hierbei berücksichtige ich, ob es Bereiche im Garten gibt, die nicht verändert werden sollen, oder Pflanzen, die erhalten bleiben müssen. Stehen in dem Garten schon große Bäume und Pflanzen, können die in das neue Gartenkonzept integriert werden.

→ Wonach wählen Sie das Material aus, mit dem Sie arbeiten? Wovon hängt es beispielsweise ab, ob Sie sich für Holz, Kies, Natursteine oder Betonplatten für eine Terrasse bzw. einen Sitzplatz entscheiden?

Es hängt davon ab, was zum Garten passt und wie die Kund*innen die Fläche nutzen möchten. Die ausgesuchten Materialien richten sich immer nach dem Gesamtkonzept. Sie sollen miteinander ein harmonisches Gesamtbild erzeugen. Auch hier spielt das finanzielle Budget eine wichtige Rolle.

→ Wovon hängt es ab, ob Sie eine Rasenfläche oder eine Staudenfläche einplanen?

Der Wunsch der Kund*innen ist wichtig. Familien mit Kindern wünschen sich große Rasenflächen zum Spielen und Verweilen. Ich versuche immer, einen Mix zu integrieren. Staudenflächen sind optisch wunderschön und ergeben auch einen wichtigen Lebensbereich für Tiere und Insekten.

→ Worin bestehen die Schwerpunkte Ihrer Arbeit, entwerfen Sie beispielsweise lieber Pflanzpläne oder Terrassen und Sitzplätze?

Ich entwerfe Lieblingsplätze, und das ist meine Leidenschaft. Ein Sitzplatz oder eine Terrasse ist immer nur schön, wenn es dazu auch die passende Bepflanzung gibt. Das eine soll mit dem anderen harmonieren.

→ Wie stellen Sie sicher, dass alle Pflanzen auch anwachsen bzw. im Winter nicht erfrieren und der Rollrasen nach dem Verlegen nicht vertrocknet? Übernehmen Sie dafür irgendeine Gewährleistung?

Bei einer Bepflanzung gibt es vieles zu beachten, etwa die richtige Pflanzzeit und den passenden Standort. Berücksichtigt werden müssen zudem die Lichtverhältnisse und die Bodenbeschaffenheit. Danach wählen wir die Pflanzen aus, die auch winterhart sein müssen. Eine fachgerechte Pflanzung und vorab eine Bodenverbesserung sind ein Garant für das Anwachsen der Pflanzen. Wir beraten unsere Kund*innen und geben jede Menge Tipps für Pflege und Bewässerung, die eingehalten werden sollten. Gerne integrieren wir in die Gestaltung auch Hilfsmittel wie ein Bewässerungssystem mit Tröpfchenschlauch bzw. Wassersäcke an Gehölzen und Bäumen.

Sein Garten:

→ Eine moderne, pflegeleichte Wellnessoase, Seite 80

Frank Dietl

Romantische Gärten mit geschwungenen Formen sind die Leidenschaft von Garten- und Landschaftsbauer Frank Dietl.

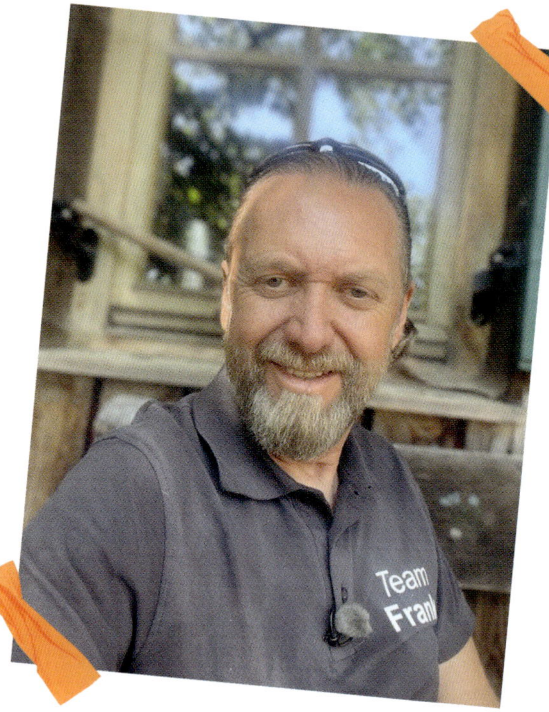

→ Was hat Sie bewogen, Gartenplaner zu werden, und welche Ausbildung haben Sie dafür gemacht?

Meine Naturverbundenheit und die Arbeit im Freien haben mich dazu bewogen, eine Ausbildung zum Gärtner und schließlich zum Gartenbaumeister zu machen. In diesem Beruf kann ich kreativ sein und meinen Beitrag zur Verbesserung der Natur und Umwelt leisten.

→ Wie gehen Sie vor, um den Wünschen der Kund*innen möglichst genau zu entsprechen und diese in eine Planung umzusetzen?

Nach einer Anfrage vereinbare ich erst einmal einen persönlichen Vororttermin. Dann treffe ich mich mit den Kund*innen direkt im Garten, um mir ein Bild von den örtlichen Gegebenheiten und ihren individuellen Vorlieben und Abneigungen machen zu können.

→ Was müssen Sie dafür von Ihren Kund*innen wissen und wie bekommen Sie diese Informationen von ihnen?

Die Wünsche, Vorlieben und auch das zur Verfügung stehende Budget werden in diesem persönlichen Gespräch erfragt.

→ Wonach wählen Sie das Material aus, mit dem Sie arbeiten? Wovon hängt es beispielsweise ab, ob Sie sich für Holz, Kies, Natursteine oder Betonplatten für eine Terrasse bzw. einen Sitzplatz entscheiden?

Ich wähle die Materialien in erster Linie nach dem Wunsch der Kund*innen aus. Doch auch die Beschaffenheit des Gartens und des Umfelds spielen eine Rolle.

→ Wovon hängt es ab, ob Sie eine Rasenfläche oder eine Staudenfläche einplanen?

Auch hier richten wir uns in erster Linie nach dem Wunsch der Auftraggeber*innen und deren Nutzungsbedarf sowie nach den Boden- und Lichtverhältnissen.

→ Worin bestehen die Schwerpunkte Ihrer Arbeit, entwerfen Sie beispielsweise lieber Pflanzpläne oder Terrassen und Sitzplätze?

Eigentlich alles zusammen, da die von uns gestalteten Gärten hauptsächlich als Gesamtprojekt existieren. Schwerpunkte sind jedoch Pflanzungen und Pflege in bereits bestehenden Gärten.

→ Wie stellen Sie sicher, dass alle Pflanzen auch anwachsen bzw. im Winter nicht erfrieren und der Rollrasen nach dem Verlegen nicht vertrocknet? Übernehmen Sie dafür irgendeine Gewährleistung?

Unser Team schafft optimale Voraussetzungen und Bedingungen und unsere Kund*innen erhalten eine Pflegeanleitung. Für Pflanzen geben wir eine einjährige Anwachsgarantie und Rollrasen wird gegebenenfalls auf Kulanz nachgesät und gedüngt.

Seine Gärten:

→ Entspannung unter alten Bäumen, Seite 62

→ Chillen mit Alpenpanorama, Seite 108

Frank Egger

Frank Egger designt Gärten aus dem, was Natur und Landschaft bereitstellen. Damit zaubert der Gartenprofi idyllische Rückzugsorte.

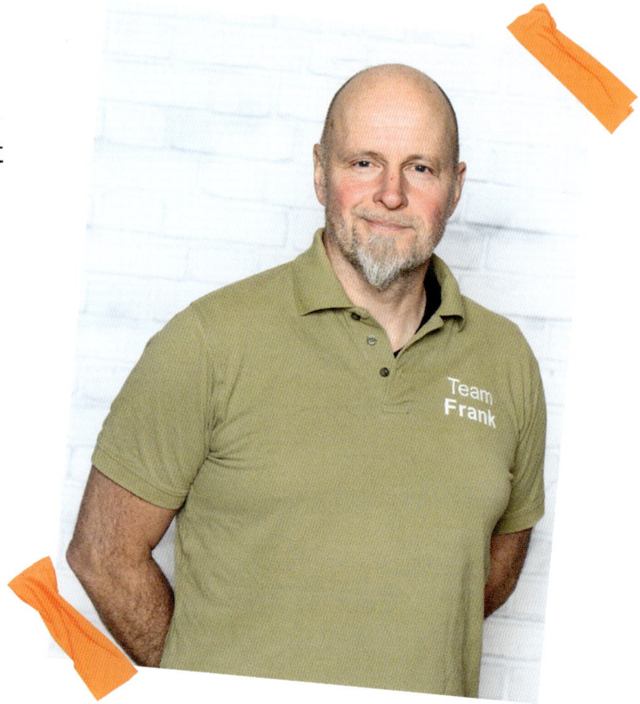

→ Was hat Sie bewogen, Gartenplaner zu werden, und welche Ausbildung haben Sie dafür gemacht?

Ich habe mich nie bewusst dazu entschieden. Mein beruflicher Lebensweg hat mich dazu gemacht. Ich begann mit einer Ausbildung im Blumen- und Zierpflanzenbau im Botanischen Garten der Stadt Wuppertal. Hier habe ich viel über Pflanzen aus allen Erdteilen erfahren.
Anschließend zog es mich in die Welt. Zunächst nach New York und Florida, wo ich im Garten- und Landschaftsbau in den großen, aufwendig gestalteten Gärten amerikanischer Großstadtvillen gearbeitet habe. Im Anschluss beschäftigte ich mich in England mit der Pflege Londoner Stadtvillengärten. Den Schlusspunkt setzte Japan mit seinen traditionellen Hausgärten.
Nach meiner Rückkehr legte ich die Meisterprüfung im Garten- und Landschaftsbau ab und machte mich kurz darauf selbstständig. Die Gartenplanung kam als logische Konsequenz hinzu. Erst machte ich nur kleine Skizzen, um meine planerischen Ideen verständlicher zu machen. Später wurden die Projekte dann umfangreicher.

→ Wie gehen Sie vor, um den Wünschen der Kund*innen möglichst genau zu entsprechen und diese in eine Planung umzusetzen?

Meine Intuition, meine Beobachtungsgabe und meine Erfahrung im Umgang mit den verschiedensten Menschen helfen mir, die Wünsche der Kund*innen umzusetzen. Darauf verlasse ich mich. Ihre Wünsche sind leider nicht immer zu erfüllen, da setzt die Natur manchmal eine Grenze. Doch ich sehe mich genau an dieser Schnittstelle als Berater, Planer und Vermittler.

→ Was müssen Sie dafür von Ihren Kund*innen wissen und wie bekommen Sie diese Informationen von ihnen?

Ich muss den Ort sehen, wo der Garten entstehen soll, und was schon vorhanden ist. Zudem führe ich ein persönliches Gespräch, um herauszufinden, wer der*die Auftraggeber*in ist. Durch eine Besichtigung der Wohnung bzw. des Hauses bekomme ich weitere wertvolle Informationen.

→ Wonach wählen Sie das Material aus, mit dem Sie arbeiten? Wovon hängt es beispielsweise ab, ob Sie sich für Holz, Kies, Natursteine oder Betonplatten für eine Terrasse bzw. einen Sitzplatz entscheiden?

Der Ort und die Menschen sind entscheidend. Ich liebe es, auf Vorhandenes zurückzugreifen, und bevorzuge natürliche Materialien. Die Rohstoffe und Farben unserer Gegend passen meistens in die hiesigen Gärten: Grauwacke, Lärchenholz und Kalkstein. Aber ich bin nicht dogmatisch. Ein indischer Quarzit in changierenden Brauntönen kann auch seine Berechtigung haben. Und Beton ist möglich, wenn es zum Umfeld passt.

→ Wovon hängt es ab, ob Sie eine Rasenfläche oder eine Staudenfläche einplanen?

Davon, wie ein Garten genutzt werden soll. Wenn Kinder Platz zum Spielen brauchen, plane ich selbstverständlich eine Rasenfläche ein, wenn die Voraussetzungen dafür gegeben sind. Ist der Gestaltungsraum klein, empfehle ich Staudenflächen, die dem Auge mehr Erholung und im Wandel der Jahreszeiten mehr Abwechslung bieten.

→ Worin bestehen die Schwerpunkte Ihrer Arbeit, entwerfen Sie beispielsweise lieber Pflanzpläne oder Terrassen und Sitzplätze?

Ich entwerfe am liebsten Lebensräume, in denen sich Menschen, Tiere und Pflanzen wohlfühlen. Einen Garten gestalte ich besonders gern mit Pflanzen. Denn sie sind selbsterhaltend und ein Garant für wiederkehrende Schönheit.

→ Wie stellen Sie sicher, dass alle Pflanzen auch anwachsen bzw. im Winter nicht erfrieren und der Rollrasen nach dem Verlegen nicht vertrocknet? Übernehmen Sie dafür irgendeine Gewährleistung?

Es ist immer möglich, dass im Garten etwas nicht funktioniert. Wir haben es mit Naturprodukten zu tun, die von äußeren Faktoren abhängen, die wir nur bedingt beeinflussen können. Meine langjährige Erfahrung gibt mir Sicherheit, was an welchem Standort gut gelingt. Wenn wir als Gärtner Fehler machen, dann bessern wir natürlich nach.

Seine Gärten:

- → Ein Stück Bergisches Land en miniature, Seite 76
- → Feuerstelle und Außendusche zwischen Gräsern, Seite 90

Frank Riese

Frank Riese ist ein Landschaftsgärtner der alten Schule. Seine Gärten haben einen romantischen Look. Sein Schwerpunkt sind natürliche Wohlfühloasen.

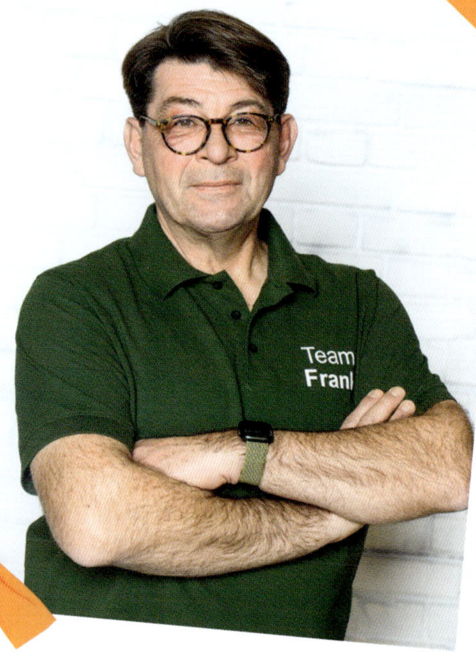

→ Was hat Sie bewogen, Gartenplaner zu werden, und welche Ausbildung haben Sie dafür gemacht?

Zum einen hat mich meine Ausbildung zum Meister und Techniker im Garten- und Landschaftsbau dazu gebracht, auch Gärten zu planen. Zum anderen habe ich einen Sinn für schöne Dinge im Garten und viele Ideen dahingehend, die ich gern umsetzen wollte.

→ Wie gehen Sie vor, um den Wünschen der Kund*innen möglichst genau zu entsprechen und diese in eine Planung umzusetzen?

Vor allen Dingen muss man im Kund*innengespräch gut zuhören. Dazu gehört es, die Wünsche und Vorstellungen genau aufzunehmen und auch noch darüber hinaus viele Dinge zu erfragen. Ein Blick in das Wohnzimmer und auf den Baustil des Hauses verrät noch mehr über die Geschmacksrichtung der Kund*innen. Daraus entstehen dann die Grundstrukturen für die Gestaltungsideen.

→ Wonach wählen Sie das Material aus, mit dem Sie arbeiten? Wovon hängt es beispielsweise ab, ob Sie sich für Holz, Kies, Natursteine oder Betonplatten für eine Terrasse bzw. einen Sitzplatz entscheiden?

Das Material für den Garten wähle ich aus, wenn ich die erste Skizze zeichne. Dort fließen auch die Ansprüche und Wünsche mit ein, die die Kund*innen formuliert haben.

→ Wovon hängt es ab, ob Sie eine Rasenfläche oder eine Staudenfläche einplanen?

Rasen und Stauden würden auf einer kleinen Fläche wie in einem Atriumgarten wenig Sinn ergeben. Da fällt meine Wahl eher auf die Verwendung von Stauden. In einem großen Garten betrachte ich die Rasenfläche als unverzichtbar. Sie dient dazu, die gesamte Fläche zu gliedern.

→ Worin bestehen die Schwerpunkte Ihrer Arbeit, entwerfen Sie beispielsweise lieber Pflanzpläne oder Terrassen und Sitzplätze?

Sowohl als auch. Die Planung von Terrassen und Sitzplätzen kann interessant sein. Allerdings „lebt" der Garten erst mit einer schönen und sinnvollen Bepflanzung.

→ Wie stellen Sie sicher, dass alle Pflanzen auch anwachsen bzw. im Winter nicht erfrieren und der Rollrasen nach dem Verlegen nicht vertrocknet? Übernehmen Sie dafür irgendeine Gewährleistung?

Zu unseren Angeboten zählt eine Fertigstellungspflege. In der Zeit, die wir dafür eingeplant haben, können wir die Pflanzung betreuen und regulierend in alle Belange der Pflege eingreifen.

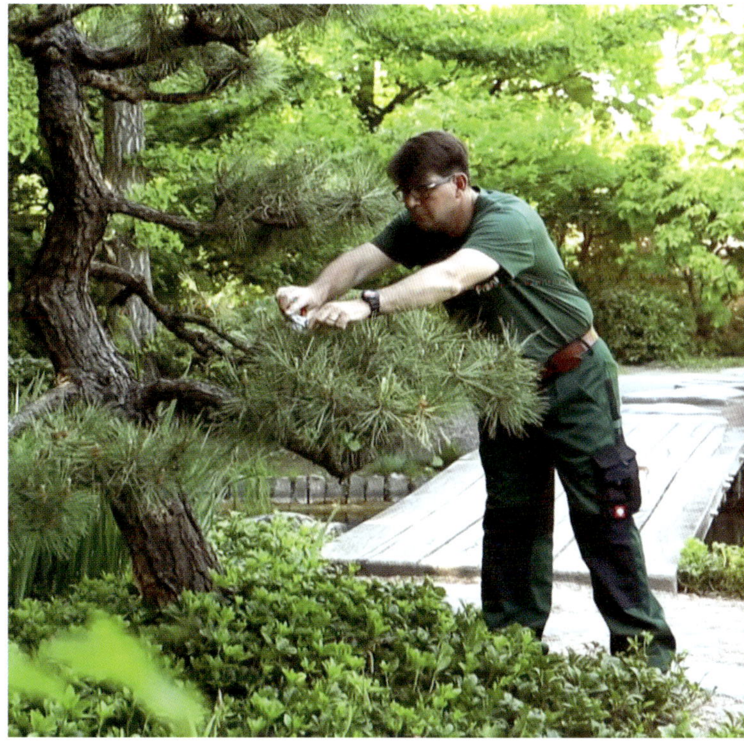

Seine Gärten:

→ Ein neues Raumgefüge, Seite 48

→ Gemüse frisch aus dem Beet, Seite 146

Marius Surmann

Marius Surmann ist Meister im Garten- und Landschaftsbau. Er lässt es das ganze Jahr über blühen. Sein Spezialgebiet: naturnahe Wellnessgärten.

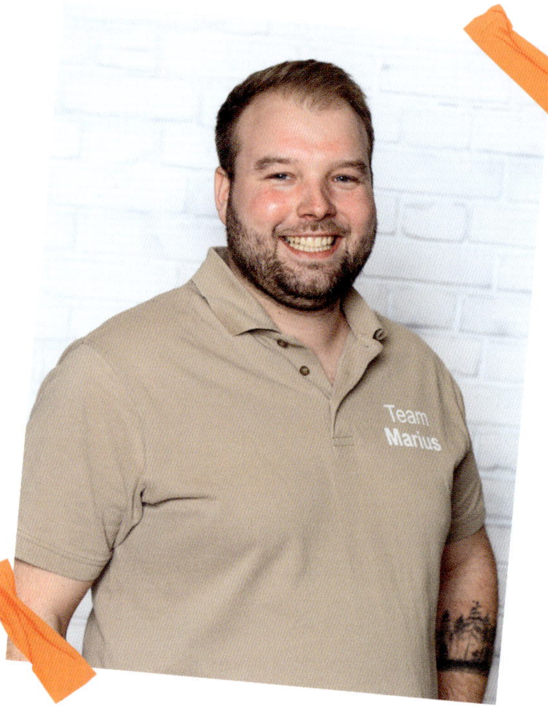

→ Was hat Sie bewogen, Gartenplaner zu werden, und welche Ausbildung haben Sie dafür gemacht?

Ich liebe es, den Kund*innen zu zeigen, wie ihr Traumgarten aussehen kann. Mein Handwerk habe ich als Meister im Garten- und Landschaftsbau gelernt und meine Fähigkeit, Entwürfe zu zeichnen, habe ich im Zeichenwerk bei Daniel Nies verfeinert. Es war immer schon mein Wunsch, hochwertige und einzigartige sowie außergewöhnliche Gärten zu entwerfen und zu bauen.

→ Wie gehen Sie vor, um den Wünschen der Kund*innen möglichst genau zu entsprechen und diese in eine Planung umzusetzen?

Wichtig ist das Erstgespräch bei den Kund*innen vor Ort. Daraufhin schauen wir uns gemeinsam Gärten an, die wir gestaltet haben. Abschließend bespricht man die gewünschten Materialien und wir entwickeln schon die ersten Entwürfe und Perspektiven.

→ Was müssen Sie dafür von Ihren Kund*innen wissen und wie bekommen Sie diese Informationen von ihnen?

Manche Kund*innen lassen sich von unseren Entwürfen und Ideen überraschen. Wir freuen uns, wenn wir dann freie Hand haben, um unsere eigenen Ideen umzusetzen. Andere haben genaue Vorstellungen von dem, wie alles auszusehen hat. Eine dritte Möglichkeit besteht darin, dass wichtige Punkte von ihnen genannt werden, etwa ein Pool oder die Verwendung von Natursteinen oder bestimmten Pflanzen, und das berücksichtigen wir dann in unserer Planung.

→ Wonach wählen Sie das Material aus, mit dem Sie arbeiten? Wovon hängt es beispielsweise ab, ob Sie sich für Holz, Kies, Natursteine oder Betonplatten für eine Terrasse bzw. einen Sitzplatz entscheiden?

Das kommt immer auf die individuellen Vorlieben der Kund*innen an. Wir beraten aber auch und machen Vorschläge, was gut miteinander harmonieren würde. Grundsätzlich setzen wir eher keinen Beton ein, sondern mehr Natursteine, Holz und natürliche Produkte.

→ Wovon hängt es ab, ob Sie eine Rasenfläche oder eine Staudenfläche einplanen?

Das hängt auch wiederum vom Auftraggebenden ab. Wir versuchen immer relativ große Pflanzflächen einzuplanen, doch viele Kund*innen verzichten ungern auf ihren Rasen.

→ Worin bestehen die Schwerpunkte Ihrer Arbeit, entwerfen Sie beispielsweise lieber Pflanzpläne oder Terrassen und Sitzplätze?

Unser Schwerpunkt liegt auf hochwertigen Privatgärten mit Naturpools. Hauptsächlich bauen wir komplette Neuanlagen. Bei uns bekommen die Kund*innen alles aus einer Hand, von der Planung über den Bau des Pools, der Terrassen bis zur Bepflanzung und anschließenden Gartenpflege. Wir machen aber auch nur die Planung, zum Beispiel für andere Landschaftsgärtner*innen oder wenn die Kund*innen ihren Garten selber anlegen möchten.

→ Wie stellen Sie sicher, dass alle Pflanzen auch anwachsen bzw. im Winter nicht erfrieren und der Rollrasen nach dem Verlegen nicht vertrocknet? Übernehmen Sie dafür irgendeine Gewährleistung?

Wir übernehmen die Gewährleistung, wenn wir auch die regelmäßige Gartenpflege durchführen. Wenn wir diese nicht machen, ist es schwer nachzuvollziehen, warum Pflanzen oder der Rollrasen nicht wachsen.

Seine Gärten:

→ Ein Wohnzimmer mit Kochinsel im Freien, Seite 66

→ Süße Früchte direkt vor Augen, Seite 150

Nico Sollazzo

Nico Sollazzo ist Agrarbetriebswirt und hat schon mit Anfang 20 sein eigenes Gartenbauunternehmen gegründet.

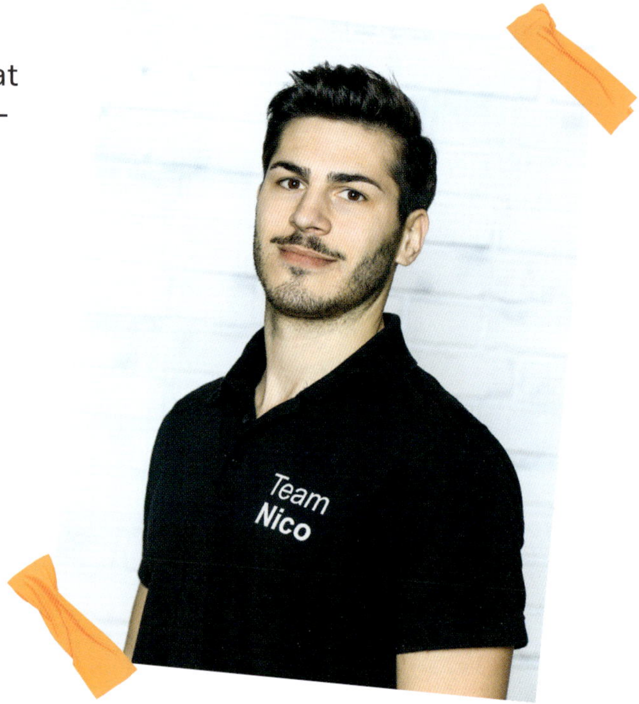

→ Was hat Sie bewogen, Gartenplaner zu werden, und welche Ausbildung haben Sie dafür gemacht?

Mein Antrieb war die Leidenschaft für Gärten und die Natur. Die Gartenplanung ist eine kreative Tätigkeit, bei der man Designkonzepte entwickelt, Pflanzen auswählt und damit die Gesamtgestaltung eines Gartens plant. Der Beruf ist unfassbar abwechslungsreich – kein Garten ist wie der andere. Ich habe zunächst eine Ausbildung zum Gärtner mit dem Schwerpunkt Garten- und Landschaftsbau und im Anschluss eine zweijährige Fachschule für Agrarwirtschaft mit Abschluss als staatlich geprüfter Agrarbetriebswirt gemacht.

→ Wie gehen Sie vor, um den Wünschen der Kund*innen zu entsprechen und diese in eine Planung umzusetzen?

Als Erstes führen wir ein ausführliches Kund*innengespräch, um die Vorlieben, Anforderungen und Ziele zu verstehen. Es geht dabei auch um das verfügbare Budget und den Zeitrahmen. Als Nächstes untersuchen wir die örtlichen Gegebenheiten wie Bodenbeschaffenheit, Klima, Sonneneinfall und vorhandene Pflanzen. Darauf basierend entwickeln wir ein Gesamtkonzept, das wir dem*der Kund*in vorstellen. Anschließend können noch Anpassungen vorgenommen werden.

→ Was müssen Sie dafür von Ihren Kund*innen wissen und wie bekommen Sie diese Informationen von ihnen?

Im Gespräch wollen wir herausfinden, ob die Kund*innen formale Gärten, natürliche Wildblumenwiesen oder minimalistisches Design bevorzugen. Ob der Garten zum Entspannen, Essen im Freien, Spielen oder Gärtnern dienen soll. Oder welche Pflanzenarten und Farben favorisiert werden. Zuletzt werden spezielle Anforderungen abgefragt, wie Barrierefreiheit, Kindersicherheit oder Haustierfreundlichkeit. Wir zeigen auch Fotos oder Skizzen von bereits umgesetzten Gärten, um ein erstes Feedback zu erhalten.

→ Wonach wählen Sie das Material aus, mit dem Sie arbeiten? Wovon hängt es beispielsweise ab, ob Sie sich für Holz, Kies, Natursteine oder Betonplatten für eine Terrasse bzw. einen Sitzplatz entscheiden?

Die Auswahl des Materials hängt von den Bedürfnissen der Kund*innen, dem verfügbaren Budget, den örtlichen Gegebenheiten sowie dem Designkonzept ab. Ebenso berücksichtigen wir die Nachhaltigkeit der Materialien bzw. ihre lokale Verfügbarkeit, um Umweltauswirkungen zu minimieren.

→ Wovon hängt es ab, ob Sie eine Rasenfläche oder eine Staudenfläche einplanen?

Die Entscheidung zwischen Rasen und einer Staudenfläche hängt vor allem von der Nutzung ab. Rasenflächen eignen sich gut für Spiel- und Freizeitaktivitäten, während Staudenflächen oft für ästhetische Zwecke und zur Förderung der Biodiversität angelegt werden. Ein Rasen erfordert regelmäßige Pflege, Staudenbeete kommen mit weniger Pflege aus, sobald sie etabliert sind.

Seine Gärten:

→ Mediterranes Refugium, Seite 38

→ Der Hauch einer Bergwelt, Seite 94

→ Worin bestehen die Schwerpunkte Ihrer Arbeit, entwerfen Sie beispielsweise lieber Pflanzpläne oder Terrassen und Sitzplätze?

Grundsätzlich entwickeln wir Gesamtkonzepte, die verschiedene Elemente wie Terrassen, Sitzplätze, Pflanzungen und Wege enthalten. Da wir sehr breit aufgestellt sind, haben wir auch für das komplexe Thema der Pflanzplanung unsere Experten.

→ Wie stellen Sie sicher, dass alle Pflanzen auch anwachsen bzw. im Winter nicht erfrieren und der Rollrasen nach dem Verlegen nicht vertrocknet? Übernehmen Sie dafür irgendeine Gewährleistung?

Die anschließende Gartenpflege bzw. Fertigstellungs- und Entwicklungspflege gehört bei uns zum Auftrag dazu. Unser Team trifft also alle erforderlichen Pflegemaßnahmen, um die Pflanzen sowie den Rasen nach einer Vegetationsperiode in einen abnahmefähigen Zustand zu bringen. Hierzu gehören auch die Bewässerung, Düngung, Nachsaat und ggf. auch Nachpflanzung. Abschließend bekommt der Kunde eine Anleitung zur Pflege der Pflanzen sowie des Rasens.

Nicole Johag

Nicole Johag ist Gartenplanerin mit Herz. Kreative und moderne Gartenkonzepte sind die Leidenschaft der gelernten Bauzeichnerin.

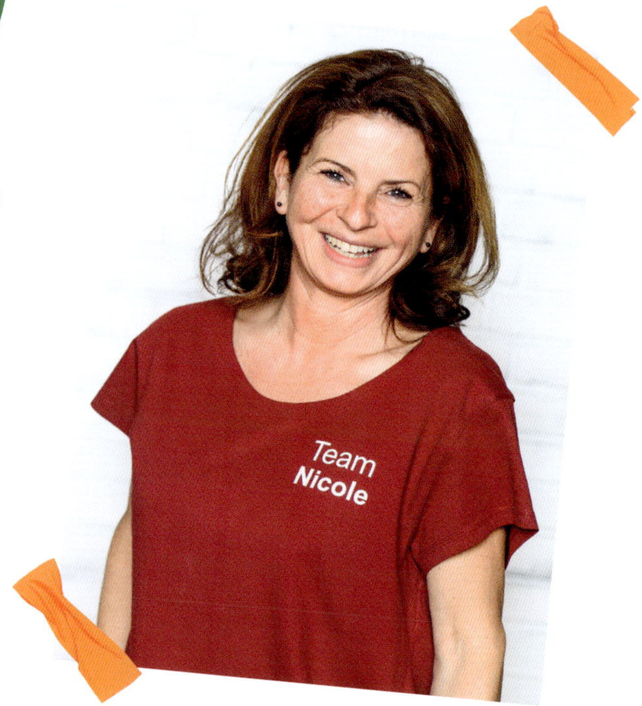

→ Was hat Sie bewogen, Gartenplanerin zu werden, und welche Ausbildung haben Sie dafür gemacht?

Ich habe eine Ausbildung zur Bauzeichnerin und in Grafikdesign gemacht. Berufserfahrungen habe in einem Architekturbüro gesammelt, wo ich acht Jahre lang an der Planung von Häusern beteiligt war. Jetzt gehe ich als selbstständige Planerin meiner Leidenschaft nach und entwerfe Außenräume.

→ Wie gehen Sie vor, um den Wünschen der Kund*innen möglichst genau zu entsprechen und diese in eine Planung umzusetzen?

Zuhören ist für mich das Wichtigste. Ich will genau erfahren, was sich die Kund*innen wünschen. Dann mache ich mir vor Ort einen Eindruck von den Gegebenheiten. Ich schaue mir den Stil der Einrichtung an, erfrage Gewohnheiten und die unterschiedlichen Bedürfnisse innerhalb der Familie. Ein Planungsansatz könnte dann sein, ein verlängertes Wohnzimmer zu entwerfen.

→ Was müssen Sie dafür von Ihren Kund*innen wissen und wie bekommen Sie diese Informationen von ihnen?

Neben den Antworten von den Kund*innen sind für mich ein Lageplan, ein Grundriss (Maßstab 1:100) vom Haus und Fotos vom Garten hilfreich.

→ Wonach wählen Sie das Material aus, mit dem Sie arbeiten? Wovon hängt es beispielsweise ab, ob Sie sich für Holz, Kies, Natursteine oder Betonplatten für eine Terrasse bzw. einen Sitzplatz entscheiden?

Ich orientiere mich an den Kund*innenwünschen und am Stil des Hauses. Mein Ziel besteht darin, dass Innen und Außen eine Einheit werden.

→ Wovon hängt es ab, ob Sie eine Rasenfläche oder eine Staudenfläche einplanen?

Wie viel Zeit der Kunde hat und ob der Garten Ruhe oder Lebendigkeit braucht. Eine Staudenfläche ist deutlich zeitintensiver als eine Rasenfläche, aber sie bringt Farbe und Lebendigkeit in den Garten. Der Pflegeaufwand für die Stauden lässt sich reduzieren, indem schmale Beete geplant und vermehrt einheitliche Pflanzen gewählt werden. Alternativ zu blühenden Stauden können Gräser verwendet werden. Diese sind mit einem minimalen Aufwand verbunden und bringen einem geradlinigen Garten eine gewisse Leichtigkeit.

Beim Anlegen von neuen Rasenflächen kann der Garten monoton wirken. Daher sollten vereinzelt Beete hinzukommen, um den Garten aufzulockern.

→ Worin bestehen die Schwerpunkte Ihrer Arbeit, entwerfen Sie also lieber Pflanzpläne oder Terrassen und Sitzplätze?

Ich entwerfe nur von Hand und zeichne dann ganze Gartenanlagen auf der Skizzenrolle.

→ Wie stellen Sie sicher, dass alle Pflanzen auch anwachsen bzw. im Winter nicht erfrieren und der Rollrasen nach dem Verlegen nicht vertrocknet? Übernehmen Sie dafür irgendeine Gewährleistung?

Wir leiten die Kund*innen an und übernehmen gegen Bezahlung auch die gesamte Pflege.

Ihre Gärten:

→ Zwischen Feuerstellen und Sonnendeck, Seite 52

→ Gekonnte Balance zwischen modern und rustikal, Seite 104

René Pütz

René Pütz gestaltet Gärten naturnah und modern. Der Ingenieur für Garten- und Landschaftsbau und sein Team schaffen fantasievolle Wohlfühloasen mit dem gewissen Etwas.

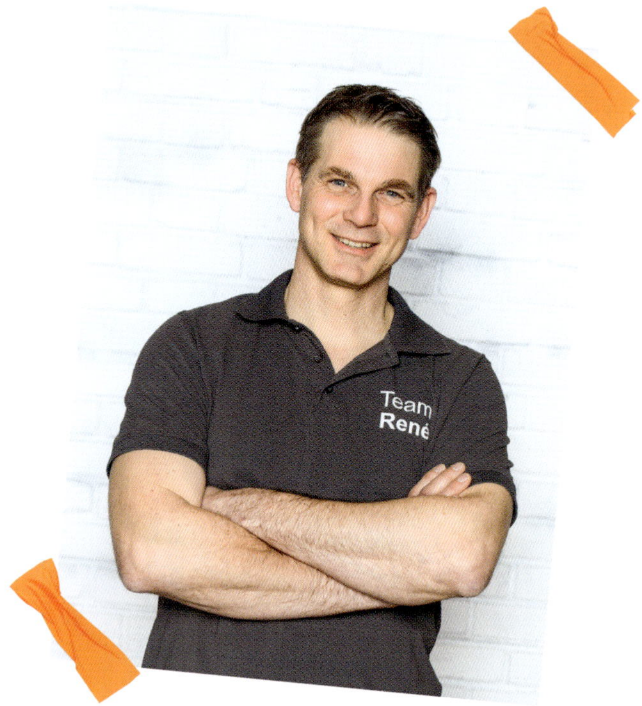

→ Was hat Sie bewogen, Gartenplaner zu werden, und welche Ausbildung haben Sie dafür gemacht?

Mein älterer Bruder hat einen Gartenlandschaftsbaubetrieb. Dort habe ich viel ausgeholfen und entdeckt, dass ich eine sehr gute Vorstellungsgabe habe. Schnell war klar, dass ich auch eine Gärtnerlehre absolvieren wollte. Im Anschluss habe ich Landschaftsarchitektur studiert und parallel im Betrieb meines Bruders gearbeitet. Heute bin ich als Planer, Bauleiter und Geschäftsführer tätig. Doch beim „Duell der Gartenprofis" darf ich auch wieder Gärten gestalten.

→ Wie gehen Sie vor, um den Wünschen der Kund*innen möglichst genau zu entsprechen und diese in eine Planung umzusetzen?

Zunächst vereinbaren wir einen Termin bei den Kund*innen. Dort schaue ich mir die Gegebenheiten an und höre mir ihre Wünsche an. Das ist ein intensiver Beratungsprozess, weil viele Wünsche häufig gestalterisch gar nicht zusammenpassen oder das Zeitkontingent oder das Budget sprengen würden. Gleichzeitig entstehen in meinem Kopf schon Ideen zur Gestaltung.

→ Was müssen Sie dafür von Ihren Kund*innen wissen und wie bekommen Sie diese Informationen von ihnen?

Mich interessieren die Lebensumstände und die Art, wie der Garten genutzt werden soll. Ich lasse die Kund*innen einfach erzählen und frage dann gezielt nach. Darüber hinaus ist die Beobachtung wichtig, wie das Haus und die Inneneinrichtung gestaltet sind.

→ Wonach wählen Sie das Material aus, mit dem Sie arbeiten? Wovon hängt es beispielsweise ab, ob Sie sich für Holz, Kies, Natursteine oder Betonplatten für eine Terrasse bzw. einen Sitzplatz entscheiden?

Das ist vom Umfeld und der Nutzung abhängig. Ich verwende hauptsächlich regionale Produkte. Ausnahme sind die Hölzer für Terrassen. Hier nutze ich meist tropische Holzarten, wie Cumaru oder Mukulungu, die einfach unschlagbar lange halten. Als Natursteine verwenden wir hauptsächlich Grauwacke und Basaltlava aus regionalen Steinbrüchen.

→ Wovon hängt es ab, ob Sie eine Rasenfläche oder eine Staudenfläche einplanen?

Die Nutzung ist entscheidend. Ein Rasen, der nur zum Mähen da ist, macht weder ökologisch noch ökonomisch Sinn. Eine Staudenfläche muss man selten schneiden. Sie ist ökonomischer als jede Woche Rasenmähen und sie hat einen großen Nutzen für Insekten. Hier ist wieder die Beratung sehr wichtig. Soll die Rasenfläche bewusst genutzt werden, hat sie natürlich ihre Berechtigung.

Seine Gärten:

→ Eine Ebene zum Sonnenbaden, Seite 132

→ Ein Reich für Bienen und Hummeln, Seite 136

→ Worin bestehen die Schwerpunkte Ihrer Arbeit, entwerfen Sie beispielsweise lieber Pflanzpläne oder Terrassen und Sitzplätze?

Gartenplanung ist für mich immer die Kombination aus Bautechnik und Pflanzung. Die tollste Bautechnik ist tot ohne eine Pflanzung. Das fällt uns immer wieder auf, wenn wir akkurate Bruchsteinmauern bauen. Denn ohne Pflanzen wirkt jede Mauer nur halb so schön.

→ Wie stellen Sie sicher, dass alle Pflanzen auch anwachsen bzw. im Winter nicht erfrieren und der Rollrasen nach dem Verlegen nicht vertrocknet? Übernehmen Sie dafür irgendeine Gewährleistung?

Das ist immer eine schwierige Gratwanderung. Wenn keine Fertigstellungspflege durch die Kund*innen beauftragt wird, können wir keine Gewährleistung auf die Pflanzung übernehmen. Wir geben den Auftraggeber*innen eine Pflegeanleitung an die Hand, damit sie sich mit der Pflege auseinandersetzen können. Ebenso stehen wir bei Rückfragen immer zur Verfügung. Häufig wird auch ein Service gebucht, um die regelmäßigen Arbeiten erklärt zu bekommen.

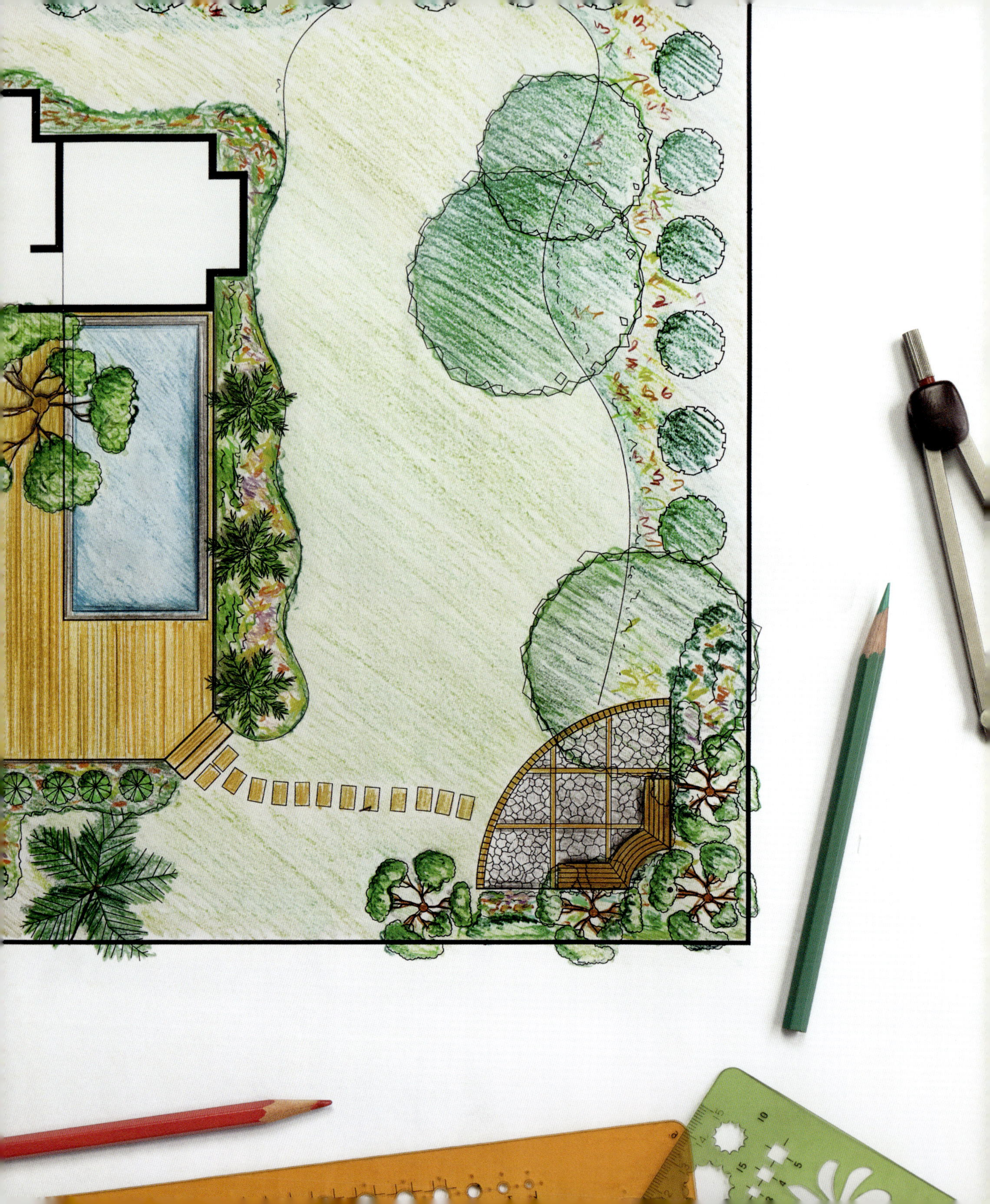

Vorbereitung und Planung

Die ersten Schritte

Vom Neubau zum Garten

Vielleicht kennen Sie dieses Gefühl: Das Haus ist fertig, mit Stolz blickt man darauf. Doch es liegt noch da wie auf einem Präsentierteller. Unweigerlich entsteht der Drang, möglichst schnell etwas daran zu ändern. Voll Eifer springt man ins Auto und braust in den nächsten Gartenmarkt und kommt mit einem Kofferraum voller Pflanzen zurück. Die werden nun rasch eingebuddelt: einige an der Grundstücksgrenze, vor der Terrasse und andere werden in Töpfe gesetzt – für alle Fälle. Doch wie geht es nun weiter? Rasen für die Kinder, Rosen für den*die Partner*in?

Dann geht den Übereifrigen ein Licht auf: Man sollte sich mehr Zeit nehmen. Ein Garten lässt sich nicht mal eben aus der Tasche zaubern. Er braucht ebenso viel sorgfältige Planung wie das Haus selbst. Es macht auch keinen Unterschied, ob ein Neubaugrundstück von Grund auf zu gestalten ist oder ob ein bestehender Garten „nur" eine Auffrischung bekommen soll. Jede Planung ist ein Prozess, der Zeit braucht und dem sorgfältige Überlegungen vorangehen sollten. Wie geht man am besten vor?

Das erste Grün

Den Wunsch nach schnellem Grün befriedigen Sie am besten mit einer Gründüngung. Meist haben Baufahrzeuge den Boden eines Neubaugrundstücks stark verdichtet. Nur tief wurzelnde Pflanzen wie Lupinen, Senf, Ölrettich, Luzerne und Bienenweide (*Phacelia*) sind in der Lage, den Untergrund wieder aufzulockern. Sie verhindern, dass der Rasen sich später bei Regen in einen See verwandelt und dass die empfindlichen Wurzeln vieler Zierpflanzen vor dem harten Untergrund kapitulieren.

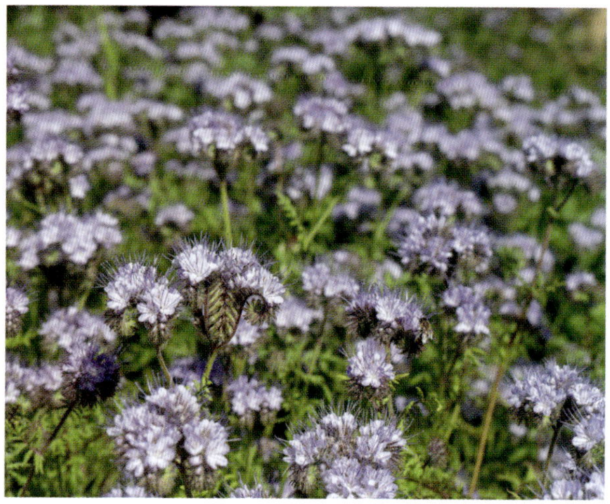

Den Garten beobachten

Lassen Sie ruhig einen Sommer verstreichen. Es ist gut investierte Zeit. Bekommen Sie erst einmal ein Gefühl für dieses Stück Land, das einmal Ihr Garten werden soll. Wo lässt sich im Sommer am besten in der Morgensonne frühstücken? Wie viel Schatten wirft das Haus? Gibt es einen Ausblick, der unbedingt erhalten bleiben soll, und Blickrichtungen, die man besser mit großen Pflanzen kaschiert?

Über die Nutzungsweise klar werden

Die wichtigste Frage ist jedoch: Wie wollen Sie den Garten überhaupt nutzen – als Wohnzimmer im Grünen mit Rasenfläche, Grillplatz und lauschigen Ecken zum Sitzen und Entspannen? Oder möchten Sie Kräuter und Obst ziehen wie in einem Bauerngarten? Wünschen Sie sich einen Schwimmteich, eine Wellnessoase mit Sauna oder steht Ihnen der Sinn nach einer Outdoorküche? Und wie viel Raum sollen die Kinder im Garten erhalten? Bevor der Gartenprofi ins Spiel kommt, sollten Sie Ihre Hausaufgaben gemacht haben: Stellen Sie eine Wunschliste zusammen, in der all diese Fragen geklärt sind. Je deutlicher Sie die Wünsche formulieren können, desto leichter machen Sie es dem Profi, alles in einem Entwurf zusammenzufügen. Anregungen dazu erhalten Sie auf den Seiten 42 und 43.

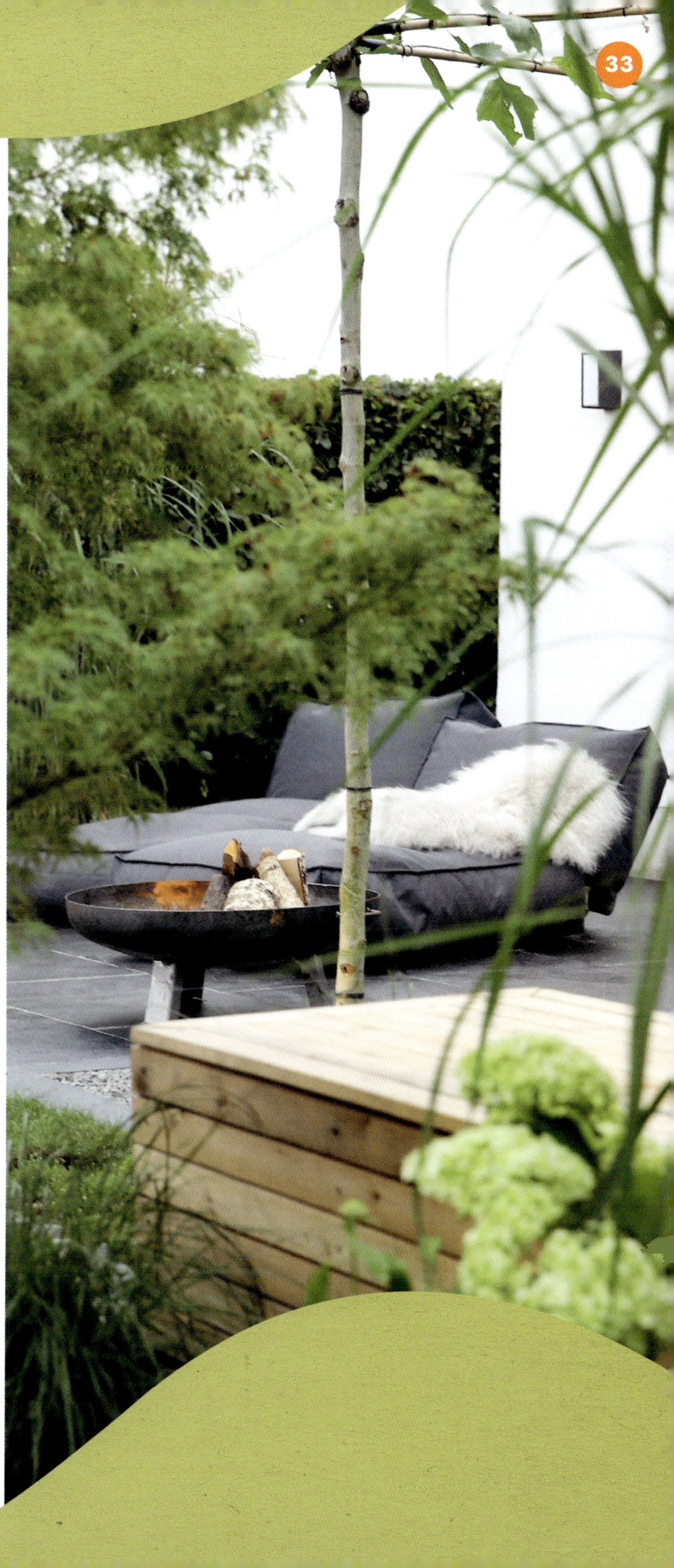

Ein Grünraum voller Möglichkeiten

Die beiden Söhne sind aus dem Haus. Jetzt soll in dem 20 Jahre alten Garten ein neues Kapitel aufgeschlagen werden. Das Haus hat die Familie in den letzten Jahren modernisiert: frische Farben, größere Räume und eine offene Küche mit Arbeitsinsel. Der moderne Wohnstil soll im Garten fortgeführt werden. Sandra und Guido sind damit aber überfordert. Einzig der Koi-Teich am Rande des Gartens soll erhalten bleiben. Der Rest ist zum Abriss freigegeben. Doch die beiden haben genaue Vorstellungen, was sie sich an Neuerungen wünschen.

Wünsche für den Garten

Sandra ↓

» Guido möchte gern eine Feuertonne haben, wo er abends mit mehreren Leuten sitzen und ein Bierchen trinken kann. Und ich habe überall im Garten verteilt Rosen, und die würde ich gern zusammen in einem Rosenbeet haben. «

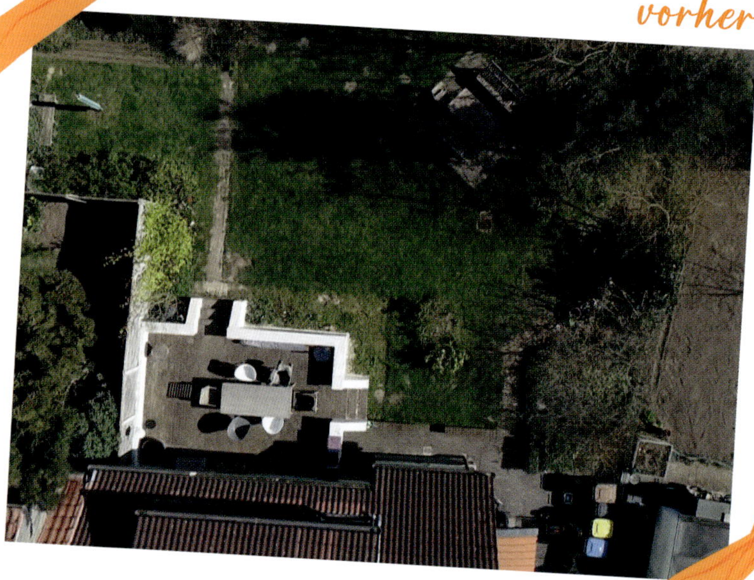

vorher

Guido ↓

» Der zukünftige Garten sollte einen Freisitz haben, der überdacht ist. «

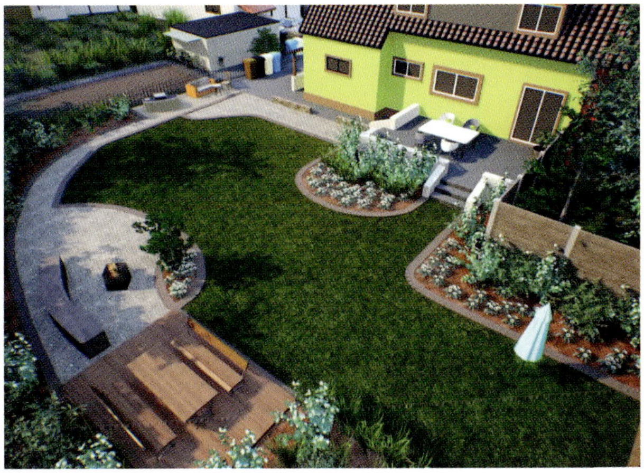

Konzept

Davit Arican entfernt die vorhandene Holzterrasse im Garten und dünnt die Pflanzen entlang der Sichtschutzmauer aus. So soll mehr Licht in den Garten gelangen. Hier entsteht ein neues Sonnendeck aus Bongossi-Dielen. Gleich daneben knüpft eine Sitzmauer mit Feuerstelle an. Ein mit Klinker eingefasster Kiesweg führt zu einer zweiten Holzfläche, auf der eine Outdoorküche entstehen soll, und weiter zur vorderen Hochterrasse. Mehrere geschwungene Pflanzbeete setzen farbliche Akzente.

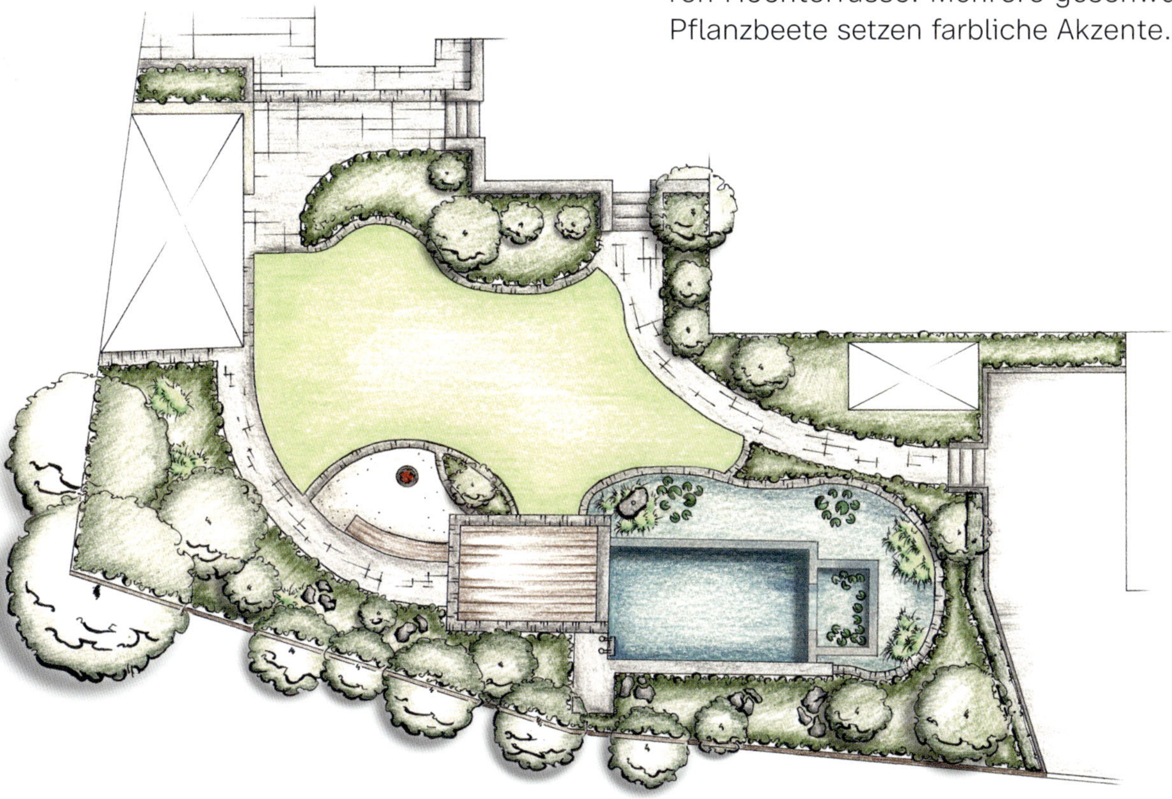

→ **Lage:** Moers → **Größe:** 650 m² → **Kosten:** 25.000 €
→ **Auftraggeber*innen:** Sandra und Guido
→ **Ausführender Gartenprofi:** Davit Arican

Umsetzung

Fundamente vorbereiten

Sandra und Guido wollen beim Umbau mit anpacken und haben sich das ehrgeizige Ziel gesetzt, die Outdoorküche in Eigenleistung zu bauen. Bei den Fundamenten und beim Ausschachten werden sie die Gärtner unterstützen. Viele gut gewachsene Pflanzen, zum Beispiel eine Magnolie, eine Felsenbirne, ein Schneeball, ein Hartriegel, eine Zaubernuss und viele Rhododendren, sollen erhalten bleiben. Denn der Garten ist eine regelrechte Fundgrube, was Pflanzen betrifft. Einige davon müssen allerdings umgesetzt werden, weil sie zu eng stehen. So findet die Magnolie am Koi-Teich ihr neues Plätzchen. Dort ist es sonnig und sie kann sich wieder frei entfalten.

Doch die Gärtner schaffen auch Platz für neue Beete, einen Kiesweg sowie für die Sonnenterrasse. Dafür wird der alte Rasen mit dem Bagger abgeschält. Am Rande des Gartens ebnet der Bagger auch eine Fläche, auf der Sandra und Guido die Außenküche bauen wollen. Es werden die Gräben für die Streifenfundamente ausgehoben, auf der eine L-förmige Mauer entsteht, die der Outdoorküche Sichtschutz gibt. Als Bodenbelag dienen alte Schaltafeln aus Bongossi-Holz, die Guido vor Jahren gekauft hatte. Wasseranschluss, Arbeitsfläche und Grill werden noch installiert.

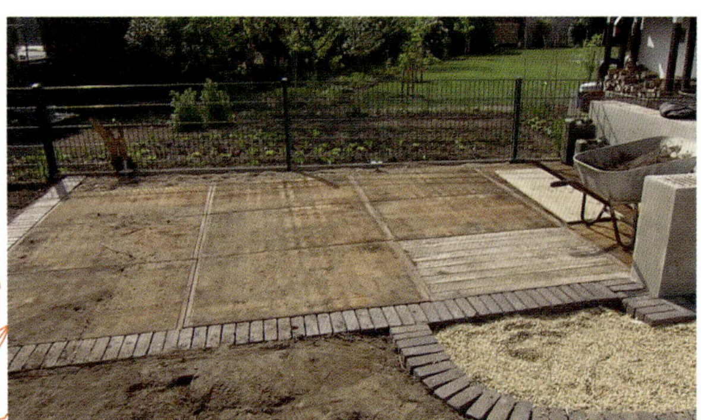

Sitzmauer und Terrasse

Auch das Fundament für die künftige Sitzmauer wird betoniert. Gleich daneben ist die Stelle, auf die im Sommer die Sonne am längsten scheint. Hier entsteht eine Holzterrasse, das neue Sonnendeck. Der Unterbau besteht aus Kalksteinschotter, auf den die alten Terrassenplatten verlegt werden. Sie kommen in ein Sandbett und sind damit rutschfest verlegt. Auf diese Unterkonstruktion breiten die Gärtner die Balkenlage für die Eichendielen der neuen Terrasse aus. Die Dielen werden mit einer sechs Millimeter breiten Fuge verschraubt.

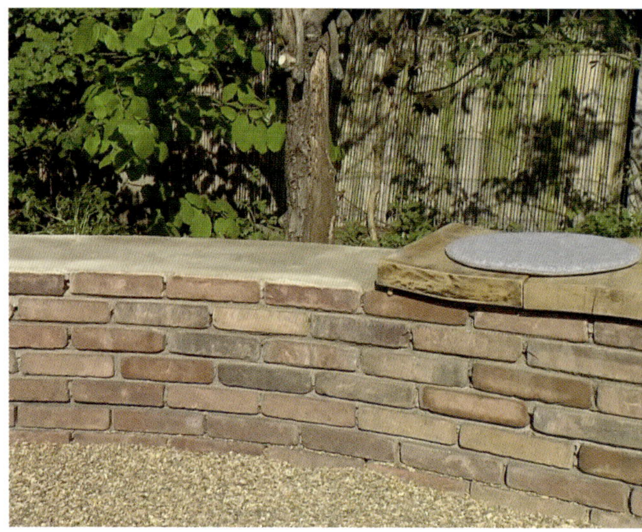

Wegführung

Den Garten erschließt ein Rundweg aus Kies. Eingefasst wird dieser mit Klinkersteinen, die als Rollschicht in ein Betonbett gesetzt werden. Auf den Weg kommt ein Perlkies, auf dem man auch barfuß laufen kann. Darunter liegt ein spezielles Vlies, damit keine Unkräuter durch den Kies sprießen. Alles ist gut durchdacht und wunderbar miteinander verbunden.

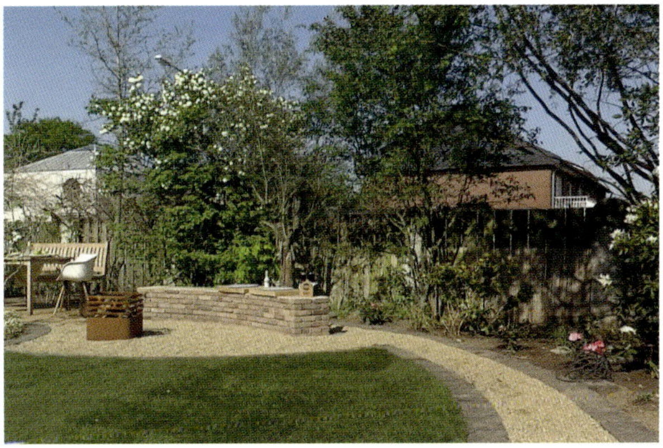

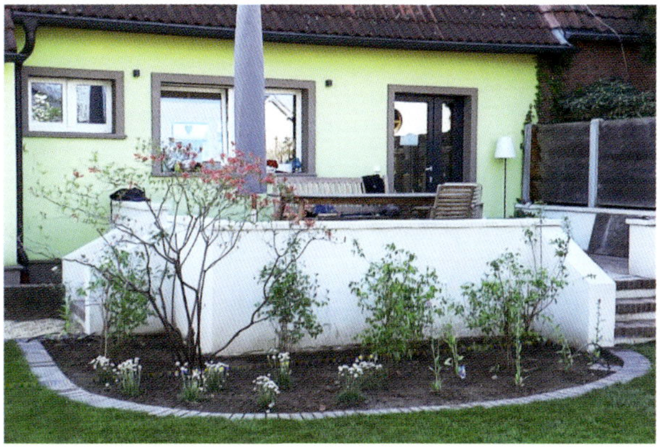

Tipp

Klinkersteine sind sehr heiß gebrannte Ziegel, sodass sich deren Poren schließen. Infolgedessen nehmen sie kein Wasser auf und sind besonders widerstandsfähig.

Bepflanzung

Abschließend werden die Beete bepflanzt. Viele Sträucher wurden zwar gerettet, dennoch kommen jetzt neue hinzu. So wird eine Wintergrüne Ölweide (*Eleagnuns ebbingei* 'Limelight') gepflanzt, die gelbgrüne Blätter und duftende Blüten zu bieten hat, ebenso eine Kolkwitzie, auch Perlmuttstrauch genannt, die im Frühsommer üppig rosafarben blüht. Die schon vorhandenen Rhododendren werden durch weitere Exemplare ergänzt. Bei Rhododendren handelt es sich um sogenannte Moorbeetpflanzen, die einen sauren Boden für ihr Wohlbefinden brauchen. Auch der Rollrasen verändert nochmals das gesamte Bild. Nach dem Verlegen wird er regelmäßig gewässert und darf erst in drei bis vier Wochen betreten werden.

Fazit

Aus dem Familiengarten, in dem die Kinder einst Fußball spielten, ist jetzt eine Wohlfühloase mit mehreren Plätzen zum Verweilen geworden. Früher ragte die Terrasse eher schmucklos ins Gelände. Jetzt ist sie von einem Beet eingerahmt, in dem viele Pflanzen ein neues Plätzchen gefunden haben. Die Flanke des Gartens war zugewachsen, jetzt ist die Fläche offen. Dadurch kommt der Koi-Teich wieder zur Geltung. Die ehemals geradlinigen Formen sind nun rund und organisch. Der Garten bietet nach der Umgestaltung viele neue Möglichkeiten. In der Außenküche fehlt noch die Küchenzeile. Doch sie lässt schon das Vergnügen erahnen, hier zu kochen.

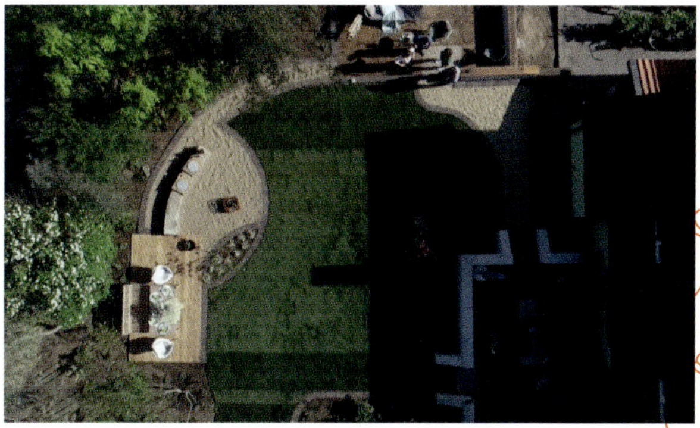

Mediterranes Refugium

Ihr Haus stammt aus den späten 50er-Jahren. Über die Einfahrt gelangt man außen herum auf die Terrasse und dann hinunter in den abschüssigen, ungeordneten Garten. Die Familie nutzt bisher nur die überdachte Terrasse, um mit ihren Kindern zu spielen. Aber gemütlich ist es hier nicht. Es gibt viel zu tun.

Wünsche für den Garten

Jacqueline ↓

» Wir wünschen uns, dass der Garten mehr Struktur bekommt. Wir hätten gern einen Bereich für die Kinder und eine ebene Rasenfläche, wo wir mit ihnen Fußball spielen können. Dann besitzen wir Schildkröten, die aktuell in einem alten Hochbeet leben. Das hätten wir gern schöner. Insgesamt wünschen wir uns ein Wohlgefühl, sodass wir uns nicht mehr schämen müssen, wenn Freund*innen zu Besuch kommen und wir die Terrasse betreten. «

Dominik ↓

» Unser größtes Augenmerk liegt darauf, den Höhenunterschied auszugleichen und den Garten nutzbar zu machen. «

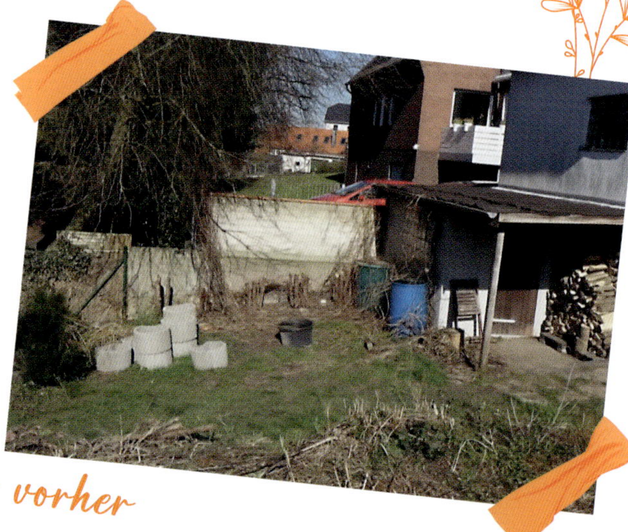

vorher

Konzept

Die Bestandsterrasse bekommt bei Nico Sollazzo einen neuen Belag aus Holz, seitlich plant er ein Beet als Sichtschutz. Von der Terrasse fällt der Blick auf ein neues Beet mit einer Felsenbirne und Lavendel. Über Betonstufen gelangt man auf die unterste Ebene des Gartens. Das Gehege der Schildkröten fasst er mit Findlingen und kleinen Holzstämmen ein. Daran schließt sich eine duftende Kräuterecke an. Hier gibt es eine Rasenfläche, Beete sowie eine Spielecke mit Holzstämmen.

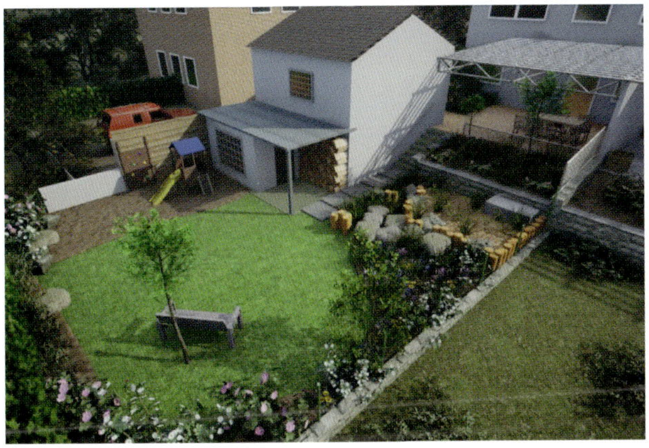

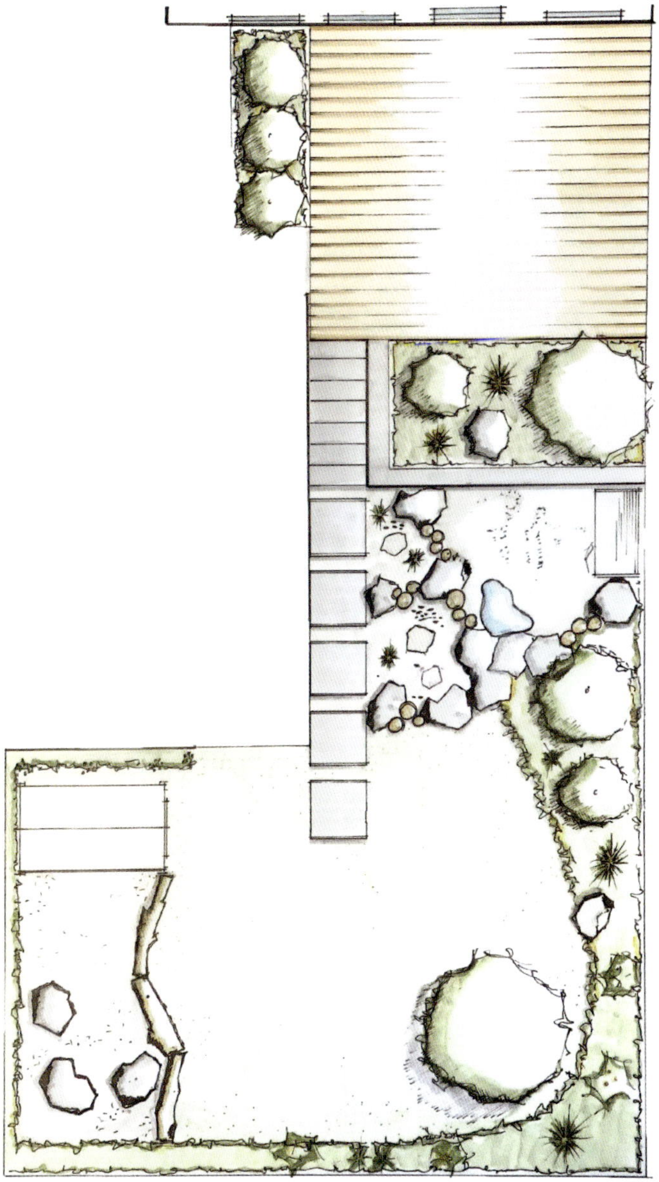

- → **Lage:** Ratingen, nördlich von Düsseldorf
- → **Größe:** 140 m² → **Kosten:** 34.500 €
- → **Auftraggeber*innen:** Jacqueline und Dominik
- → **Ausführender Gartenprofi:** Nico Sollazzo

Umsetzung

Die neue Terrasse

Die Vorbesitzer*innen hatten die 40 Quadratmeter große Terrasse als Parkplatz benutzt. Um Platz für das neue Holzdeck zu schaffen, wird der gesamte Beton aufgestemmt. Es kommen viele Tonnen Schutt zusammen, die herausgeschafft und entsorgt werden. Auf der geräumten Fläche werden Pflastersteine in festem Abstand zueinander verlegt und einbetoniert. Auf diese Punktfundamente kommen Balken, die als Unterkonstruktion für das Holzdeck dienen.

Zur Einfahrt entsteht ein neues Beet mit einer Sichtschutzhecke, die den Sitzplatz auf der Holzterrasse vom Nachbarhaus abschirmt. Dazu wird eine Reihe immergrüner Portugiesischer Kirschlorbeeren (*Prunus lusitanica*) gepflanzt. Waldsteinien, Storchschnabel und Gräser schließen die Leerstellen auf dem Boden. Die Begrenzung durch die Hecke sorgt zugleich für mehr Gemütlichkeit auf der Terrasse am Haus.

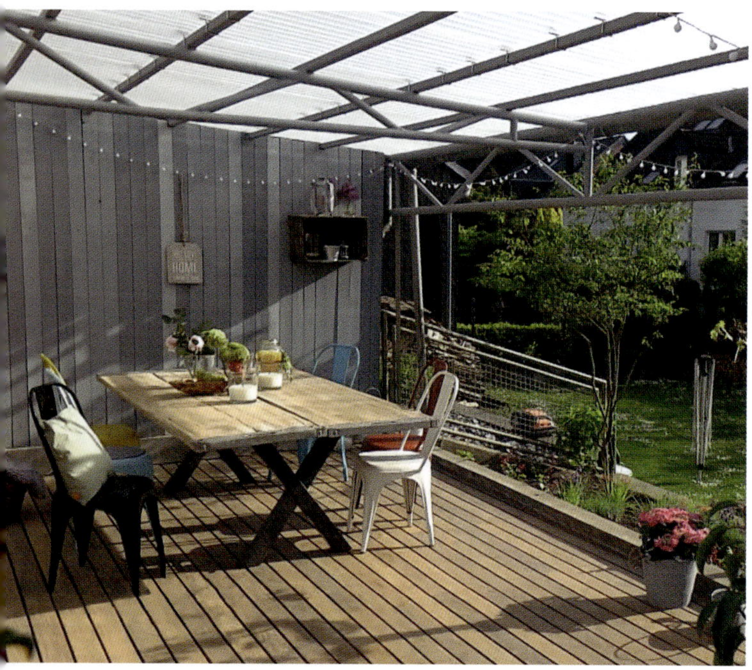

Die Verbindung der verschiedenen Ebenen

Vor dem Umbau im Garten werden die Griechischen Landschildkröten, die schon seit drei Jahren unterhalb der Terrasse leben, vorübergehend umquartiert. Nun gilt es, die verschiedenen Ebenen zu verbinden. Dazu braucht es eine Treppe. Der Gartenprofi wählt eine Konstruktion, die den Eindruck erweckt, als würden die Stufen schweben. Dieser Effekt entsteht, weil die Betonplatten das Fundament überragen, sodass man es nicht sieht. Für ein stabiles Fundament schachten die Gärtner zunächst den Boden aus. Die Betonplatten wiegen rund 180 Kilogramm. Deshalb kommt ein rückenschonender Vakuumsauger zum Einsatz. Die geraden, klaren Linien der Treppe bringen einen modernen Look in den Garten.

Am tiefsten Punkt im unteren Gartenteil wird der abschüssige Hang bis zu 80 Zentimeter angehoben und begradigt. Dafür braucht es 60 Tonnen frischen Mutterboden. Zunächst verteilen die Gärtner den vorhandenen Boden und gleichen die Höhenunterschiede aus. Dann wird aufgefüllt. Findlinge aus Muschelkalk begrenzen den Hang und teilen die verschiedenen Bereiche des Gartens voneinander ab. Sie haben die Form von Quadern, sodass sie im Spielbereich auch als Sitzblöcke dienen.

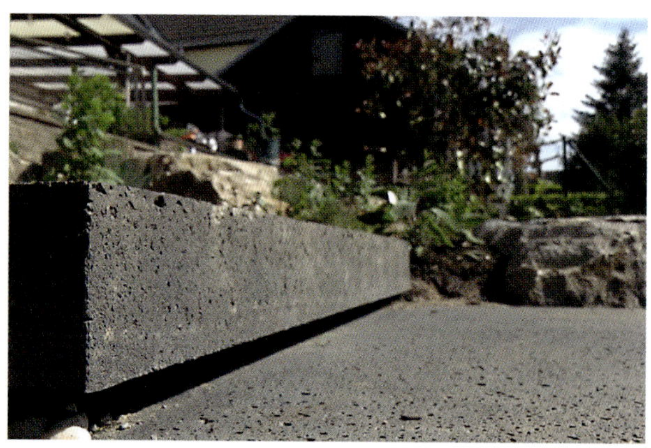

Die Bepflanzung

Sobald der untere Gartenteil komplett begradigt und der Hang mithilfe der Findlinge neu angelegt ist, geht es an das Bepflanzen. Viele bodendeckende Pflanzen sind vorgesehen, wie Günsel (*Ajuga*), Schaumblüte (*Tiarella*) und Lungenkraut (*Pulmonaria*). Mit ihnen ziehen Farben in die neue Gestaltung ein. An die untere Grundstücksgrenze kommt eine Japanische Zierkirsche. Im Frühjahr hat man von der höher gelegenen Terrasse unmittelbar die üppig blühende Krone vor Augen. Wenig Arbeit machen die immergrünen Sträucher, die an unterschiedlichen Stellen im Garten vorgesehen sind und nur hin und wieder geschnitten werden müssen. Sie bieten einen idealen Sichtschutz.

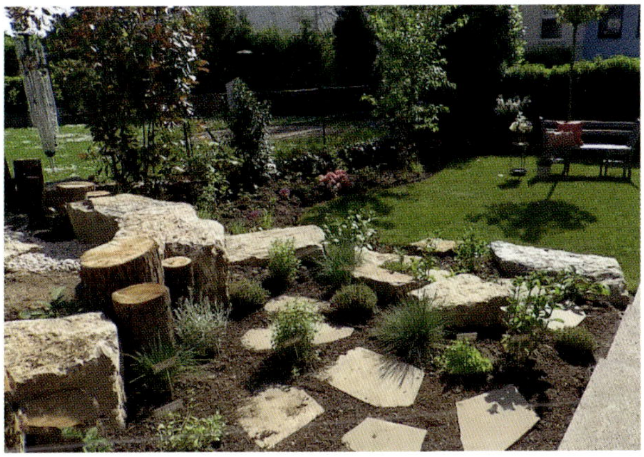

Die Gewächse für das neue Schildkrötengehege dürfen nicht zur Lieblingsspeise der Vierbeiner werden. Lorbeer und Rosmarin sind durch ihre ätherischen Öle gegen deren Appetit gewappnet und können daher in das Gehege gesetzt werden, ebenso eine kleine Kiefer und ein Zwerg-Wacholder. Weitere Kräuter umgeben das Gehege. Zwischen den Trittplatten im Hang machen sich Thymian, Rosmarin und Minze breit.

An die Terrasse pflanzen die Gärtner eine Kupfer-Felsenbirne in den Hang. Sie wird mit Lavendel unterpflanzt. Highlight ist der Weinstock, der dazukommt. Der schon mindestens 15 Jahre alte Stamm breitet seine Ranken an der Pergola der Terrasse aus. Er passt gut in das Bild der mediterran anmutenden Hangbepflanzung.

Fazit

Nico hat es mit dem Wildwuchs aufgenommen und das Maximum aus der 140 Quadratmeter großen Fläche herausgeholt. Aus der eher trostlosen Terrasse ist ein gemütliches Outdoor-Wohnzimmer geworden. Die untere Gartenebene war gar nicht erschlossen. Nun ist hier ein Lebensraum für Mensch und Tier entstanden. Man erreicht diese Ebene über die neuen, frei schwebenden Treppenstufen.

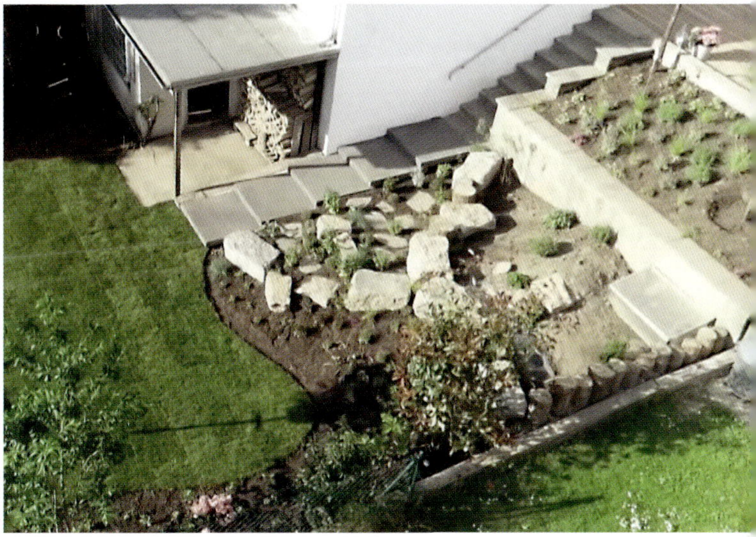

Exkurs:

Eine Wunschliste erstellen

Je konkreter Sie dem Gartenprofi sagen können, was Sie sich für Ihren Garten vorstellen, desto besser kann er Ihre Wünsche realisieren. Einigen Menschen fällt es leicht, Wünsche zu formulieren, anderen bereitet es Schwierigkeiten. Hier erhalten Sie ein paar Anregungen, um sich über Ihre Wünsche klar zu werden.

Urlaubserinnerungen reflektieren

Meist hilft es, auf konkrete Urlaubserinnerungen zurückzugreifen. Fühlen Sie sich mehr von der mediterranen Leichtigkeit Italiens angesprochen oder von der gediegenen Tradition Großbritanniens? Machen Sie lieber Ferien auf dem Bauernhof oder im Designerhotel? Es geht um schöne Eindrücke, die Sie von Ihren Reisen mitbringen. Den Terrakotta-Farbton vom Mittelmeer, das Blümchenmuster aus England, das rustikale Holzgatter vom Land und die puristische Gradlinigkeit aus dem Hotel. Der Garten soll zu einer Wohlfühloase werden. Nichts liegt daher näher, als sich auf die Orte zu besinnen, an denen es Ihnen besonders gut gefallen hat. Handelt es sich dabei in erster Linie um Erlebnisse in der Natur, dann können ganz naturnah gehaltene Bereiche im Garten genau das Richtige für Sie sein, etwa eine Blumenwiese und spezielle Pflanzen, die eine große Attraktivität auf Insekten ausüben.

Vorlieben visualisieren

Welche Farben mögen Sie, welche Materialien, welche Stile, vor allem welche Gartenstile? Finden Sie Bilder bzw. Fotos, die diese Eindrücke und Ihre Wünsche widerspiegeln. Hilfreich dafür sind vor allem Magazine, jedoch auch Bücher und Kataloge. Reißen Sie Seiten heraus oder schneiden Sie Fotos aus. Alles wird schließlich auf eine große Pappe geklebt oder an eine Pinnwand geheftet – so entsteht ein sogenanntes Moodboard.

Es sollte an einem Ort aufgehängt werden, an dem Sie sich häufig aufhalten, etwa in der Küche. Führen Sie sich Ihre Wünsche immer wieder vor Augen und formulieren Sie innerhalb der Familie schließlich gemeinsam eine Rangfolge. Finden Sie heraus, welcher Wunsch ganz oben steht und welche Vorlieben darüber hinaus noch berücksichtigt werden sollen.

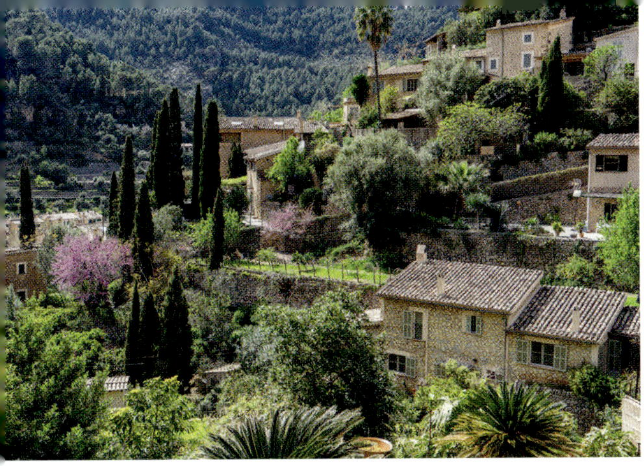

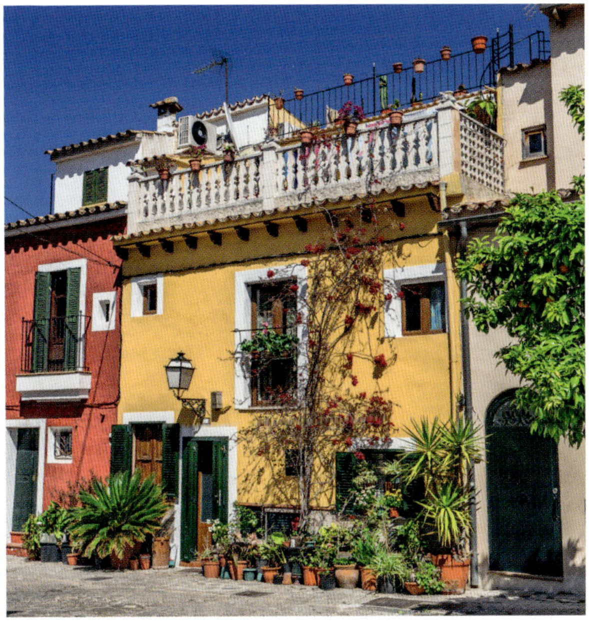

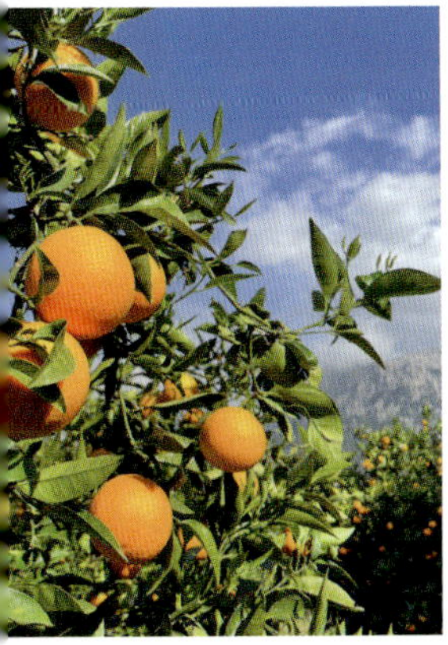

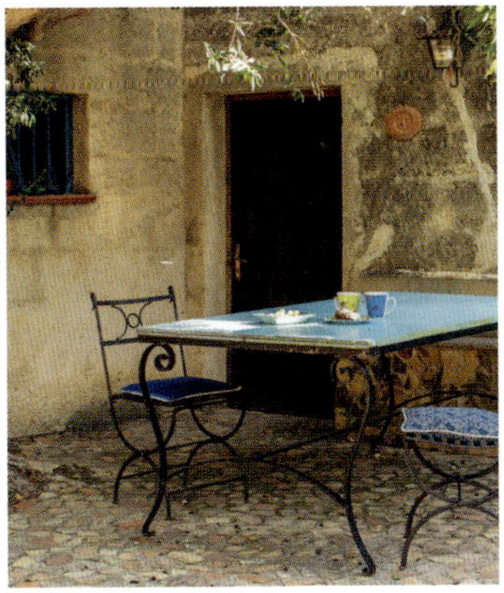

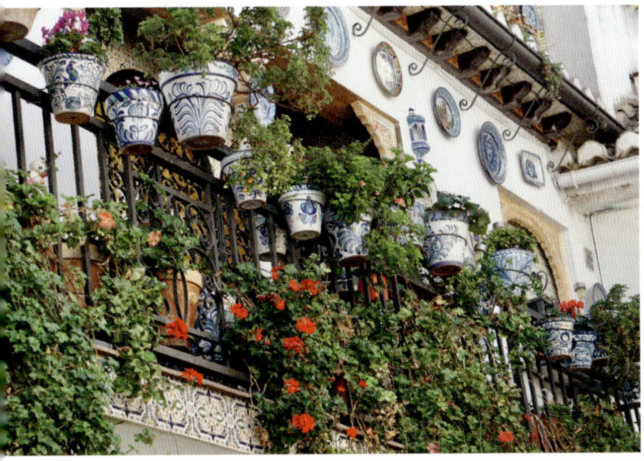

Sich mit dem Gartenprofi austauschen

Diese Liste legen Sie dem Gartenprofi vor und beratschlagen gemeinsam mit ihm, was davon zu realisieren ist. Sein Erfahrungsschatz holt Sie zurück in die Realität. Denn er wird Ihnen sagen, was möglich und bezahlbar ist. Manchmal ist es sinnvoll, mit der Realisierung bestimmter Wünsche zu warten. Die Mulde für einen späteren Teich wird, solange die Kinder noch klein sind, als große „Sandkiste" genutzt. Und auch die Sauna muss noch warten, solange der Nachwuchs ein Spielhaus für sich beansprucht. Doch solch eine Liste führt dazu, viele Wünsche wahr werden zu lassen.

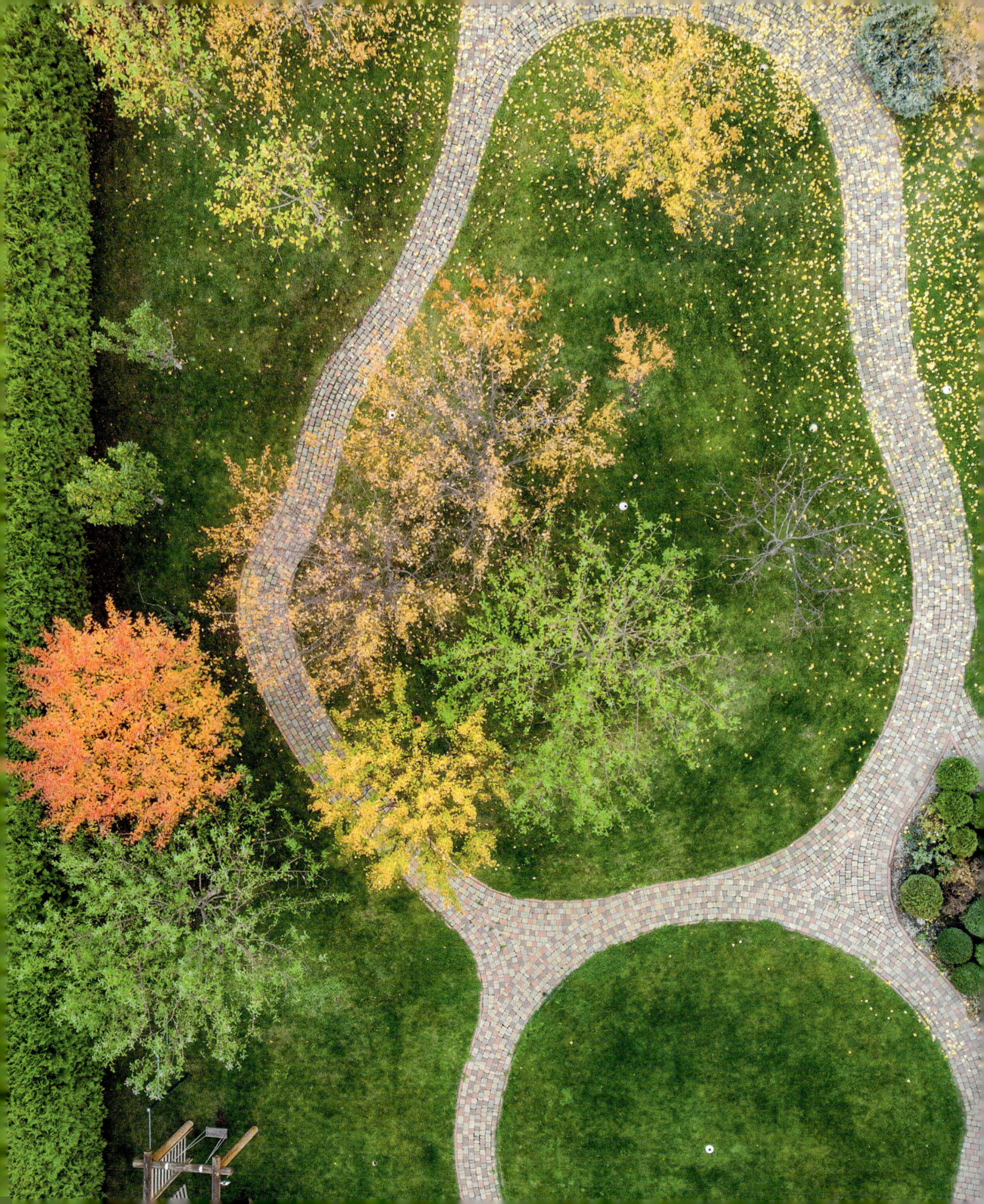

Gartenräume – formal oder naturnah gestalten

Räume schaffen

Klare Strukturen sorgen für Orientierung

Der Wunsch nach einem gemütlichen Garten hat viel damit zu tun, ob er räumliche Strukturen besitzt. In unserer Vorstellung ist ein Raum eine von vier Wänden begrenzte Fläche, die durch eine Decke nach oben abgeschlossen ist. Er kann durch eine Tür betreten werden und besitzt Fenster, aus denen man hinausschauen kann.

Ein Raum vermittelt das Gefühl von Schutz und Geborgenheit. Wer auf dem Präsentierteller sitzt, fühlt sich von vorneherein unwohl. Nicht zufällig setzt man sich an fremden Orten am liebsten mit dem Rücken zur Wand. Das gibt Sicherheit. Gleichzeitig kann man beobachten, was um einen herum passiert. Kann man entspannt loslassen, ist dies ein untrügliches Zeichen dafür, dass man einem Ort vertraut und sich dort wohlfühlt.

Räume strukturieren auch unser Lebensumfeld: Räumlich wahrnehmen heißt, Orte, an denen wir uns bewegen, zu unterscheiden. Treten wir aus der Haustür, bewegen wir uns zwischen Bürgersteigen, Fahrradwegen und Straßen. Sie unterscheiden sich durch klare Markierungen, etwa durch Bordsteine und unterschiedliche Materialien. Räumliches Wahrnehmen hat also auch viel mit Orientierung zu tun. Sofern das gelingt, fühlen wir uns sicher.

Den Garten untergliedern

Aus diesen wenigen Überlegungen wird schon klar, dass uns eine diffuse, ungestaltete Gartenfläche nicht behagt. Sie wäre vergleichbar mit einem Haus, das nur aus einem einzigen kahlen Raum besteht. Doch wir wünschen uns für unser Wohlbefinden schön eingerichtete Zimmer. Ebenso ist es im Garten. Auch er sollte räumliche Strukturen zeigen. Das beginnt mit der Terrasse. Gemütlich wird sie allerdings erst, wenn sie sich durch ein Beet, ein Wasserbecken oder eine kleine Hecke von den anderen Gartenteilen abhebt. Schon ein Weg durch eine Rasenfläche teilt diese in zwei Räume. Sprießt auf der einen Seite eine Blumenwiese, auf der anderen hingegen kurz geschorenes Gras, wird die Gestaltung abwechslungsreicher. Auch ein Sitzplatz im Garten kommt anders zur Geltung, wenn er sich durch den Bodenbelag von der Umgebung abhebt: Ein gepflastertes Rondell mit Tischen und Stühlen inmitten des Rasens wird optisch zum eigenständigen Raum. Eine hüfthohe Hecke als Rahmen betont diesen Eindruck. Ein Baum mit seiner Krone schafft die dritte Ebene. Der Raum ist nun auch nach oben begrenzt, wie durch eine Zimmerdecke. So entsteht das Gefühl von Geborgenheit – die Voraussetzung dafür, dass wir Gemütlichkeit erleben.

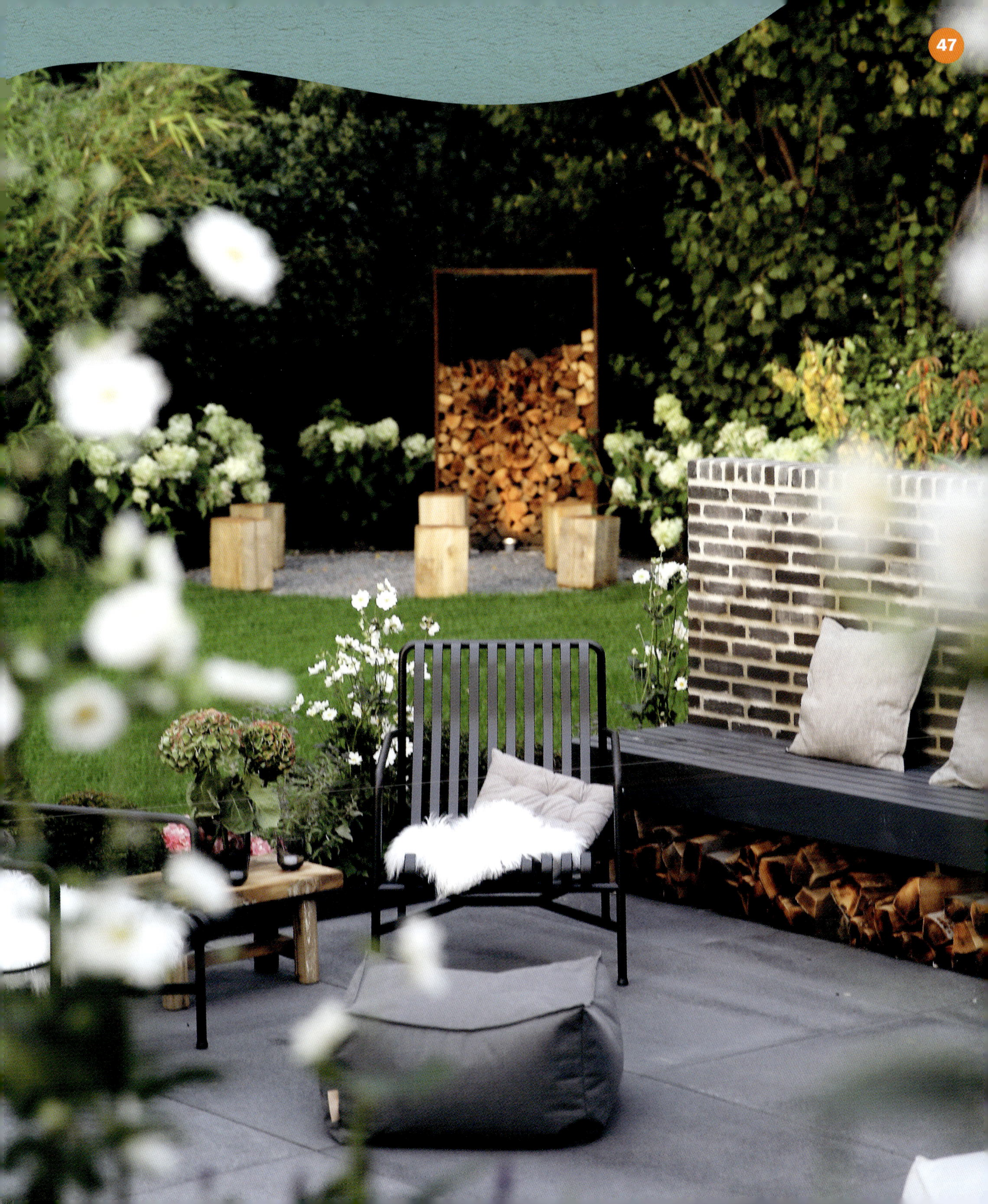

Ein neues Raumgefüge

Inmitten einer Reihenhaussiedlung liegt ein etwas eigenwillig geschnittener Garten. Er ist achteinhalb Meter breit, doch 50 Meter lang. Zwar bietet er viel Spaß für die beiden Kinder. Doch ihm fehlt etwas.

Wünsche für den Garten

Klaus ↓

» Dadurch, dass alles so lang gezogen ist, entsteht kein Gefühl von Gemütlichkeit. Wir haben schon alles mit Blumen und anderen Möbeln versucht. Doch wir saßen draußen und dachten, es fehlt noch immer etwas. Eine weitere Sitzecke unter dem Ahorn wäre schön. Wir sitzen gern dort, weil es darunter schattig ist. Das ist ein schönes Gefühl. Wir lieben den Baum. «

Conny ↓

» Schön wäre es auch, wenn wir vom Altbestand der Pflanzen etwas erhalten könnten. Doch wir sind offen für alle Vorschläge. «

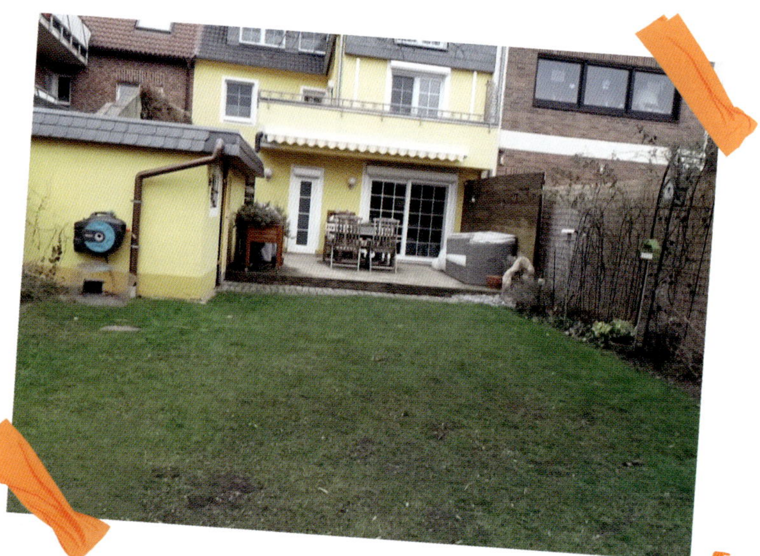

vorher

Konzept

Frank Riese verkleinert den seitlichen Zugang zum Garten und verschönert ihn mit einem Beetstreifen. Der Belag wird mit bräunlichen Klinkersteinen erneuert, die ebenfalls für die Terrasse verwendet werden. Zur Nachbarseite wird ein neuer Zaun gebaut, davor kommt ein Hochbeet mit Kletterpflanzen als Sichtschutz. Eine geschwungene flache Mauer gibt dem schmalen Garten mehr Struktur. Sie mündet in eine Sitzecke unter dem Ahorn mit einer Gas-Feuerstelle. Dort verwendet Frank WPC-Holzdielen. Eine Kirschlorbeerhecke fasst die Sitzecke ein und unterteilt den lang gesteckten Garten. Auf der Seite gegenüber wird ein Pflanzbeet gebaut sowie eine kleine Grillecke und ein Rhombuszaun.

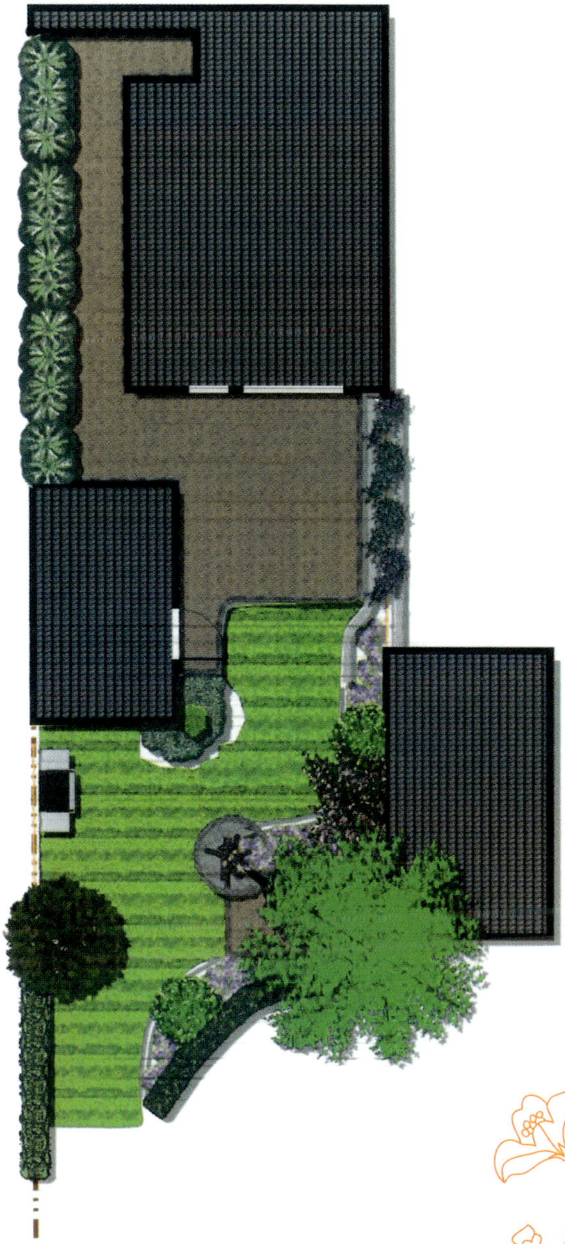

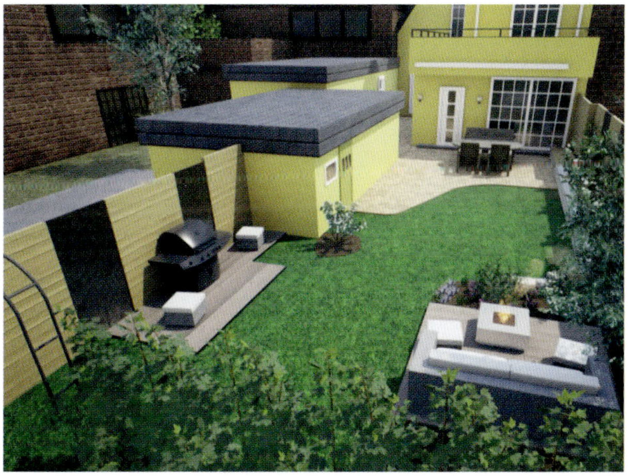

→ **Lage:** Neersen, bei Mönchengladbach
→ **Größe:** 425 m² → **Kosten:** 26.000 €
→ **Auftraggeber*innen:** Conny und Klaus
→ **Ausführender Gartenprofi:** Frank Riese

Umsetzung

Vorbereitungen

Der alte Terrassenbelag und die Wandbekleidung wurden bereits von der Familie entfernt. Der Kies wird mithilfe eines Radladers herausgeschafft. Dabei kommen zwölf Tonnen Schotter zusammen.

Die Terrasse räumlich fassen

Ein Rhombuszaun aus Lärchenholz verblendet die an das Nachbargrundstück angrenzende Mauer. Platten aus Cortenstahl lockern die Zaunelemente auf. Der Stahl entwickelt durch Regen und Feuchtigkeit eine rostige Patina, die sich farblich verändert, aber nie durchrostet.

Die Terrasse wird mit 23 Quadratmetern etwas kleiner sein als zuvor. Dafür bietet ein Hochbeet vor dem Zaun zusätzliche Sitzmöglichkeiten. Die Höhe der Mauer von einem halben Meter ist zum Sitzen ideal. Die Betonsteine, die das Hochbeet einfassen, sind künstlich gealtert und passen mit ihren changierenden Grautönen gut zur neuen Terrasse. Die unterschiedlich großen Steine des Hochbeets lassen den Garten optisch kürzer wirken. Der Effekt wird noch dadurch verstärkt, dass die kleine Mauer mit einem Schwung angelegt ist, der in die Rasenfläche hineinreicht. Ein Beet mit höheren Sträuchern schließt diesen ersten Bereich des Gartens ab. Von der Terrasse aus betrachtet, entsteht so der Eindruck eines Raums. Der Garten wird überschaubarer und wirkt kuscheliger.

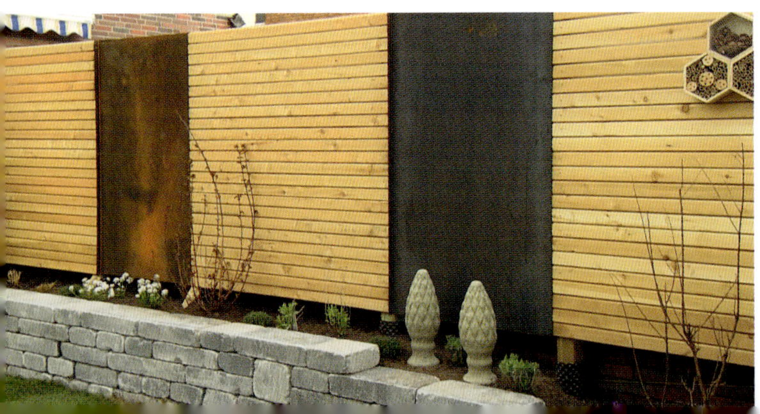

Den Garten optisch verkleinern

Hinter dem Beet und von den Sträuchern verdeckt entsteht unter dem Ahorn, dem Lieblingsplatz der Familie, ein weiterer Raum, nämlich eine Sitzlounge auf einem Holzdeck. Der Clou der neuen Gestaltung ist die immergrüne Kirschlorbeerhecke, die quer gepflanzt nun den Eindruck erweckt, hinter der Sitzlounge würde der Garten enden. So wird die Durchsicht in die Tiefe des Gartens unterbrochen und der Garten wirkt insgesamt kleiner. Ein besonderer Eyecatcher ist ein alter Rosenbogen, der neben dem Kirschlorbeer positioniert wird und deutlich macht, dass es noch einen hinteren Gartenteil gibt.

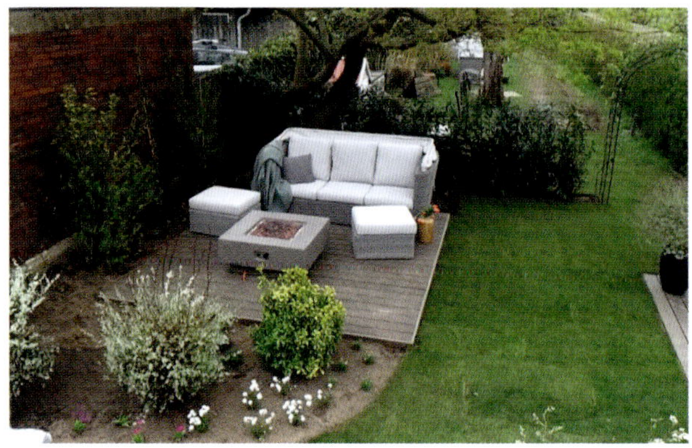

Beete mit mediterranem Flair

Für die Beete sind rund 200 Solitärpflanzen, Stauden und Bodendecker vorgesehen. Bevor sie in den Boden kommen, werden sie zunächst einmal nur hingestellt und schließlich so gerückt, dass sie den richtigen Abstand zueinander haben. Ein Korkflügelstrauch, eine Prachtspiere und eine Kupfer-Felsenbirne unterstreichen das Raumgefühl. Für ein wenig mediterranes Flair sorgt ein Wacholder.

Ein Steinboden im Fischgrätenmuster

Der Garten soll künftig barrierefrei von der Straße aus zugänglich sein. Deshalb wird seitlich am Haus der Zugang neu gepflastert und auf gleiche Höhe wie die Terrasse gebracht. Dafür verlegen die Gärtner Betonsteine in Klinkeroptik. Als Fundament verwenden sie grobkörnigen Sand. Auf der Terrasse wird der Klinkerstein ebenfalls ins Sandbett gesetzt und im Fischgrätenmuster angeordnet. Die Gärtner setzen mehr als 5000 Steine und formen einen Bogen bis zur Eingangstür des Schuppens.

Geschützter Grillbereich

Hinter dem Schuppen und der Sitzlounge gegenüber entsteht ein Grillplatz. Um den Grillmeister vor den neidischen Blicken der Nachbar*innen zu schützen, bauen die Gärtner auch hier eine Wand aus Lärche und Cortenstahl.

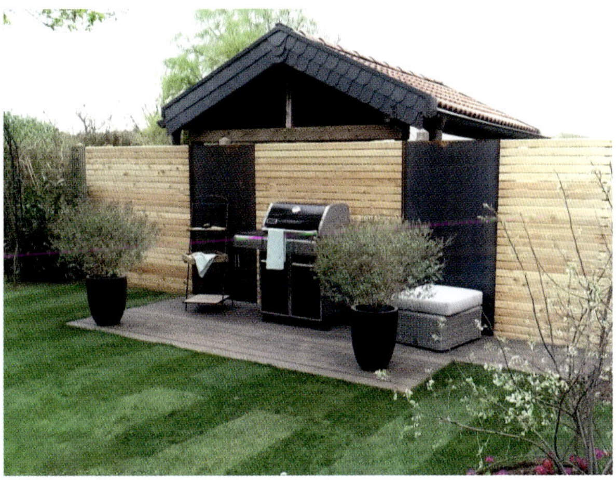

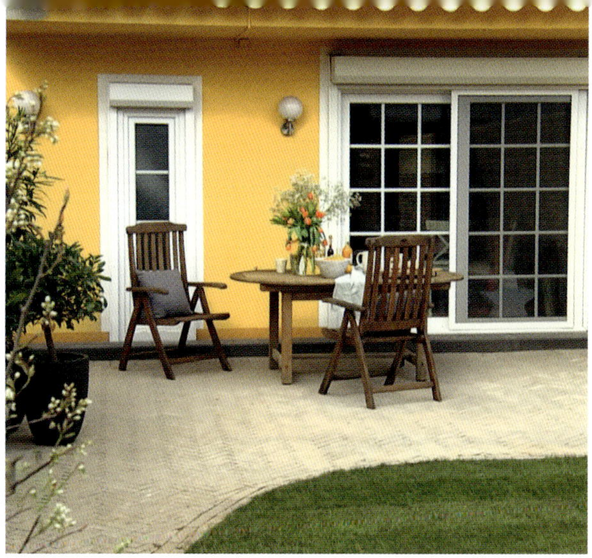

Fazit

Früher war der Garten lang, schmal und unübersichtlich. Jetzt ist der vordere Teil abgetrennt und behaglich. Der Rosenbogen lädt ein, den hinteren Garten zu erkunden. Die alte Holzterrasse war morsch, der Sichtschutz aus Bastmatten wenig einladend. Dank des Hochbeets und der Sitzbank strahlt die Terrasse Gemütlichkeit aus. Die Sitzbank könnte der neue Lieblingsplatz der Familie werden. Hinter dem Geräteschuppen war früher eine ungenutzte, verwilderte Ecke. Hier entstand eine großzügige Grillecke, der Sichtschutz aus Lärchenholz und Cortenstahl rahmt sie stilvoll ein.

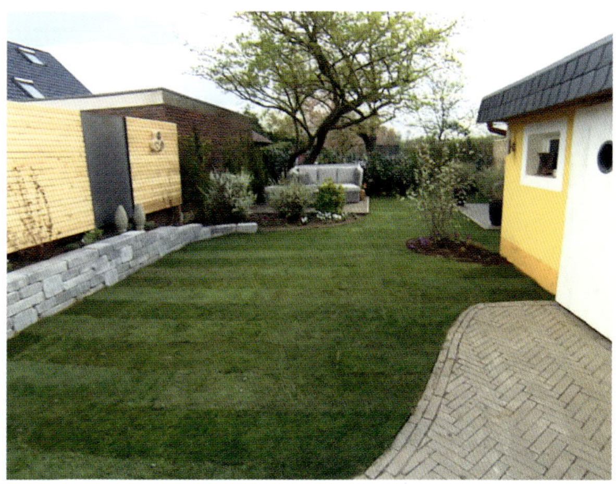

Zwischen Feuerstellen und Sonnendeck

Die Terrasse am Haus ist zwar neu, aber dort fehlt der Familie die Gemütlichkeit. Die restliche Fläche ist noch nicht angelegt – bis auf Spielmöglichkeiten für die Kinder.

Wünsche für den Garten

Uwe ↓

» Wir wünschen uns einen Aufenthaltsbereich, wo wir die Abendsonne bei einem Gläschen Wein genießen und wo wir mit Freunden grillen können. «

Sandra ↓

» Wir haben einen sehr grünen und eingewachsenen Garten. Doch es fehlt an Blumen, Lebendigkeit und Blüten. Wir wünschen uns, dass Farbe in unseren Garten einzieht. Zudem sollen der Zaun zum Nachbargrundstück und unser Lieblingssonnenplatz verschönert werden. «

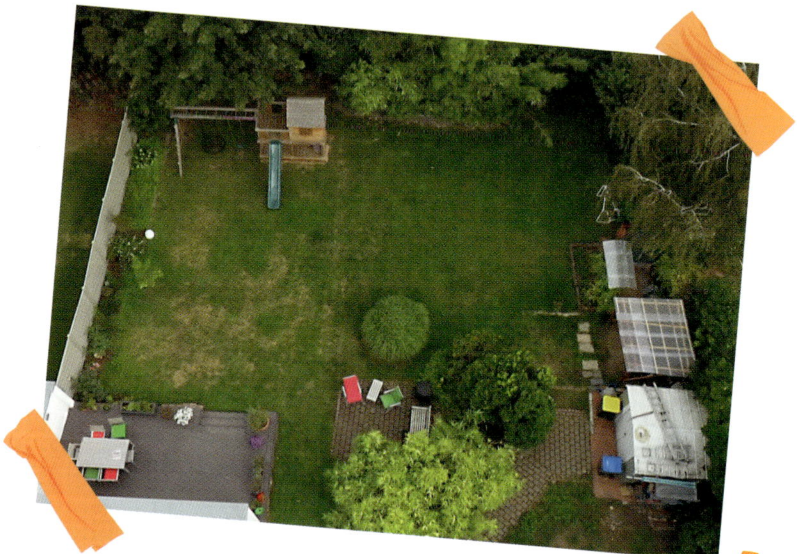

vorher

Konzept

Nicole Johag plant mitten im Garten eine weitere Steinterrasse, dahinter baut sie aus Klinkersteinen eine 140 Zentimeter hohe Wand. In der Mitte dieser Mauer ist eine Auslassung für eine Gas-Feuerstelle und anthrazitfarbene Bänke. Der vorhandene Bambus bleibt erhalten und soll die Terrasse vollständig einhausen. Die Terrasse am Haus wird mit grauen Pflanzkübeln aufgehübscht. Die Gartenseite zum linken Nachbargrundstück erhält einen Weidenzaun und wird mit Rosen und blühenden Sträuchern bepflanzt. In der hinteren rechten Ecke entsteht eine weitere Sitzfläche, die die Familie als Feuerstelle nutzen kann.

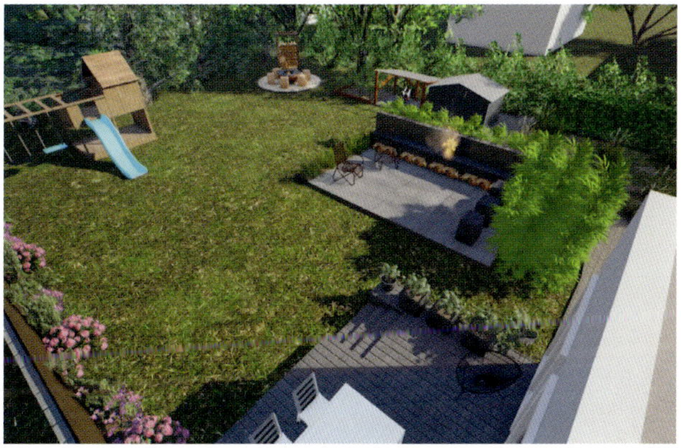

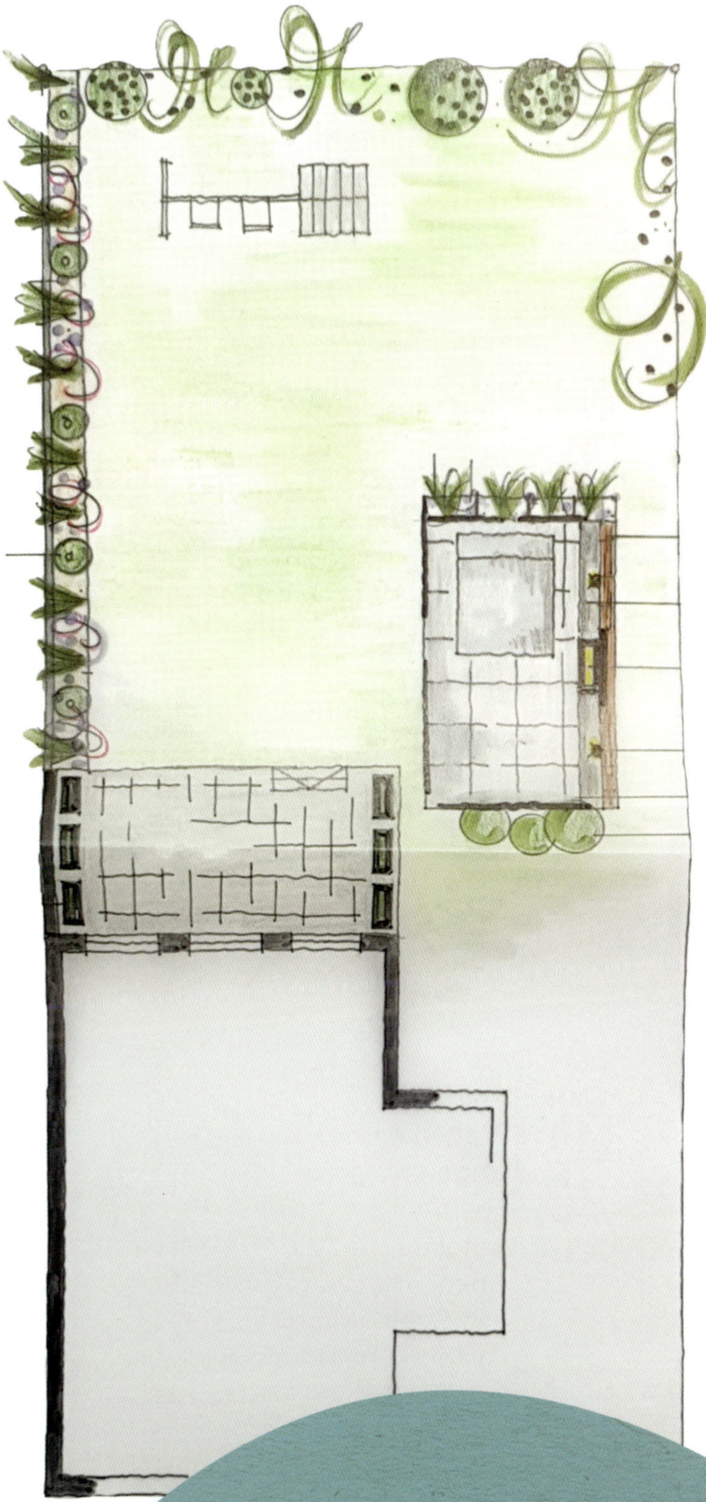

→ **Lage:** Brauweiler, bei Köln
→ **Größe:** 700 m² → **Kosten:** 20.000 €
→ **Auftraggeber*innen:** Sandra und Uwe
→ **Ausführender Gartenprofi:** Nicole Johag

Umsetzung

Das Sonnendeck vorbereiten

Zum Herzstück des neuen Gartens wird das neue, sechs Meter lange und vier Meter breite Sonnendeck. Die vorhandenen alten Pflastersteine an dieser Stelle müssen weichen. Sie bildeten bisher eine provisorische Terrasse, die jedoch aus den Fugen geraten und von Bambusschösslingen unterwandert worden war. Der Boden wird 40 Zentimeter tief ausgeschachtet und der Unterbau für die großen modernen Betonplatten vorbereitet. Sie sind jeweils ein mal einen Meter groß. Bevor diese gelegt werden können, muss eine Rhizomsperre aus festem Kunststoff gegen den wuchernden Bambus senkrecht in den Boden eingebracht werden. Das war bei der ursprünglichen Pflanzung des Bambus versäumt worden. Die Gärtner*innen verteilen eine Schotterschicht. In diese werden die 180 Kilo schweren und acht Millimeter starken Betonplatten rückenschonend mit einem Plattensauger verlegt.

Eine Schutzmauer entsteht

An der Längsseite des Sonnendecks entsteht eine Mauer auf einem soliden, 80 Zentimeter tiefen Fundament. Denn die Mauer soll 140 Zentimeter hoch werden. In ihr werden Klinkersteine der ehemaligen Terrasse und neue, ähnlich aussehende Steine gemischt. Das verleiht ihr ein lebendiges Erscheinungsbild, das sich exakt an der Optik der Terrasse am Haus orientiert. Die Mauer ist zweireihig aufgebaut, mit Bewährungsstahl im Zwischenraum, was ihre Stabilität erhöht. Anschließend kommt an die Stirnseite des Sonnendecks ein schmales Beet mit einer grauen Stahleinfassung. Bepflanzt wird es mit rosafarbenen Hortensien, weißen Herbst-Anemonen und Buchsbaumkugeln.

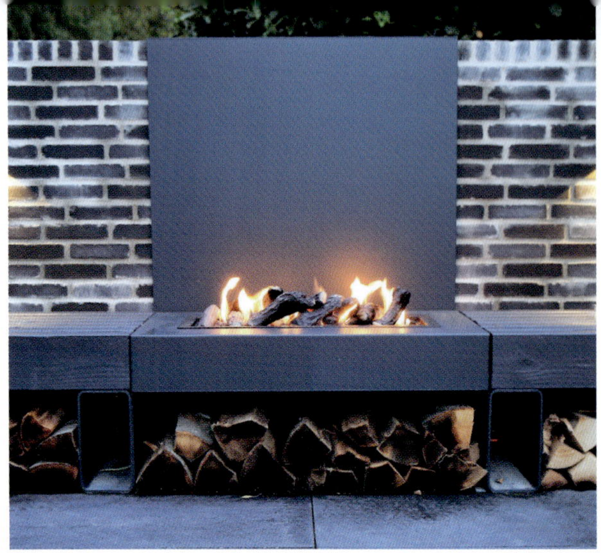

Die Feuerstelle an der Gartengrenze

Das Sonnendeck stellt einen eigenen abgeschirmten Raum innerhalb des Gartens dar. Eine Mauer und eine Bambushecke rahmen ihn ein und sorgen für Schutz. So wird die große Rasenfläche gegliedert und der Garten abwechslungsreich gestaltet. Auch die kreisförmige, neun Quadratmeter große Feuerstelle, die in der hinteren Gartenecke entsteht, formt eine räumliche Struktur. Für den Unterbau heben die Gärtner*innen den Boden flach aus und verdichten den Schotter darin. Kopfsteinpflaster fasst den Platz ein und Splitt bedeckt ihn. Weiße Hortensien der Sorte 'Annabelle' und ein Holzlager aus Cortenstahl begrenzen die Feuerstelle und bilden eine Art Rückwand. Der leicht schattige Standort ist für diese Pflanzen ideal. Auf der Feuerstelle können bald die ersten Würstchen gebrutzelt werden. Dazu stehen Sitzhocker aus Holz bereit.

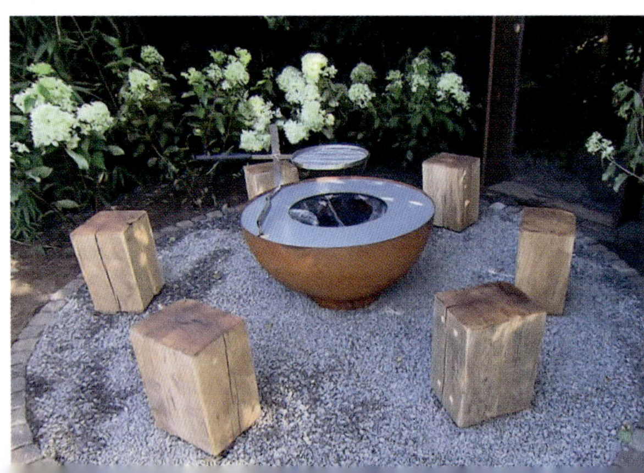

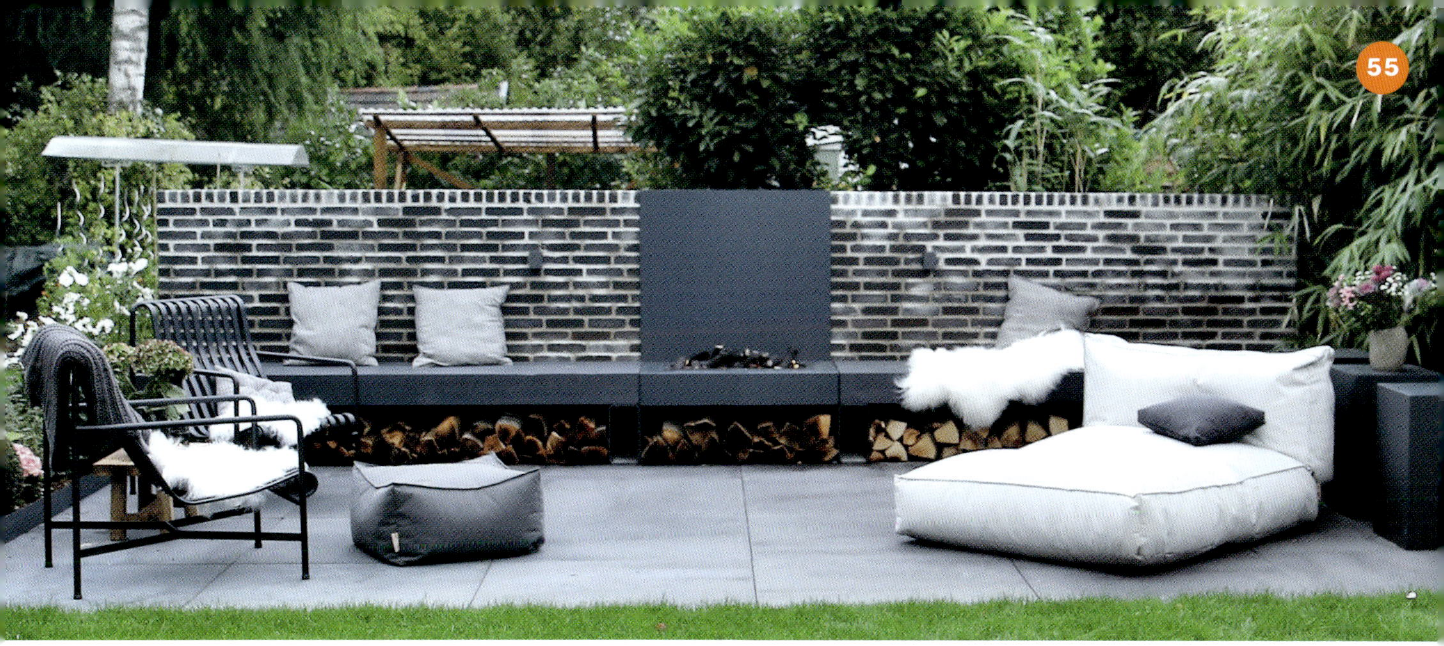

Ein Sichtschutz aus Weidenzaunelementen

Vor der Terrasse am Haus kaschieren Weidenzaunelemente den unschönen Sichtschutz zum Nachbargrundstück. Diese 180 Zentimeter hohen Elemente strahlen Natürlichkeit und Wärme aus im Gegensatz zum ehemals grauen Zaun. Davor entsteht ein Beet mit Rosensträuchern, deren Ranken die Gärtner*innen flächig mit den Weidenruten verknüpfen. Die Rosenblüten entfalten sich direkt am Zaun. Das Beet hat eine Tiefe von einem Meter. Die Pflanzung wird in der Höhe abgestuft, im Vordergrund gedeiht niedriger Lavendel, dann folgen Bartblumen, weiße Herbst-Anemonen und hohe Hortensien. Diesem gelungenen Mix geben immergrüne Eibenkugeln, die dazwischen wie kleine Skulpturen aussehen, eine klare Struktur. Das 18 Meter lange Beet wird sauber mit einer Stahlkante vom restlichen Garten getrennt.

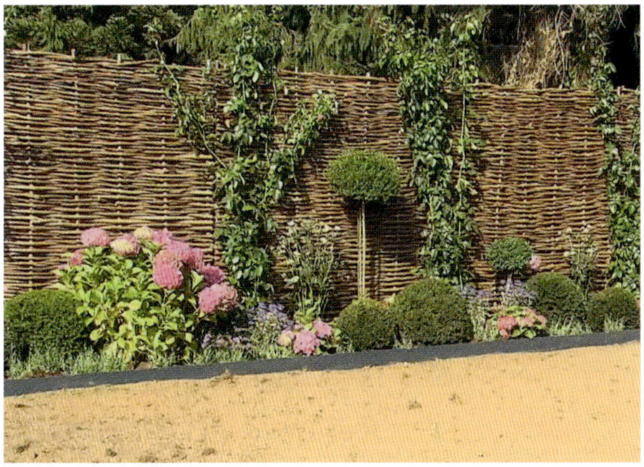

Das Finish

Nachdem der Boden aufgelockert ist, verlegen die Gärtner*innen auf 290 Quadratmetern Rollrasen. Alle Beete werden abschließend mit Pinienrinde gemulcht, damit sie die Feuchtigkeit besser speichern und die Pflanzen optimal anwachsen.

Fazit

Sehr viel ungenutzte Grünfläche, so zeigte sich der Garten vor dem Umbau, hinterher sind neue Räume entstanden: zum Sonnen und zum Grillen. Der Blick auf den kahlen Zaun und die Behelfsterrasse sind Geschichte: Jetzt freut sich die Familie über den Ausblick in den Garten und ihren traumhaften Sonnenplatz. Frische, blühende Beete lassen einen neuen Charakter entstehen. Die große Farbvielfalt kommt vor allem bei der Hausherrin gut an.

Exkurs:

Hecken anlegen

Hecken gehören wie Mauern und Zäune zum Rahmenprogramm eines Gartens. Sie nehmen die Linien der Architektur auf und verlängern sie in den Garten hinein. So lassen sie dort neue, aber gewachsene Räume entstehen.

Vorteile von Hecken

Während Mauern hart und kantig sind, spiegeln Hecken ein eher weiches, organisches Erscheinungsbild wider. Sie verändern sich mit den Jahreszeiten, treiben frisches Laub im Frühjahr, blühen teilweise und verfärben sich meist zum Ende des Jahres.

Hecken gliedern den Garten auf geradezu geniale Weise. Die Pflanzen sind leicht zu beschaffen und das Anlegen macht kaum Mühe. Und nicht nur das: Sie brechen zudem den Wind und schaffen damit die Voraussetzung für viele andere Gartenpflanzen, denen sie Schutz geben.

Verschiedene Gehölze

In England, das viele Gartenprofis noch immer als Maßstab in Sachen Gartenkultur betrachten, gelten Hecken vielfach als „Backbone", also als Rückgrat für die Beete. Traditionell findet man dort Eiben (*Taxus baccata*), die zu Hecken geformt werden. Der Hintergrund dieser dichten Wände aus feinen dunkelgrünen Nadeln bringt viele Blüten zum Leuchten. Eiben gehören zu den sehr schnittverträglichen Gehölzen, sodass sie sich ganz unterschiedlich formen lassen, ebenso wie Buchsbaum, der bislang sehr gern für niedrige Hecken Verwendung fand. Leider ist Buchs in den letzten Jahren durch diverse Krankheiten in Verruf geraten, sodass man inzwischen ersatzweise Heckenmyrthe (*Lonicera nitida* 'Maigrün') oder Japanische Stechpalme (*Ilex crenata*) pflanzt. Neben Eiben und Buchsbäumen lassen sich immergrüne Hecken auch aus Wintergrünem Liguster (*Ligustrum vulgare* 'Atrovirens'), Lebensbäumen (*Thuja*) und Scheinzypressen (*Chamaecyparis*) formen.

Des Weiteren findet man häufig Rotbuchenhecken (*Fagus sylvatica*). Der Name verwirrt, nur das Holz schimmert rötlich, das Laub ist grün. Im Frühjahr zuerst seidig behaart bekommt es später eine glänzende Oberfläche. Das trockene Laub bleibt den Winter über an der Pflanze haften, bietet Sichtschutz und leuchtet in der Sonne mahagonibraun. Rotbuchen lieben einen nahrhaften Untergrund. Auf mageren Böden pflanzt man daher besser Hainbuchen (*Carpinus betulus*), deren Laub etwas stumpfer ist.

Blütenhecken

Bei Blütenhecken ist das Schneiden eher die Ausnahme. Die einzelnen Sträucher benötigen daher mehr Platz, um sich entfalten zu können. Die reiche Arten- und Sortenvielfalt beginnt bei niedrigen Formen, zu denen neben Rosen, Spiersträuchern (*Spiraea*) und Fingersträuchern (*Potentilla*) auch Lavendel gehört. Mehr als kopfhohe Hecken können aus Falschem Jasmin, Weigelie, Forsythie, Schneeball, Kolkwitzie, Sommerflieder, Hartriegel, Felsenbirne und Perückenstrauch bestehen. All diese Sträucher machen auch in Einzelstellung eine gute Figur.

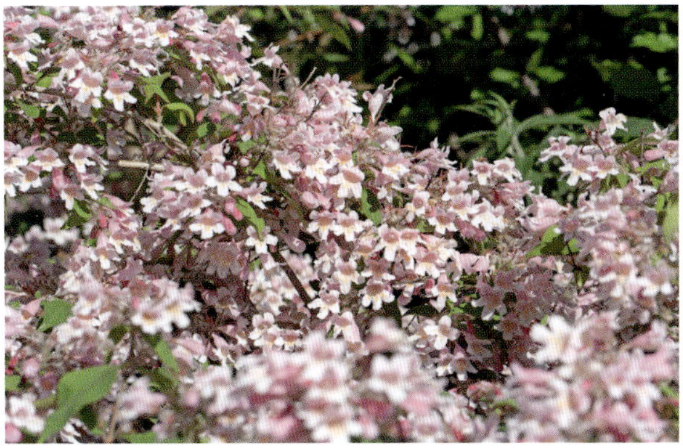

Kolkwitzie

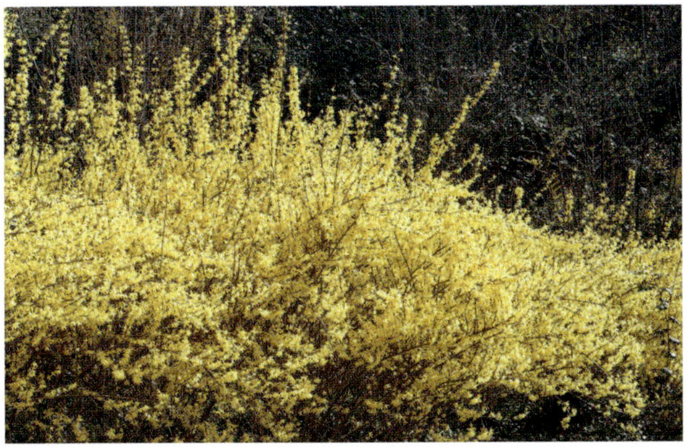

Forsythie

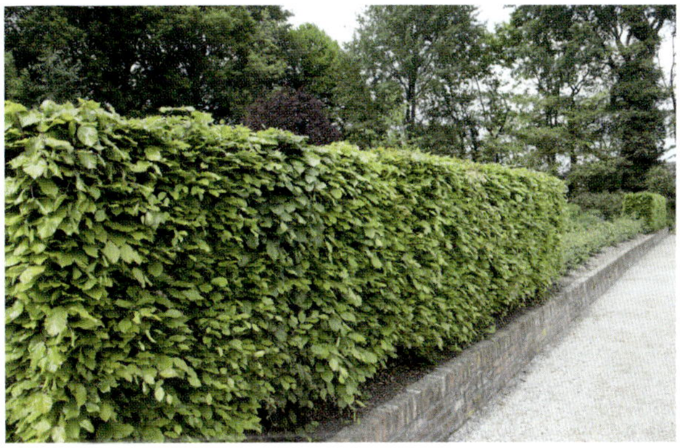

Rotbuchenhecke

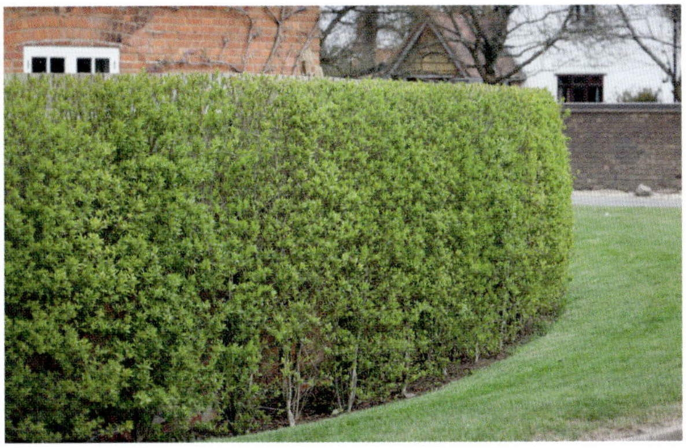

Liguster

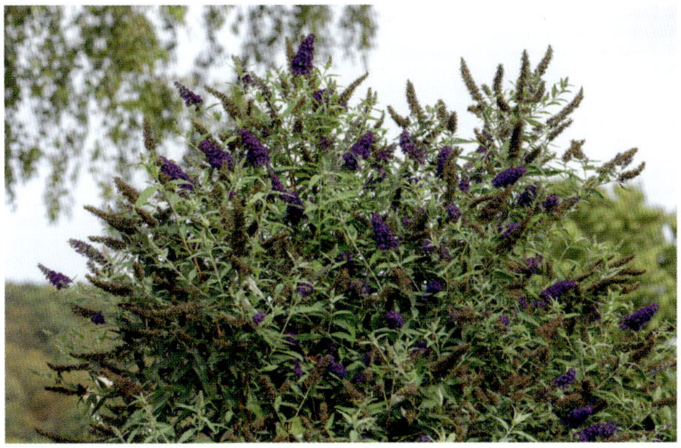

Sommerflieder

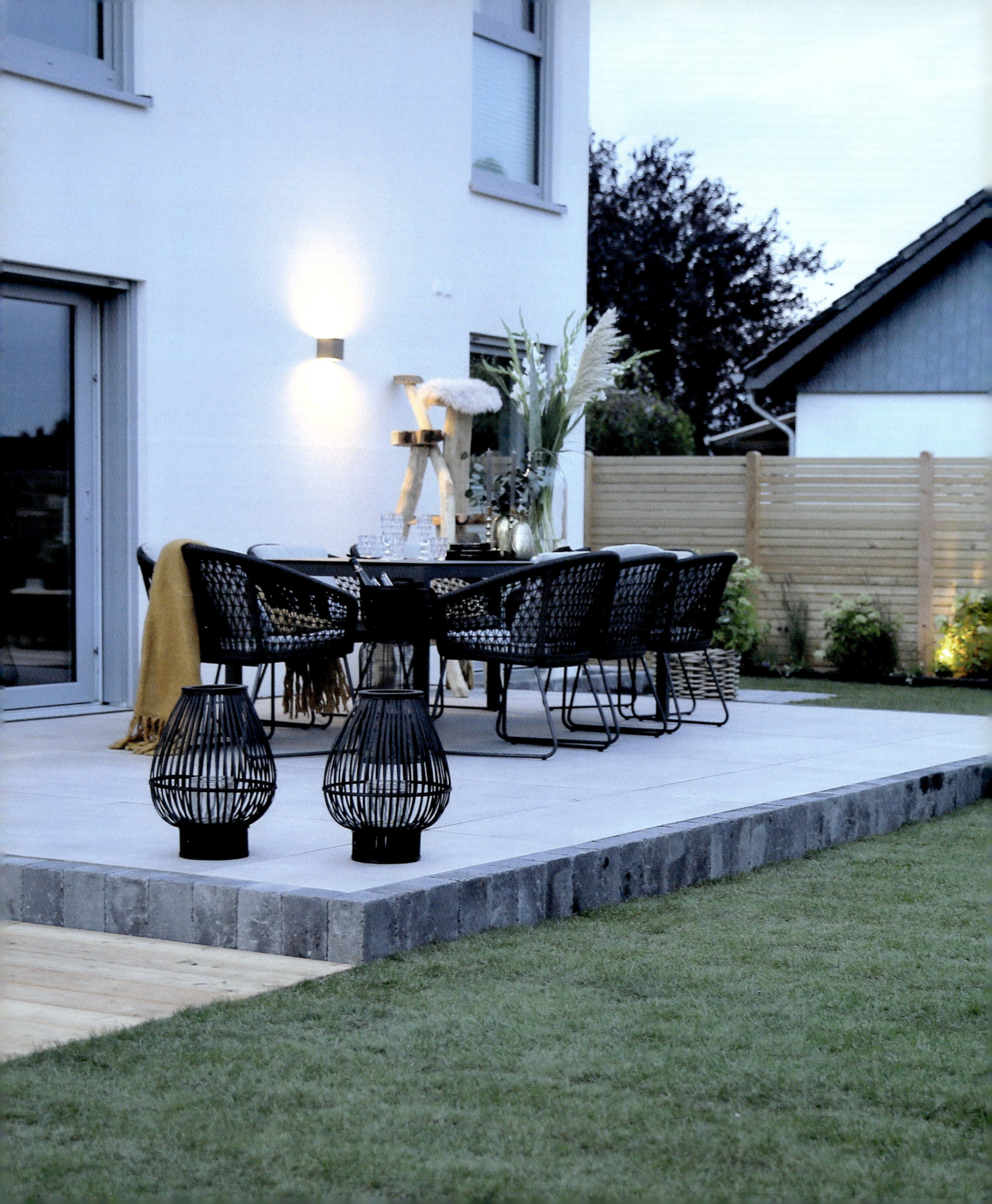

Terrasse am Haus:

ein Belag aus Holz oder Stein

Ein Wohnzimmer im Freien

Ganz entspannt genießen

Machen Sie es sich auf der Terrasse bequem. Hier sitzen Sie in der ersten Reihe. Geboten wird Entspannung pur. Leicht verdauliche Unterhaltung: ein bisschen Blätterrauschen, leises Summen, Farbenspiele. Sie wünschen sich ein anderes Programm? Kein Problem. Zappen Sie sich hinüber zum Wasserbecken: leichtes Wellenschlagen, Lichtreflexe, Libellenflug. Oder in die Kräuterecke: starkes Summen, ätherische Düfte, Urlaubsträume. Sie sehen, worauf es ankommt: Sitzplätze müssen im Garten reichlich vorhanden sein. Der wichtigste ist und bleibt jedoch immer noch die Terrasse am Haus.

Ansprüche an die Terrasse

Zunächst muss diese geräumig sein. Sie sollte mindestens Platz bieten für einen Tisch mit vier Stühlen sowie zwei Sonnenliegen. Noch mehr Sitzgelegenheit werden gebraucht, wenn Gäste zu Besuch sind. Dann kommt meist ein Grill zum Einsatz. Neben seiner Hitze sollte man sich noch gefahrlos auf der Terrasse bewegen können. Daher wird dieser Ort vom Gartenprofi oft großzügig bemessen.

Stein oder Holz?

Den Bodenbelag für die Terrasse sollten Sie so sorgfältig aussuchen wie die Fliesen für das Haus und das Parkett. Denn die Gestaltung der Außenräume hat die gleiche Aufmerksamkeit verdient wie die der Wohnräume. Unabhängig davon, ob Sie sich für Betonsteine, Klinker, Natursteine oder Keramikplatten entscheiden, in erster Linie muss die Farbe des Materials zur Fassade des Gebäudes passen. Die Anlage sollte aus einem Guss erscheinen. Das erreichen Sie, wenn Sie sich auf wenige Materialien beschränken. Holz und Edelstahl passen zum Beispiel gut zusammen, ebenso Naturstein und Klinkerpflaster. Ein bunter Mix wirkt meist inkonsequent und stiftet Unruhe. Sicher ist es auch eine Kostenfrage, ob man zu Naturstein oder alternativ zu Betonsteinen greift.

Vor allem Holz genießt das Vertrauen der Menschen. Wer es in seiner Nähe hat, es riecht und fühlt, spürt sogleich, dass er es mit einem gewachsenen Stück Natur zu tun hat. Es gibt einer Terrasse einen modernen Look und macht sich besonders gut, wenn Wasser in der Nähe ist. Die Frage der Haltbarkeit ist heute keine entscheidende Frage mehr, da es neben den sehr widerstandsfähigen tropischen Harthölzern inzwischen diverse Verfahren gibt, heimische Holzarten langlebig zu machen.

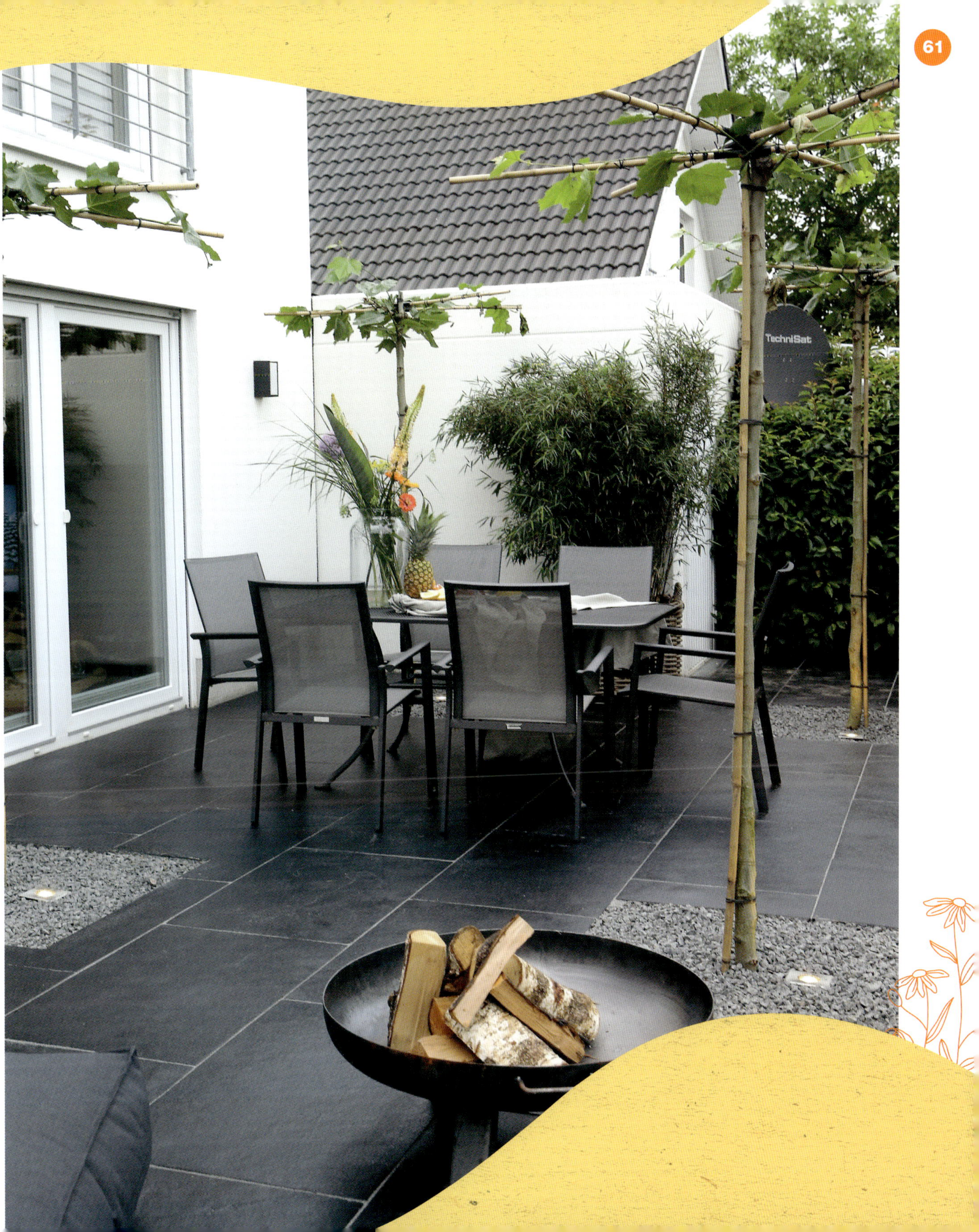
TechniSat

Entspannung unter alten Bäumen

Die Herausforderung ist das Hangbeet an der Terrasse, das neu gestaltet werden soll, jedoch größtenteils im Schatten liegt. Dennoch wünschen sich Max und Kirsten dort eine Blütenpracht. Die Bäume sind da und sollen bleiben, also muss sich das Konzept daran anpassen.

Wünsche für den Garten

Max ↓

» Wir würden gern die Terrassenfläche optimieren, da wir dort viel Zeit verbringen. Wir haben zunächst alte Steine verwendet. Das sieht etwas zusammengewürfelt aus. Die Stufen aus dem Haus enden einfach auf dem Rasen. Wir stellen uns einen Weg vor, der den vorderen und hinteren Bereich verbindet, sodass man einfach um das Haus herumgehen kann. «

Kirsten ↓

» Wir würden uns wünschen, dass der Garten pflegeleichter wird, mit Pflanzen, die vielleicht hin und wieder zurückgeschnitten werden müssen, doch nicht so viel Pflege brauchen. «

vorher

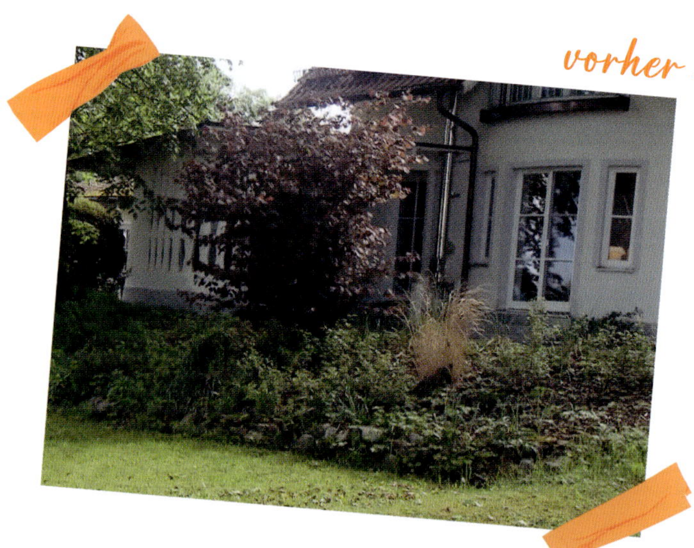

Konzept

Helle Granitplatten sollen der Terrasse einen modernen Look verleihen. Drei Sitzblöcke mit Holzauflage dienen als Abtrennung zum Beet. Dazwischen pflanzt Frank Dietl Hortensien. Die Hangbepflanzung soll mit Schattenstauden angereichert werden. Vier kleine Pflanzbeete direkt am Haus und ein Weg aus Trittplatten zum seitlichen Eingang runden sein Konzept ab.

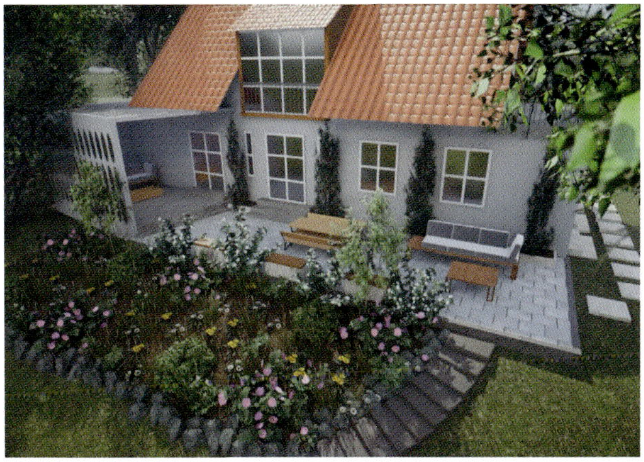

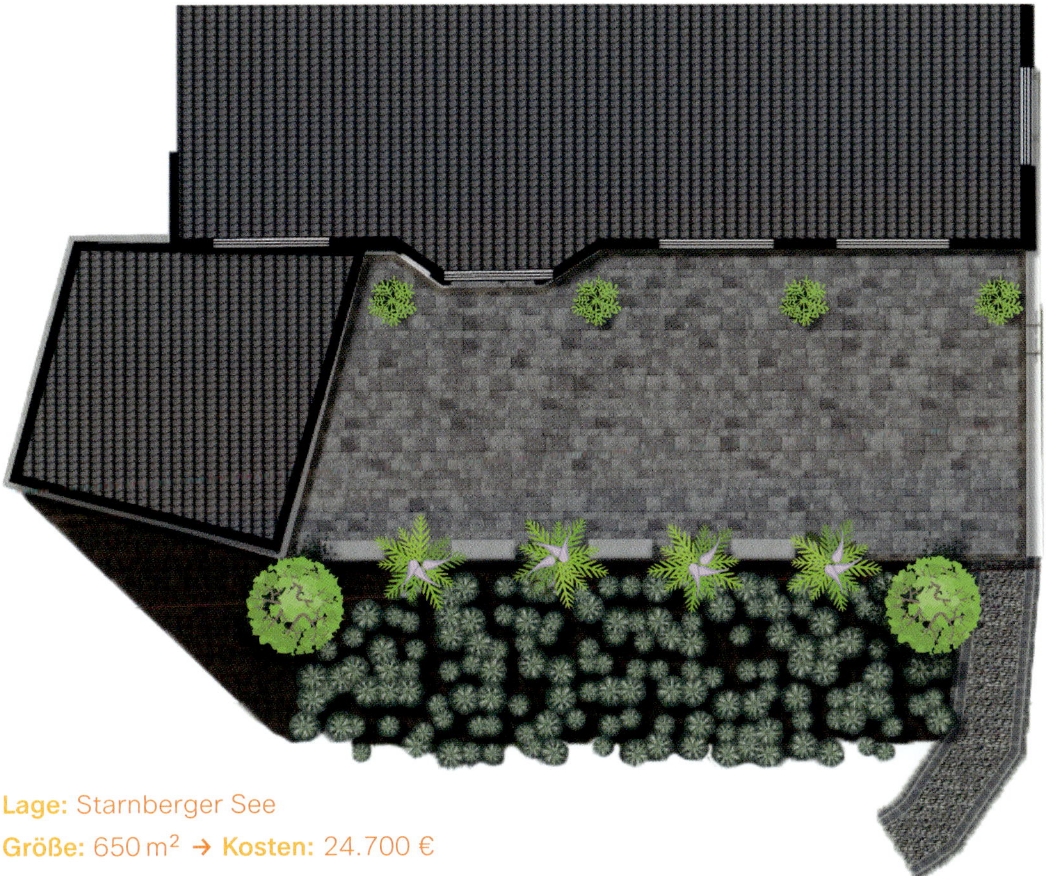

→ **Lage:** Starnberger See
→ **Größe:** 650 m² → **Kosten:** 24.700 €
→ **Auftraggeber*innen:** Kirsten und Max
→ **Ausführender Gartenprofi:** Frank Dietl

Umsetzung

Abrissarbeiten

Bagger und Radlader sorgen dafür, dass die alte Terrasse schnell abgeräumt ist. Doch darunter verbirgt sich ein altes Fundament. Es sieht aus wie eine Begrenzungsmauer. Auch sie muss weg. Zum Glück ist diese nur 10 bis 15 Zentimeter tief, sodass sich diese ebenfalls leicht mit dem Bagger entfernen lässt und keine zusätzlichen Kosten verursacht.

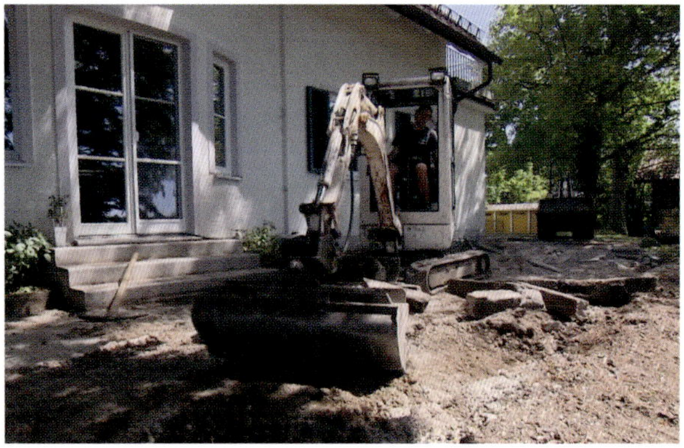

Im großen Hangbeet an der Terrasse befindet sich allerlei Wildwuchs. Um dort später die gewünschte Ordnung zu schaffen, wird erst einmal alles herausgerissen. Drei Pampasgräser sollen erhalten bleiben. Eines davon war ein Hochzeitsgeschenk. Sie werden zwischengelagert. Da Pampasgras die Sonne liebt, braucht es in jedem Fall einen neuen Standort. Fünf Tonnen Schutt und vier Kubikmeter Grünabfall kommen am Ende zusammen und müssen abtransportiert werden.

Naturstein für die Terrasse

Nachdem der Unterbau für die Terrasse abgeschlossen ist, wird feiner Splitt ausgebreitet, in den die Platten verlegt werden. Für einen guten Anschluss an den Sockel des Hauses braucht es Sockel- bzw. Leistensteine. Diese sowie die Terrassenplatten suchen Max und Kirsten gemeinsam mit dem Gartenprofi beim nur wenige Kilometer entfernten Steinhändler aus. In jedem Fall soll es ein Naturstein sein. Die Wahl fällt auf einen hellen Granit, der gut zur alten Villa und den Blockstufen passt. Die rechteckigen 40er- auf 60er-Platten werden versetzt verlegt. Das sieht gefälliger aus, als wenn eine Kreuzfuge entsteht. Der Farbton der Steine hellt die Fläche unter den Bäumen auf. Für den Weg zum Seiteneingang verwenden die Gärtner die gleichen Platten wie für die Terrasse. Diese werden einzeln in den Rasen als Trittsteine verlegt.

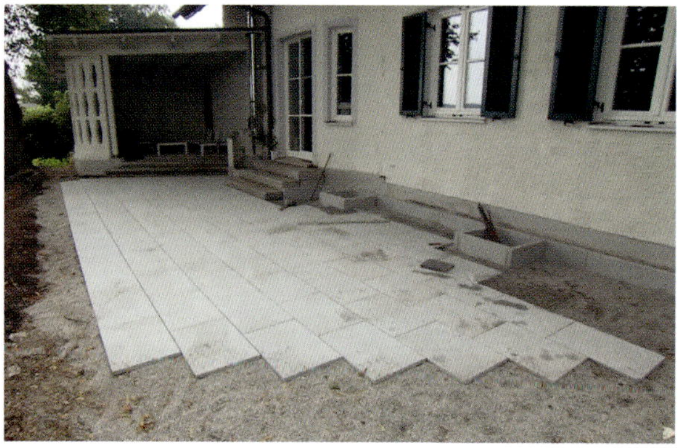

Sitzbänke platzieren

Sobald die Terrasse fertig ist, werden die drei Sitzbänke gemauert. Da sich die Sitzgelegenheiten aus Stein später nicht verschieben lassen, bespricht der Gartenprofi die exakte Position mit dem Hausherren. Geplant sind sie nahe dem Grillbereich, sodass dort eine gemütliche Ecke entsteht. So soll es sein. Ein Meter lange und 35 Zentimeter tiefe Blockstufen aus Beton dienen als Bänke. Diese werden einbetoniert und mit einer starken Betonkante verstärkt, damit sie zum Hang hin nicht abrutschen. Die drei Bänke bieten Platz für sechs Personen. Sie rahmen die Terrasse perfekt ein. Für die Sitzfläche kommt Bangkirai zum Einsatz. Das Hartholz eignet sich gut für den Außenbereich, denn es hält der Witterung etwa 20 bis 30 Jahre lang stand.

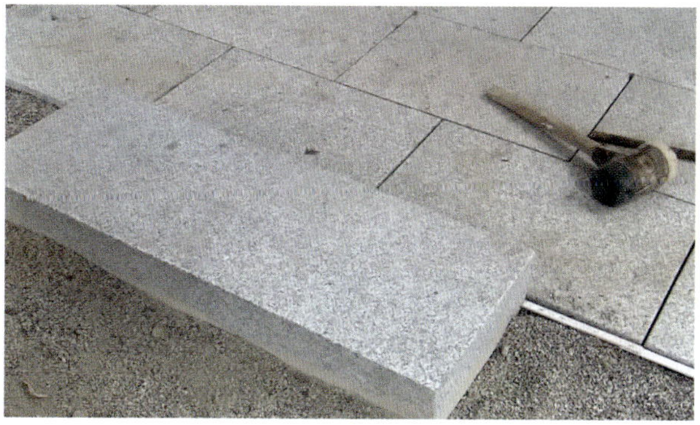

Das Hangbeet neu bepflanzen

Neben der Terrasse wird das neue Hangbeet mit einer frischen Schicht Humuserde vorbereitet. Die Schattenlage verlangt nach entsprechenden Pflanzen. Der Gartenprofi hat dafür sogenannte Waldstauden ausgesucht, wie Kastanienblättriges Schaublatt (*Rodgesia aesculifolia*), Blaublattfunkie (*Hosta siboldiana* 'Elegance'), Straußenfarn (*Matteuccia struthiopteris*), Sterndolde (*Astrantia major*) und Frühlings-Gedenkemein (*Omphalodes verna*).

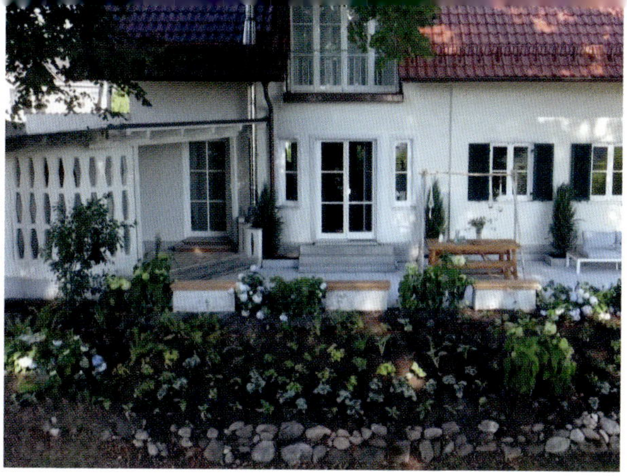

Insgesamt haben die Gärtner über 300 Pflanzen im Gepäck. Mit tatkräftiger Unterstützung von Kirsten und Max wird für jede einzelne von ihnen der richtige Platz gewählt. Wichtig ist auch, dass die Pflanzen nicht in Reih und Glied angeordnet werden, sondern versetzt. Das sieht viel natürlicher aus. Schließlich wird die gesamte Schattenpflanzenpracht, zu der auch viele Hortensiensträucher gehören, eingepflanzt.

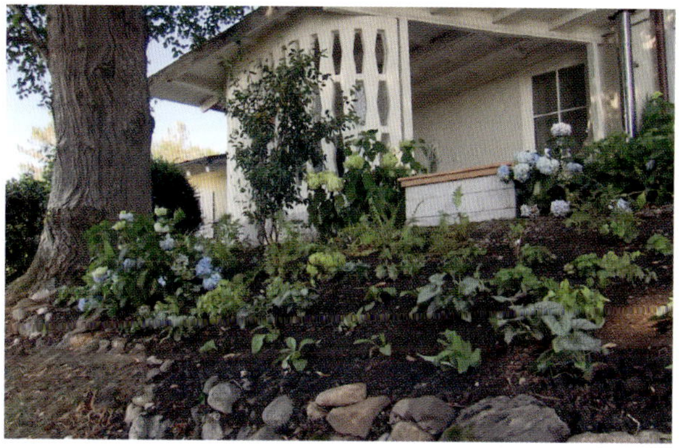

Fazit

Noch vor einer Woche war der alte Garten wild und unstrukturiert. Jetzt dominieren klare Linien auf der neuen Terrasse. Die überwucherte Fläche davor ist einem Beet mit wunderschönen Schattenpflanzen gewichen. Und die Terrasse? Der triste Außenbereich ist kaum wiederzuerkennen. Hier möchte man sofort Platz nehmen und gar nicht wieder aufstehen.

Ein Wohnzimmer mit Kochinsel im Freien

Vor vier Jahren hat das Paar seine Traumimmobilie gefunden: eine Eigentumswohnung mit einer Dachterrasse auf einer Tiefgarage. Diese hatte jedoch nicht mehr als einen unansehnlichen Bitumenboden zu bieten. Ein Statiker hat die Fläche geprüft und als Garten freigegeben. 500 Kilogramm Last pro Quadratmeter sind erlaubt. Im hinteren Teil befindet sich zudem eine verwilderte Hangfläche. Beides soll zu einem schönen Garten zusammengefügt werden.

Wünsche für den Garten

Steffi ↓

» Wenn ich aus dem Wohnzimmer blicke, möchte ich eigentlich gar nicht rausgehen, es ist trostlos, hässlich, chaotisch.Unser Traum wäre eine Outdoorküche, wo wir künftig mit Freund*innen grillen und essen können. Wir lieben auch den japanischen Gartenstil und hätten daher gern ein Wasserspiel. «

vorher

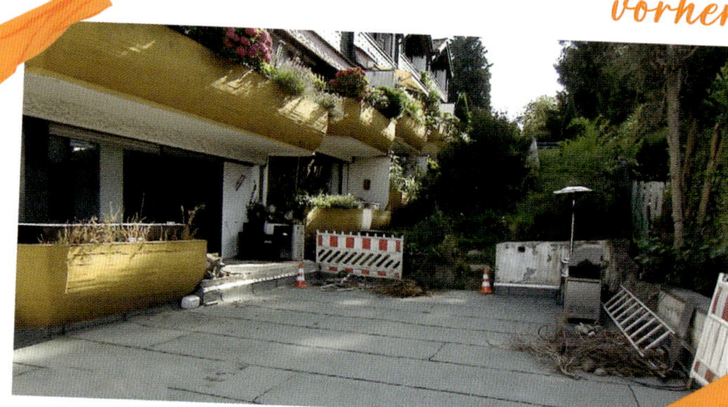

Konzept

Im Konzept von Marius Surmann führt ein Holzsteg von der Küche aus zu einem betonierten Folienwasserbecken. Über eine Natursteintreppe, eingerahmt von Beeten, gelangt man auf ein Holzdeck, das Platz für eine Outdoorküche, eine Sitzlounge und ein Holzlager bietet. Der Zugang vom Wohnzimmer aus ist ebenerdig. Trittsteinplatten führen in den hinteren Bereich zu einem Hochbeet mit Kräutern und zu einer mit Kies aufgeschütteten Lounge-Ecke, in der eine Feuerschale Platz findet. Rhombuszäune bieten auf der Dachterrasse Fall- und Sichtschutz.

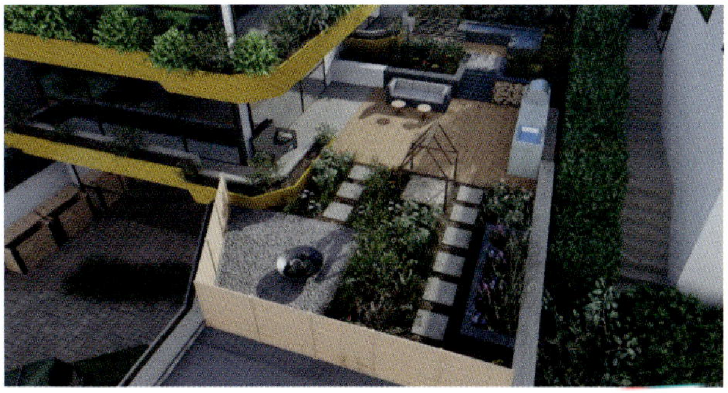

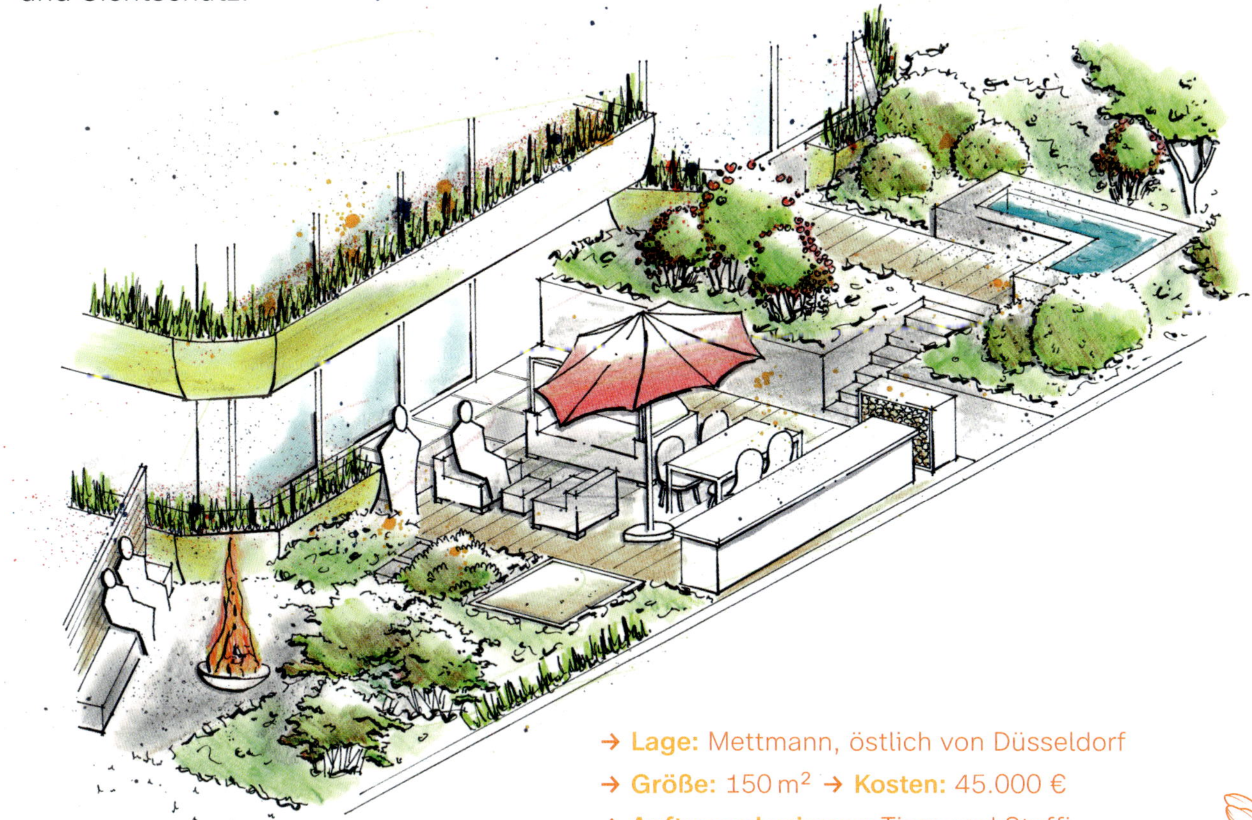

→ **Lage:** Mettmann, östlich von Düsseldorf

→ **Größe:** 150 m² → **Kosten:** 45.000 €

→ **Auftraggeberinnen:** Tjara und Steffi

→ **Ausführender Gartenprofi:** Marius Surmann

Umsetzung

Absichern und roden

Die Dachterrasse wird vorübergehend mit Bauzäunen abgesichert. Dann werden sämtliche Arbeits- und Baumaterialien nach oben gehievt.

Auf der verwilderten Fläche am Hang wird ein alter Bambus, der sich dort ungehindert ausgebreitet hat, komplett entfernt. Lebensbaum und Schneeball dürfen bleiben.

Holzsteg und Terrasse entstehen mithilfe eines Klicksystems

Der alte Holzsteg, der von der Küche auf diese Fläche führt, wird durch einen neuen ersetzt und dieser wird mit einem eleganten Stahlgeländer versehen. Steg und Holzterrasse werden mithilfe eines speziellen Systems gebaut. Es besteht aus Aluminiumschienen, in die die Holzbretter einfach eingeklinkt werden. Das hat den großen Vorteil, dass einzelne Bretter schnell ausgetauscht werden können, falls dies einmal nötig wird. Die Schienen werden auf Aluminiumfüße, sogenannte Stelzlager montiert, die in der Höhe verstellbar sind. Die Holzdielen bestehen aus Kiefernholz, das durch Alkohol imprägniert wurde und somit besonders langlebig und witterungsbeständig ist.

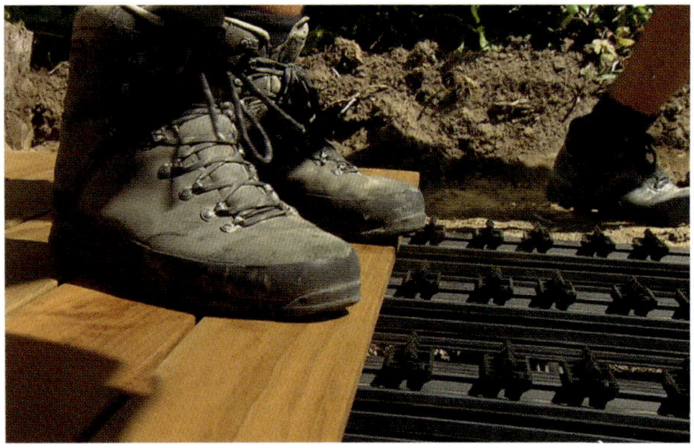

Das Wasserbecken

Der Holzsteg mündet in ein L-förmiges Wasserbecken. Vor dem Setzen der ersten Steine wird die Fläche vorbereitet und teils ausgeschachtet. Da diese Stelle für Bagger unzugänglich ist, erledigen die Gärtner alles in Handarbeit.

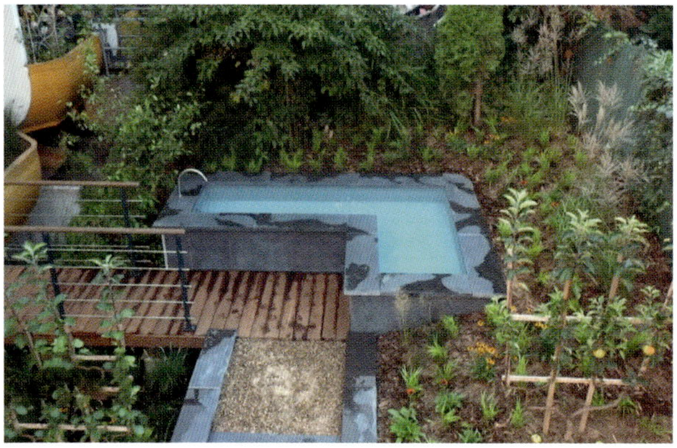

Räume gliedern und Verbindungen schaffen

Ein kurzer Kiesweg endet an der Treppenanlage aus belgischem Blaustein. Dasselbe Material fasst auch das Wasserbecken ein und ebenso werden daraus auf der Dachterrasse Natursteinmauern und Hochbeete errichtet. Die Treppe verbindet den oberen Teil des Gartens, der aus dem Hangstück entstanden ist, mit der Dachterrasse. Obstspaliere bilden eine deutliche Trennung. Sie gliedern die Räume und bieten zugleich Sichtschutz. Die Stufen führen auf das geräumige Holzdeck. Es bildet die eigentliche Terrasse. Mäuerchen und ein Hochbeet mit Kräutern schirmen diese zur Grundstücksgrenze hin ab. Ein Rhombuszaun sorgt für einen Sichtschutz zur Straße hin und die erforderliche Barriere, die ein Hinunterfallen verhindert.

Trittsteinplatten verbinden die Terrasse mit der übrigen Fläche des Dachgartens, die sich ausgedehnte Beete und eine Kiesfläche samt Feuerschale teilen. Stellenweise breitet sich Thymian wie ein Teppich über den Boden. Da er essbar ist, kann ihn das Paar auch zum Kochen verwenden.

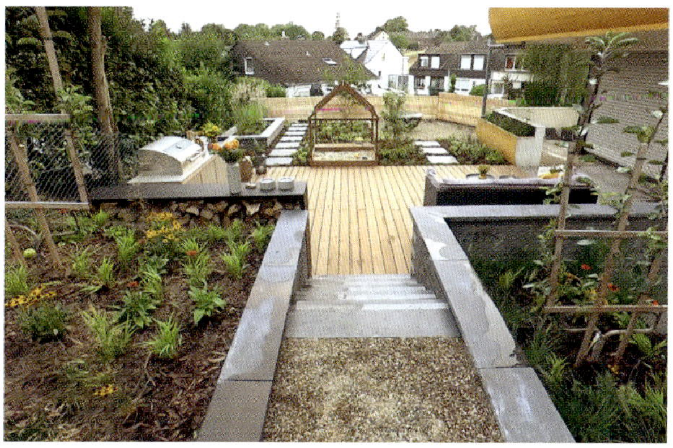

Grundlage für die Bepflanzung schaffen

Um das Dach der Tiefgarage vor Schäden und Feuchtigkeit zu schützen, wurde dort zunächst eine sogenannte PE-Folie ausgelegt. Darauf kommt ein flexibles, recyceltes und düngerhaltiges Material, das eine Oberfläche wie Eierkartons hat und dazu dient, die Feuchtigkeit zu speichern. Überflüssiges Wasser wird unterhalb dieser Vegetationsmatten abgeführt. Darauf kommt das Dachsubstrat als Grundlage für die Bepflanzung. 20 Kubikmeter Substrat werden auf dem Dach verteilt.

Die Dachterrasse begrünen

Gepflanzt werden vor allem Stauden, die nicht so viel Feuchtigkeit benötigen und sich daher gut für eine Dachbegrünung eignen, wie etwa die Fette Henne (*Sedum telephium*). Schon ihre fleischigen Blätter zeigen an, dass sie gut mit Trockenheit zurechtkommt. Dazu gesellen sich Purpur-Sonnenhüte (*Echinacea purpurea*) und Rudbeckien (*Rudbeckia*), die ihren Ursprung in den Steppen Nordamerikas haben. Zu den Gehölzen, die für die Fläche vorgesehen sind, zählen eine Kupfer-Felsenbirne, verschiedene Obstspaliere und ein Japanischer Fächer-Ahorn. Die grüne Form des Ahorns, die sich erst im Herbst orangefarben verfärbt, verträgt Trockenheit besser als eine Form mit roten Blättern. Auch das Wasserbecken wird von Gräsern eingerahmt. Mit Chinaschilf (*Miscanthus sinensis*) und Japanischem Berggras (*Hakonechloa macra*) zieht ein Stück Asien in den Garten ein.

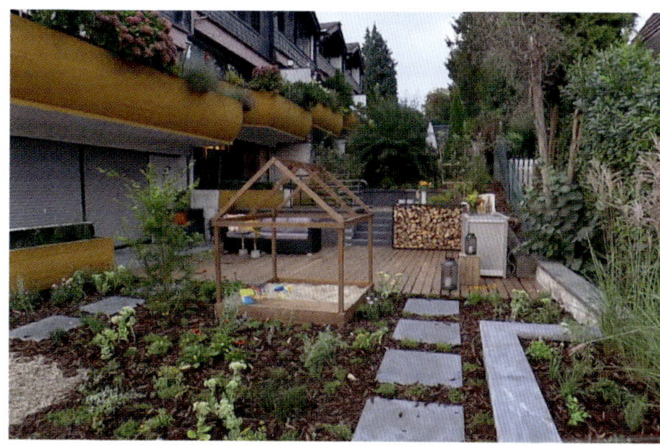

Fazit

Noch vor wenigen Tagen befand sich nicht mehr als Dachpappe und Unkraut auf der Dachterrasse. Nun findet man hier einen Traumgarten vor, der Platz zum Entspannen, Spielen und Kochen bietet. Die Baustellenatmosphäre ist Geschichte. Jetzt lädt eine Sitzlounge zum Verweilen ein. Aus der ungenutzten XXL-Fläche ist ein einheitlicher Garten entstanden, der die unterschiedlichen Ebenen perfekt miteinander verbindet.

Exkurs:

Holzbelag und Platten aus unterschiedlichen Materialien

Die Wahl der Materialien für die Bodenbeläge orientiert sich in erster Linie am Stil des Hauses und am zur Verfügung stehenden Budget. Für die Ausführung sollte man in jedem Fall eine erfahrene Fachfirma wählen.

Platten aus Natur- oder Betonstein

Für große, ebenerdige Terrassen eignen sich vor allem Platten aus Natur- oder Betonstein. Sie wirken großzügig, wenn Platten gewählt werden, die mindestens ein drittel Quadratmeter groß sind. Sie haben auch den Vorteil, stabil in einem Sand- oder Kiesbett zu liegen. Bei Natursteinplatten werden bruchraue und gesägte Platten unterschieden. Erstere kommen ohne weitere maschinelle Bearbeitung direkt aus dem Steinbruch. Unebene Oberflächen verleihen ihnen einen altmodischen Charme. Allerdings kann es sein, dass Gartenmöbel auf ihnen kippeln. Deshalb gewinnt gesägtes Material mit planer Oberfläche immer öfter die Oberhand.

Häufig werden die Platten in Reihen verlegt. Eine Fläche wird reizvoller, wenn die Reihen nicht alle gleich breit sind. Am schönsten sieht es aus, wenn die Fugen eines Plattenverbandes parallel und in rechtem Winkel zum Gebäude verlaufen. Ein gutes Fugenbild hängt sehr vom Können der ausführenden Person ab. Sie muss in jedem Fall auch für ausreichendes Gefälle sorgen, damit das Wasser nach einem Regen ungehindert in den Garten abfließt. Für Betonsteinplatten gilt das Gleiche, ebenso wie für Keramikplatten, die aus natürlichen Materialien wie kalkarmen Tonen unter Zusatz von Quarz und Feldspat und großem Druck und Hitze hergestellt werden.

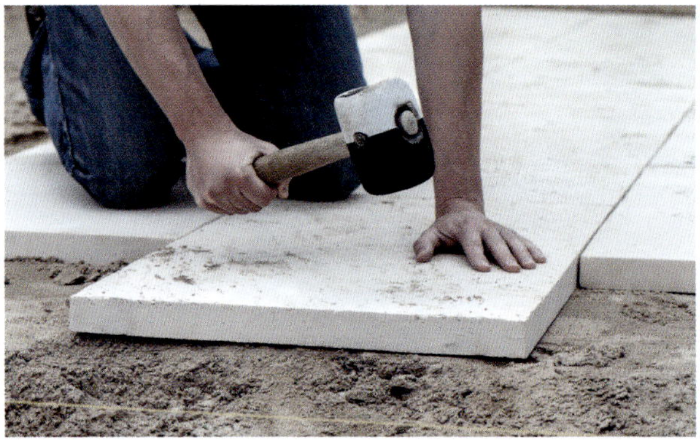

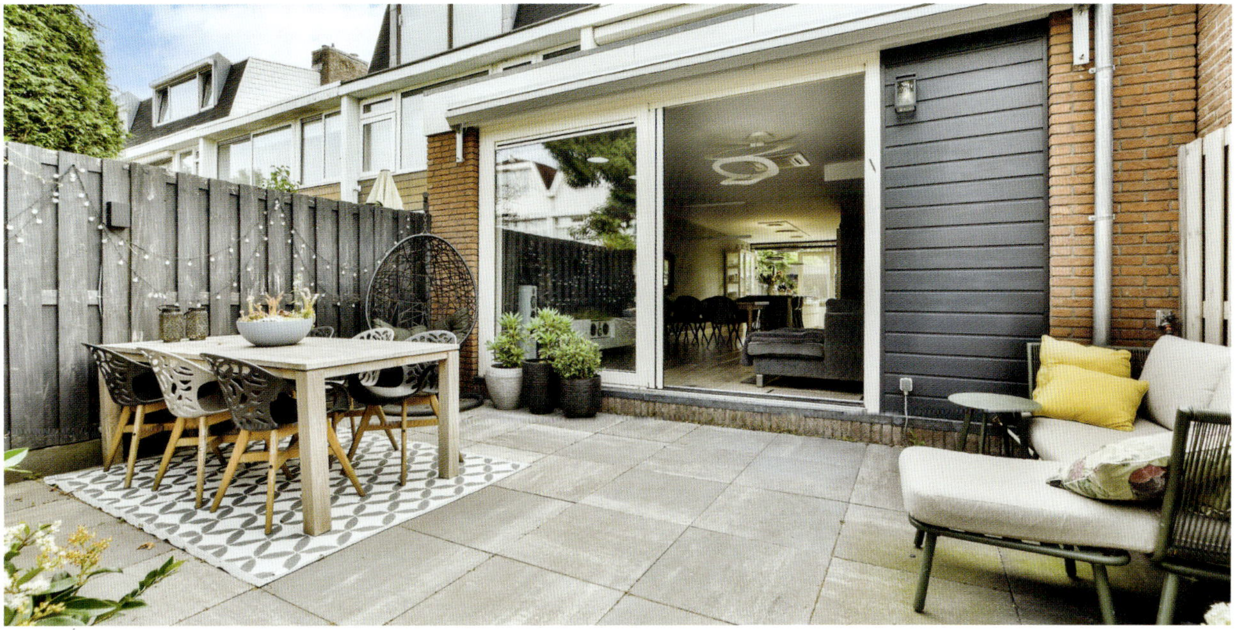

Holzdeck

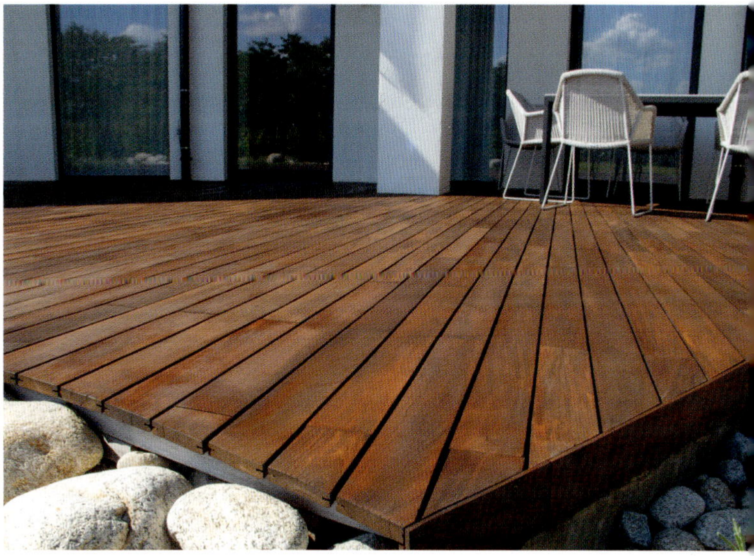

Beliebt sind inzwischen auch Holzdecks. Normalerweise kennt man Holzplanken von Bootsstegen und von Wegen durch die Dünen. In Verbindung mit Wasser und Gräsern ist das Material daher genau die richtige Wahl. Um das Holz vor Verrottung zu schützen, braucht es einen hochwertigen Unterbau, der zudem eine gute Durchlüftung gewährleistet. Ein leichtes Gefälle sorgt dafür, dass keine Pfützen stehen bleiben. Je besser das Holz nach einem Regen abtrocknet, desto länger hält es. Eine wichtige Rolle bezüglich der Beständigkeit spielt auch die Holzart. Heimische Lärche sowie Douglasie haben sich aufgrund ihres relativ hohen Harzgehalts ebenso wie Eiche für draußen gut bewährt. Noch robuster sind tropische Harthölzer und sogenannte Thermohölzer. Dazu zählen heimische Holzarten, die durch eine spezielle Hitzebehandlung besonders widerstandsfähig geworden sind.

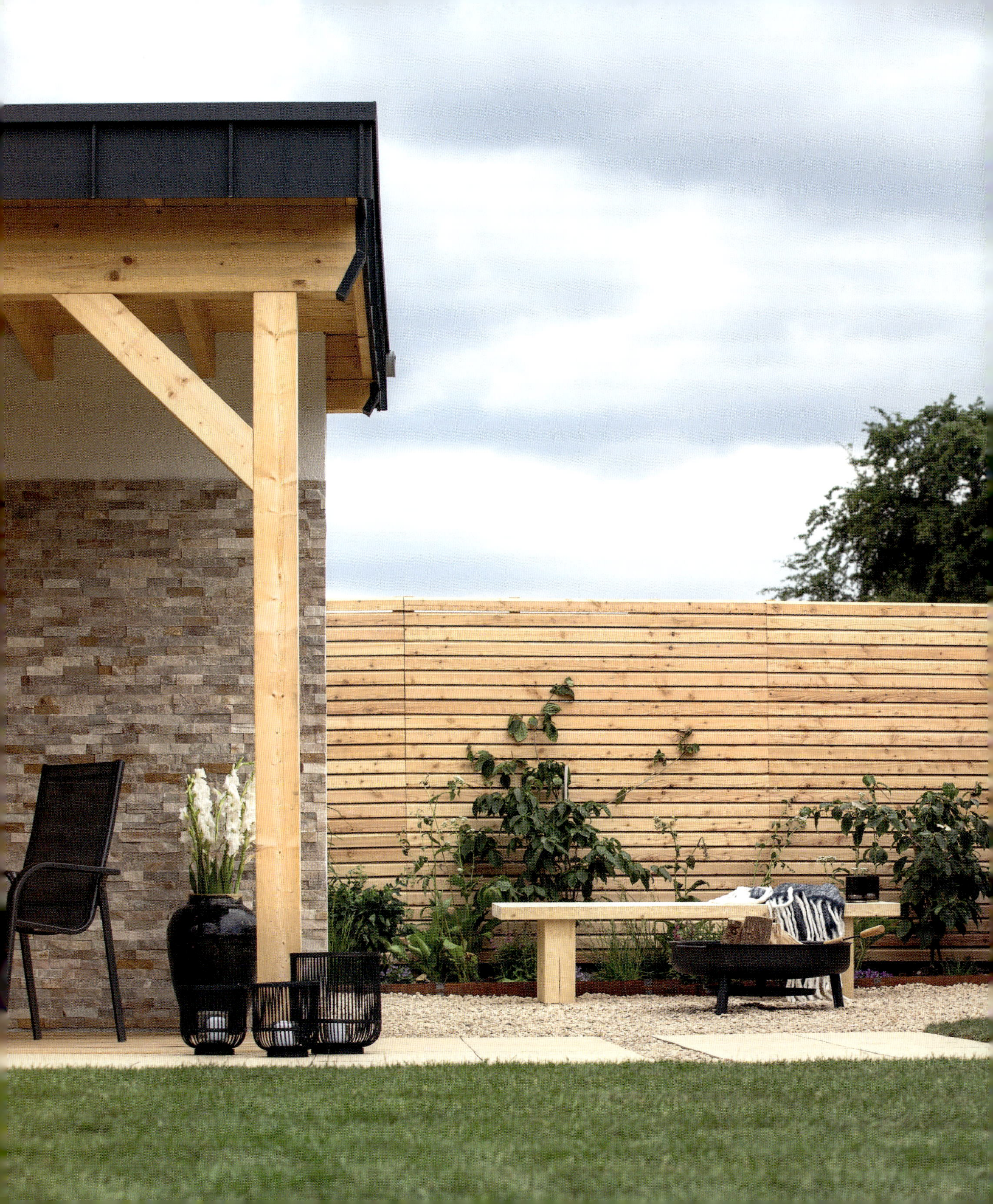

Sichtschutz –

gebaute Zäune oder gepflanzte Hecken

Privatsphäre im Garten

Ruhepol

Wer lässt sich schon gern von den Nachbar*innen auf den Tisch schauen? Die meisten Menschen möchten im Garten lieber unbeobachtet sein – oder zumindest einen ungestörten Ort haben, an den sie sich hin und wieder zurückziehen können. Nichts leichter als das.

Gepflanzter Sichtschutz

Viele Gartensträucher liefern wunderbaren Sichtschutz. Da die meisten ausladend wachsen und relativ viel Platz in Anspruch nehmen, werden vorwiegend diejenigen für den Sichtschutz ausgewählt, die sich durch regelmäßiges Schneiden gut im Zaum halten lassen, eben die typischen Heckenpflanzen, wie Liguster, Buchen, Eiben, Lebensbäume und Scheinzypressen.

Hecken gliedern den Garten auf geradezu geniale Weise. Die Pflanzen sind leicht zu beschaffen und das Anlegen macht kaum Mühe. Damit die Hecke blickdicht und in Form bleibt, muss man sie natürlich regelmäßig schneiden. Dann gibt es kaum einen besseren Sichtschutz. Und nicht nur das: Sie brechen den Wind optimal und lassen in exponierten Lagen Gärten überhaupt erst gedeihen. Es liegt also auf der Hand, dass mit Hecken vorzüglich grüne Zimmer gestaltet werden können.

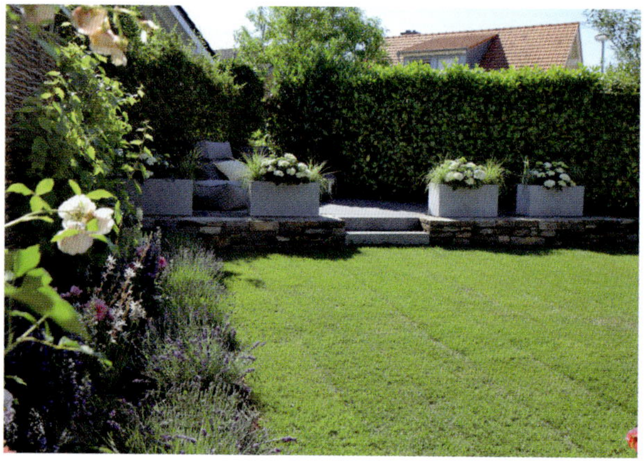

Gebaute Zäune

Früher wurden Gartenteile auch von Mauern umgeben. Sie fungierten gleichzeitig als Wärmespeicher und dienten dem Wachstum der Pflanzen damit in doppelter Funktion: als Schutz und Wärmequelle. In England hat diese Form der Gartengestaltung eine lange Tradition. Doch der Bau von Mauern ist aufwendig. Sollen sie im Garten platziert werden, brauchen sie immer ein starkes, frostfreies Fundament, das mindestens 80 Zentimeter tief in den Boden reicht. Daher ist man heute dazu übergegangen, vor allem Zaunelemente aus Holz zu verwenden. Diese bekommt man in allen Varianten in Baumärkten – oder man zimmert sie in Eigenregie. Beliebt sind sogenannte Rhombuszäune, da sie für eine moderne, leichte Optik sorgen. Sie bestehen aus starken Leisten, die mit geringem Abstand übereinander an Pfosten geschraubt werden. Ein Rhombus ist eigentlich eine Raute. Anders als diese Bedeutung vermuten lässt, sind die vier Seiten des Profils jedoch häufig nicht gleich lang. Neben dem Rhombus sind natürlich viele andere Profile vorstellbar. Denken Sie jedoch daran, dass Holzelemente immer mit ein wenig Luft dazwischen verbaut werden sollten. So trocknen sie leichter ab und halten dem Winddruck besser stand.

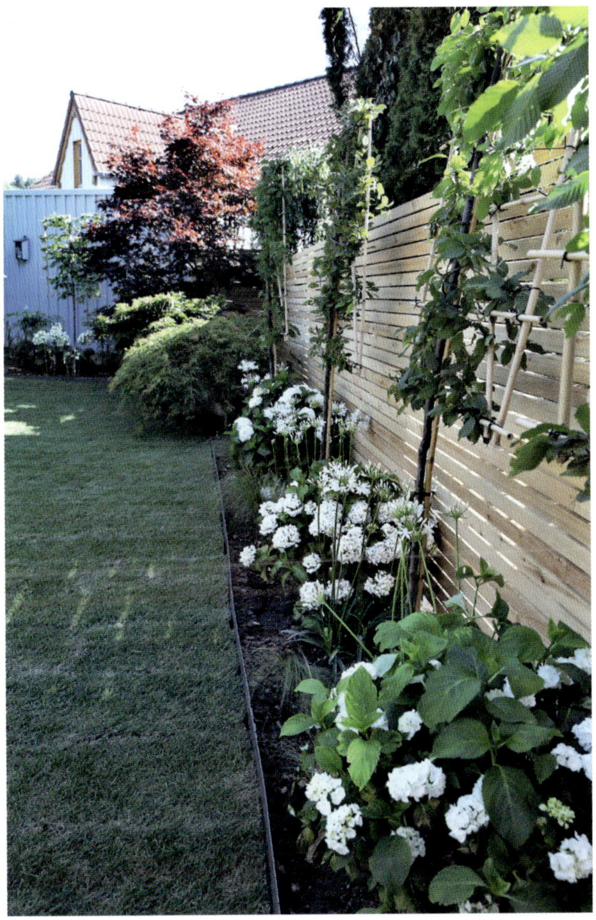

Rankgitter

Sichtschutz erlangt man auch mithilfe von kräftigen Rankgittern, die dicht mit Pflanzen bewachsen sind. Ihr Vorteil: Sie blühen und duften und verändern ihr Erscheinungsbild das ganze Jahr über. Wie die Hecken müssen alle diese Pflanzen etwa einmal im Jahr geschnitten werden.

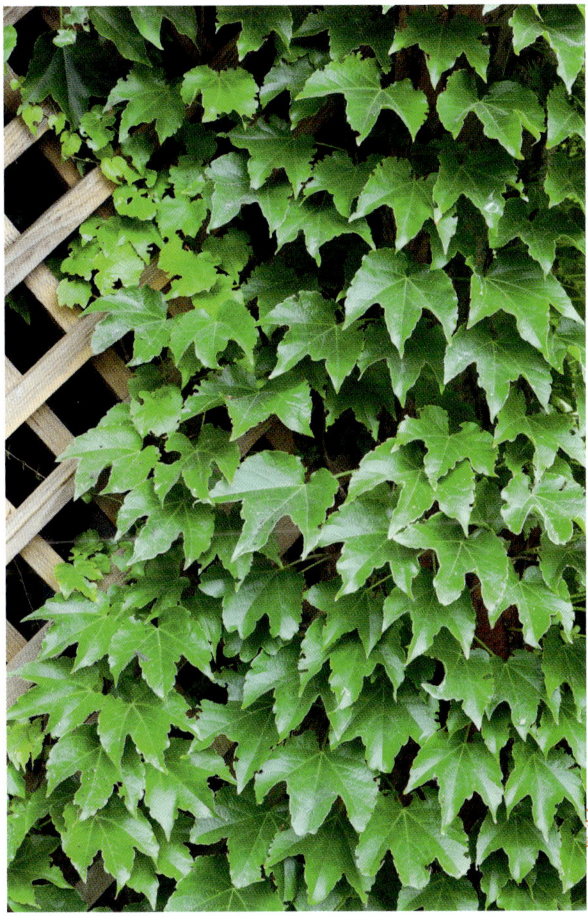

Ein Stück Bergisches Land en miniature

Vor drei Jahren verabschiedete sich das Paar vom Stadtleben und zog mit ihrem Golden Retriever aufs Land. Dort fehlt es aber offensichtlich noch an Sicht- und Windschutz, an Farbe und Gemütlichkeit.

Wünsche für den Garten

Rebecca ↓

» Wir wünschen uns eine schöne zweite Terrasse, einen Ort, an dem man sich gern aufhält. Momentan ist es dort noch langweilig, ungemütlich, kahl und es fehlt Farbe. «

Matthias ↓

» Im Bereich zu unseren Nachbar*innen wünschen wir uns einen Sichtschutz und eine schöne, bunte Landschaft, eventuell mit Bäumen und Bodendeckern, sodass man gern dorthin schaut. «

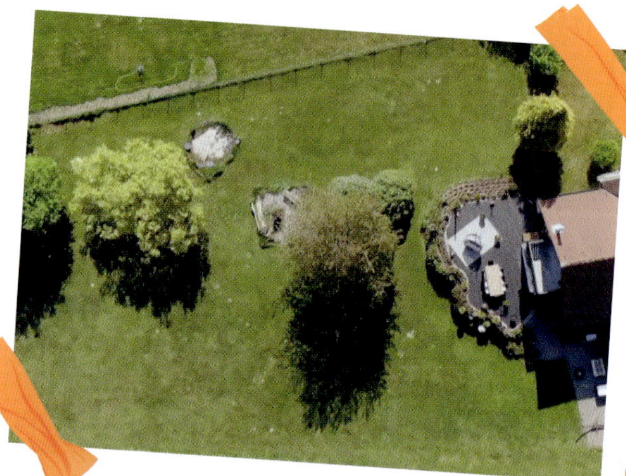

vorher

Konzept

Frank Egger plant gegen den oft rauen Wind ein üppiges Beet mit Apfeldornbäumen, blühenden Sträuchern und Rosen. Der neue Sitzbereich vor dem Herrenzimmer soll von Gräsern, Trockenmauern und einer Pergola eingerahmt werden und somit Privatsphäre schaffen. Ein geschwungener Weg aus Basaltsplitt führt um den Sitzbereich und bricht dessen eckige Form auf. Zur oberen Terrasse soll eine neue Treppe aus Grauwacke führen. Diese wird mit einem Staudenbeet umrandet.

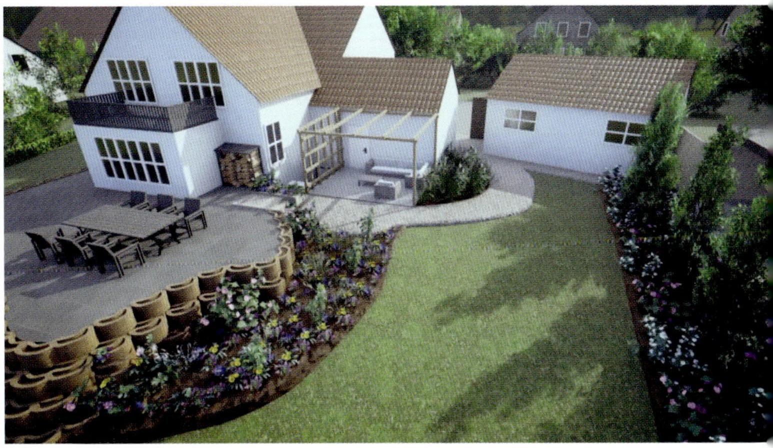

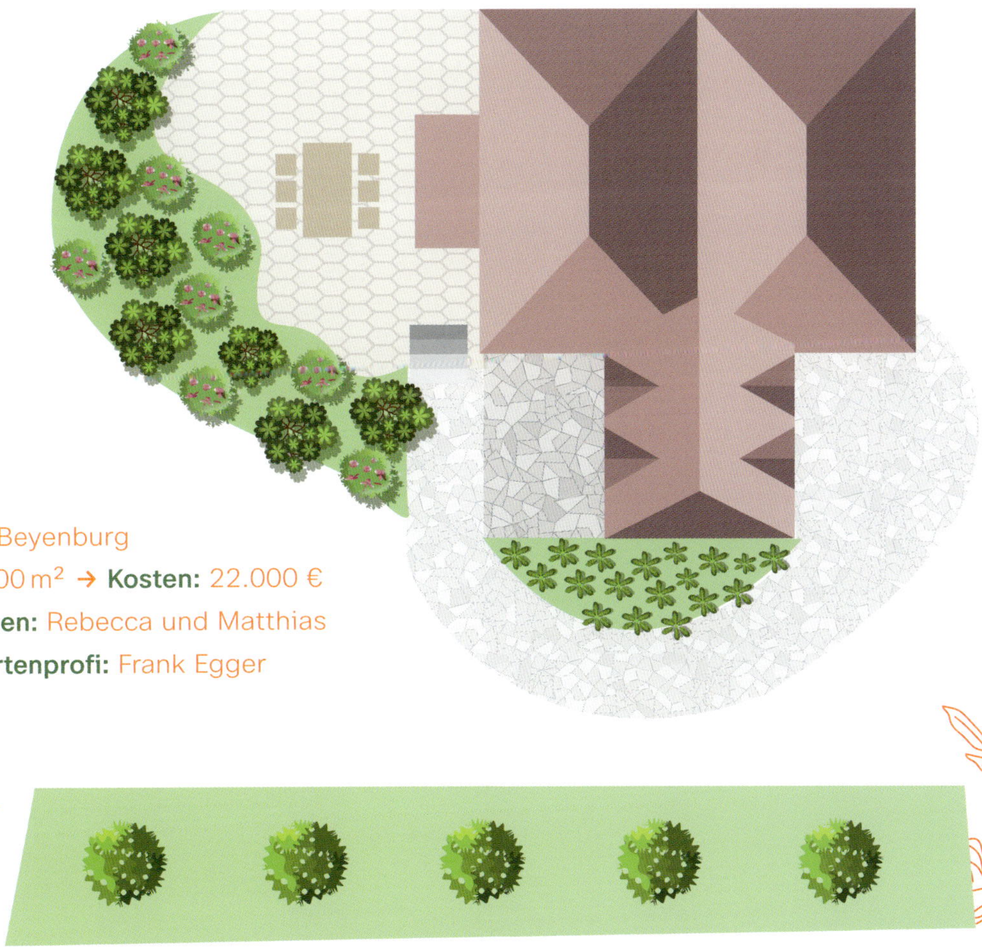

→ **Lage:** Wuppertal-Beyenburg

→ **Größe:** knapp 2000 m² → **Kosten:** 22.000 €

→ **Auftraggeber*innen:** Rebecca und Matthias

→ **Ausführender Gartenprofi:** Frank Egger

Umsetzung

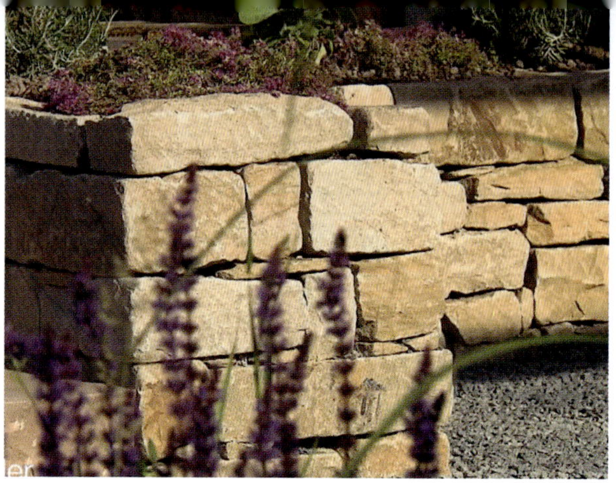

Die alte Terrasse abtragen

Matthias und Rebecca tragen die alten Pflastersteine vor dem Herrenzimmer ab. Dort entsteht die neue Terrasse. Die meisten Steine haben sie schon über ein Onlineportal verkauft. Den Rest will Matthias später für den Unterbau eines Geräteschuppens nutzen.

Eine Verbindung zwischen den beiden Terrassen schaffen

Die geretteten Pflanzen aus der Böschung zur höher gelegenen Terrasse am Haus werden im Schatten auf dem Rasen zwischengelagert. Zu dieser schon bestehenden Terrasse entsteht eine neue Treppe. Das Fundament fertigt der Gartenprofi aus Steinresten, die er mit Beton vermengt. Auch so lässt sich Geld sparen. Die neuen Treppenblockstufen aus Sandstein wiegen jeweils 130 Kilogramm. Eine spezielle Stufenzange hilft beim Transport der Schwergewichte. Jede Stufe muss mit einer leichten Neigung nach vorne gesetzt werden, sodass das Wasser immer ablaufen kann und sich im Winter auf der Oberfläche keine Eisschicht bildet.

Eine Natursteinmauer entsteht

Neben der Treppe entsteht eine Natursteinmauer aus Ruhrsandstein. Die Schichtung der unregelmäßigen Steine entspricht einem natürlichen Gefüge. Auf die Krone werden Polster-Thymian, Salbei, Mauerpfeffer (*Sedum*) und andere typische Geröllpflanzen in eine Mischung aus Lavasubstrat und Kompost gepflanzt. Die Natursteinmauer fasst die Treppe ein und fängt einen Teil der Böschung ab.

Ein geborgener Sitzplatz

Der Sitzplatz vor dem Herrenzimmer bekommt als Unterbau Splitt. Darauf kommen Basaltbetonplatten in drei unterschiedlichen Größen, was zu einem abwechslungsreichen Fugenbild führt. Anschließend werden die Lücken mit kleinen Pflastersteinen aus Basalt gefüllt. Dadurch erhält die Oberfläche einen hochwertigen Charakter. Die H-Anker für die Pfeiler der Pergola werden 60 Zentimeter tief einbetoniert. Anderenfalls würden sie dem Wind vor Ort nicht standhalten. Die Pergola fügt dem Garten ein räumliches Element hinzu. Für Sichtschutz und Schatten sorgen Glyzinien (*Wisteria*), die an zwei Pfosten der Pergola gesetzt wurden. An die gegenüberliegende Seite kommen Spalier-Apfelbäumchen. Dazu wird zwischen die Pfosten ein Rankgitter montiert, woran das Spalierobst festgebunden wird.

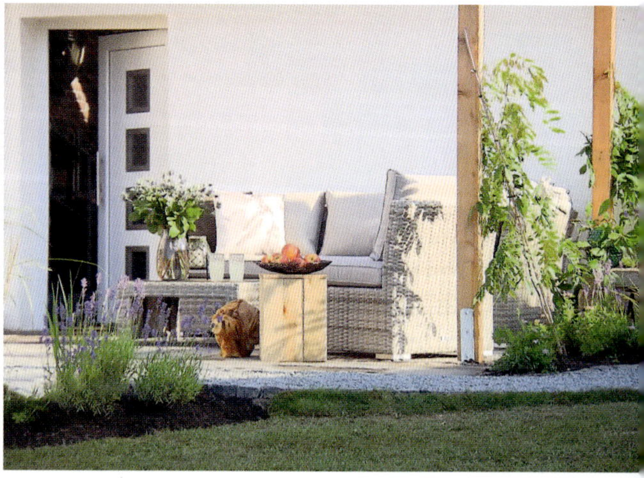

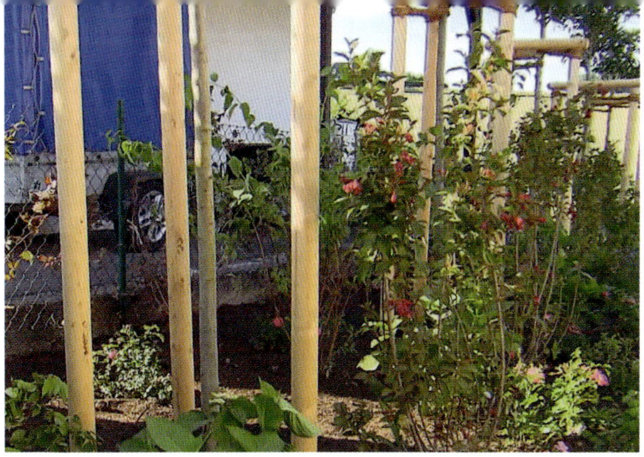

Ein Sichtschutz aus diversen Pflanzen

Den eigentlichen Sichtschutz zum Nachbargrundstück wird ein 17 Meter langes und 2,50 Meter tiefes Beet übernehmen. Darauf ist Platz für ganz unterschiedliche Pflanzen, die im Zusammenspiel das Grundstück abschirmen und zugleich schmuckvoll gestalten. Doch zunächst wird der vorhandene Rasen mit einem speziellen Gerät abgeschält. Die Soden werden zur Seite gelegt und können später wieder an anderer Stelle ausgerollt werden. Dann wird der Boden dieser großen Rabatte gelockert und schließlich wird sie bepflanzt. Bei der Auswahl der Pflanzen hat sich der Gartenprofi an der Landschaft des Bergischen Landes orientiert. Die Kronen von fünf Apfeldornbäumen (*Crataegus × lavallei*) verdecken in der Höhe das Dach des Nachbarhauses. Der windbeständige Apfeldorn wird bis zu sieben Meter hoch. Seine im Frühjahr weiß blühenden Kronen sind Sichtschutz und Augenweide zugleich. Im Herbst tragen sie rote Früchte, die zwar für Menschen nicht essbar sind, aber für Vögel ein Gaumenschmaus. Die Lücken zwischen den Bäumen füllen Pfeifensträucher (*Philadelphus*). Sie locken mit ihren weißen intensiv duftenden Blüten Bienen und Hummeln an. Kleine Strauchrosen füllen die Leerstellen innerhalb des Beets und bedecken den Boden. Ein besonderer Clou sind die fünf Waldreben (*Clematis montana* 'Rubra'). Diese wüchsige Art blüht zart rosafarben und bildet bis zu acht Meter lange Triebe aus. Diese werden in den Maschendrahtzaun eingeflochten, der an der Grundstücksgrenze steht. Es wird kaum ein Jahr dauern, dann ist dieser begrünt. Die abgeschälten Rasensoden werden an der Grenze des Beets wieder ausgerollt.

Wegführung

An den Eingang zum Garten wird ein Hibiskus platziert. Von dort führt ein geschwungener Weg aus Splitt in den Garten, eingerahmt von einer Kante aus Pflastersteinen. Viele blühende Stauden und Gräser, darunter Lavendel, Ziersalbei, Sterndolde und Verbene, sorgen auf den geschwungenen Beeten für attraktive blaue und lila Farbtupfer, die an einen bergischen Bauerngarten erinnern.

Fazit

Einst wirkte die Terrasse hinter dem Herrenzimmer wie ein trister Werkshof. Jetzt schmiegt sich dort ein gemütlicher Loungebereich an Gräser, Stauden und Blumen. Der Blick zum Nachbargrundstück fiel vorher auf einen Fuhrpark. Nun bietet eine bunte Palette an Pflanzen einen perfekten Sicht- und Windschutz. Zugewucherte Rastersteine machten Platz für einen einzigartigen bergischen Bauerngarten mit Natursteintreppe und mediterranen Trockenmauern.

Eine moderne, pflegeleichte Wellnessoase

Der Garten schmiegt sich L-förmig um das Haus. Dichte, immergrüne Pflanzen und verwitterte Waschbetonplatten versprühen einen altmodischen Charme. Nur die Terrasse hat mit einem neuen Überbau bereits eine persönliche Note bekommen.

Wünsche für den Garten

Marc ↓

» Wir wünschen uns einen pflegeleichten Garten. Das bedeutet gerade Linien für uns. Ich bin fürs Rasenmähen zuständig und will nicht so viel absetzen müssen. «

Kathrin ↓

» Ich möchte auch nicht so viele blühende Pflanzen, die schnell den Kopf hängen lassen; lieber blühende Sträucher, die weniger Wasser brauchen und weniger Pflege. «

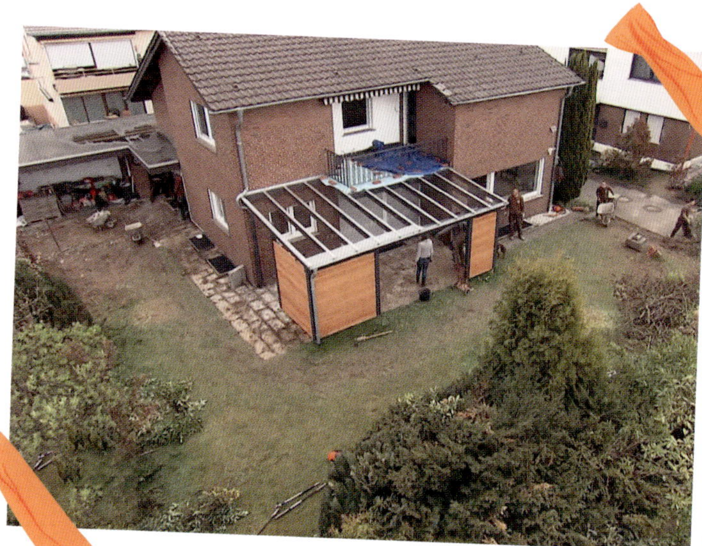

vorher

Konzept

Im Konzept von Dennis Thiele führen Schrittplatten in einem Kiesbett zur Terrasse. Ein Beet mit Stauden und Bodendeckern trennt den Weg von der Rasenfläche. Die überdachte Terrasse wird mit anthrazitfarbenen Steinplatten ausgelegt und von zwei Beeten mit Kräutern und Stauden eingefasst. Passend zur Terrassenüberdachung entsteht zur Straße hin ein Sichtschutzzaun aus Lärche. Die Hecke wird ausgedünnt und zurückgeschnitten. Blühende Sträucher sorgen für Farbakzente.

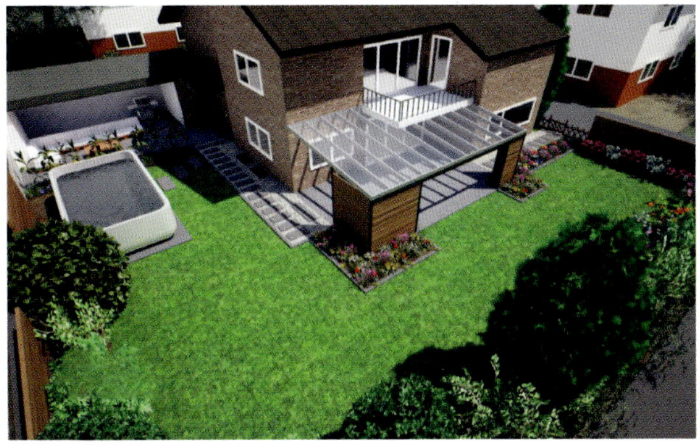

Schrittplatten führen auch in den hinteren Gartenbereich. Hier entsteht eine Poolfläche, die von einem weiteren Beet, Sichtschutzelementen und dem Sitzbereich eingefasst wird.

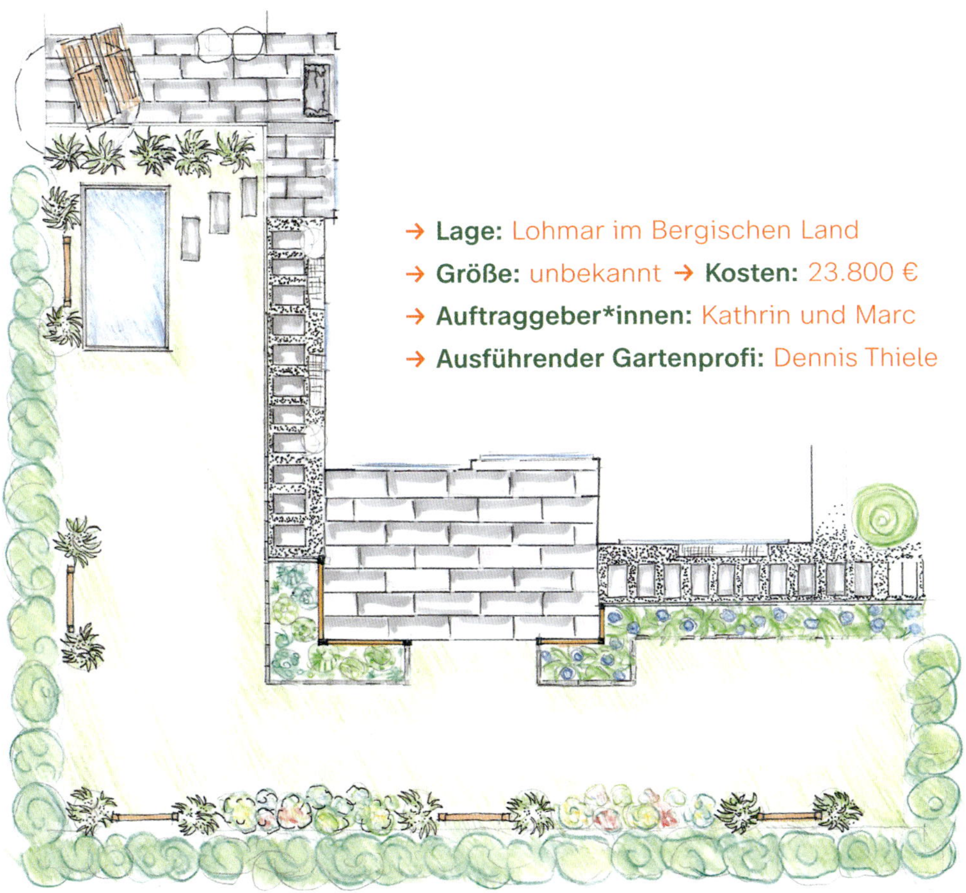

→ **Lage:** Lohmar im Bergischen Land

→ **Größe:** unbekannt → **Kosten:** 23.800 €

→ **Auftraggeber*innen:** Kathrin und Marc

→ **Ausführender Gartenprofi:** Dennis Thiele

Umsetzung

Altes muss weichen

Von einem Großteil der Waschbetonplatten verabschieden sich Kathrin und Marc. Die anderen dienen als Untergrund für den Pool. Hiermit lässt sich Geld sparen. Sie werden ohnehin mit einem Vlies abgedeckt und sind dann nicht mehr sichtbar.

Der dichte Bewuchs wird ausgelichtet. Die *Thuja*-Hecke haben die beiden schon Ende Februar radikal zurückgeschnitten. Das Entfernen der bis zu einem Meter tiefen Wurzeln übernimmt ein Bagger. Jahrelang sind die Gehölze an der Grundstücksgrenze in die Höhe geschossen. Jetzt werden sie wieder in Form gebracht. Die Hecke darf bleiben, der schüttere Rasen kommt weg. Er wird abgeschält und durch einen Rollrasen ersetzt.

Konstruktiver Holzschutz

Wer einen Sichtschutzzaun selbst bauen möchte, muss auf Folgendes achten: Die erste Sichtschutzleiste muss waagerecht ausgerichtet sein. An ihr orientieren sich alle weiteren Leisten. Um einen gleichmäßigen Abstand zu gewährleisten, nutzt man Abstandshalter. Ganz wichtig: Die Leisten dürfen sich nicht berühren, damit sie immer schnell wieder abtrocknen. Das gilt auch für die Enden, die sich an einem Pfosten gegenüberstehen, wenn mehrere Zaunelemente aneinandergesetzt werden.

Ein Sichtschutz aus Rhombusleisten entsteht

Die Einfassungen für die Wege werden in Beton gesetzt, ebenso wie die Pfeiler für den Sichtschutzzaun. Dieser wird das Nachbargrundstück abschirmen und dem Gartenbereich mit dem Pool eine intime Atmosphäre verleihen. Für den Zaun sind Rhombusleisten aus Lärchenholz vorgesehen, in Anlehnung an das Material, das schon die vorhandene Terrassenüberdachung bekleidet. Zusätzlich wird Bambus als Sichtschutz vor den Zaun und in Abgrenzung zur Terrasse gesetzt, um den Bereich aufzulockern. Der Bambus *Fargesia murielae* 'Standing Stone' kann gut drei Meter hoch werden. Die Art hat flache Wurzeln, die keine Ausläufer bilden. Eine Rhizomsperre ist daher nicht nötig.

Sichtschutzzäune bekommt man als Fertigelemente im Handel. Kathrin und Marc schrauben ihren jedoch selbst zusammen.

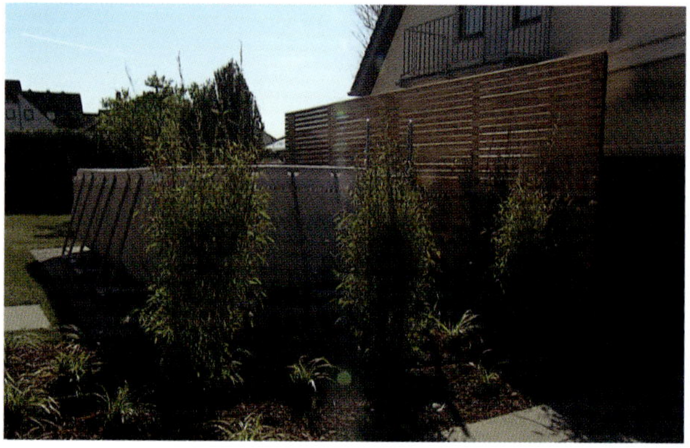

Ein Kräuterbeet anlegen

An der Terrasse entsteht ein Kräuterbeet. Viele Küchenkräuter wachsen am besten in durchlässigem und magerem Boden. Darum wird die vorhandene Muttererde mit Sand vermischt. Volle Sonne vertragen die mehrjährigen Kräuter Rosmarin, Thymian und Oregano. Zu den einjährigen Pflanzen, die jedes Jahr neu ausgesät werden müssen, zählen Basilikum und Dill.

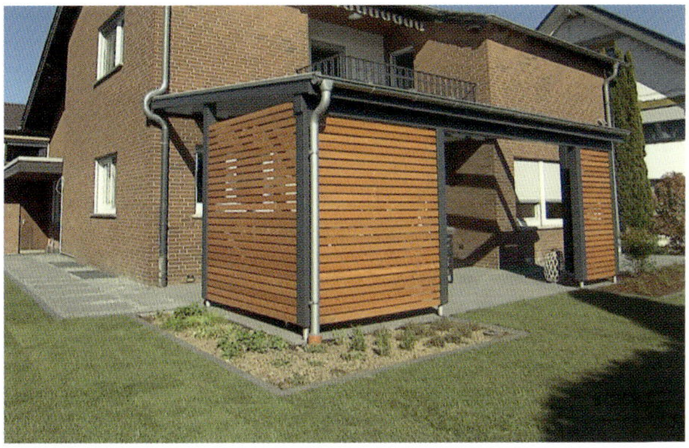

Sichtschutz an der Zufahrt

Ein zweiter Sichtschutzzaun kommt an die Zufahrt. Die bestehende Hecke zur Straße hin, die mit ihren vielen immergrünen Gehölzen ebenfalls für Sichtschutz sorgt, wird mit blühenden Sträuchern aufgewertet. Dazu gehören eine Weigelie mit weißgrünem Laub (*Weigelia nana* 'Variegata') und eine Kupfer-Felsenbirne (*Amelanchier lamarckii*).

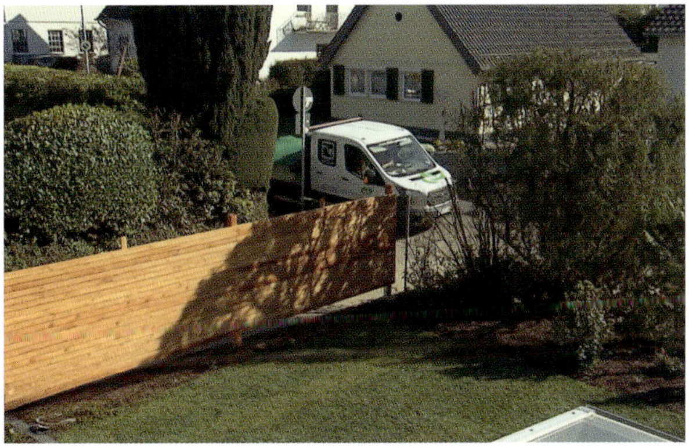

Großformatige Steinplatten für die Terrasse

Für die neuen Terrassenplatten werden eineinhalb Tonnen Edelsplitt als Bettungsmaterial verteilt. Schrittplatten führen von der Terrasse zum Nebeneingang – das sieht dezent und modern aus und sorgt zudem für klare Linien. Kathrin und Marc haben sich für anthrazitfarbene 80 mal 40 Zentimeter große Betonsteinplatten entschieden. Diese werden auf allen Wegen rund ums Haus und auf der 26 Quadratmeter großen Terrasse verlegt. Zwischen Weg und Rasenfläche wird das Beet mit der Zwergspiere (*Spiraea japonica* 'Little Princess') bepflanzt, einem Bodendecker, der fast den ganzen Sommer über rosaviolett blüht.

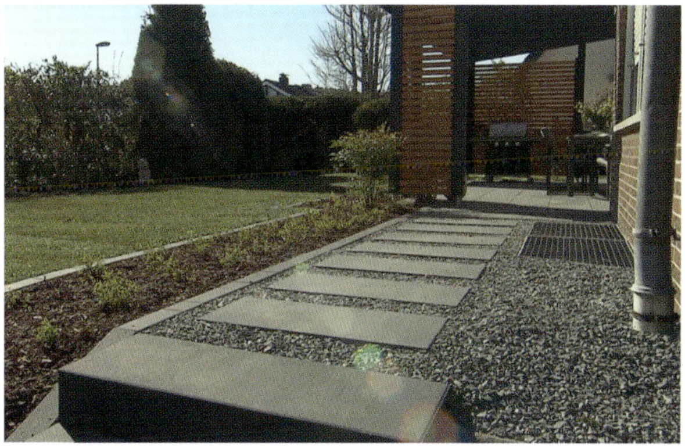

Stauden pflanzen

Vor den Sichtschutzwänden an der Zufahrt und der Terrasse legen die Gärtner winterharte Staudenbeete mit Storchschnabel, Sonnenhut und Gräsern an. Die Stauden werden eingepflanzt und mit umgestülpten Töpfen abgedeckt, damit sie nicht verschüttet werden. Nachdem alle Pflanzen von einer drei Zentimeter dicken Rindenmulchschicht umgeben sind, werden die Töpfe gelüftet und die Pflanzen aus dem Dunkel befreit.

Fazit

Anfangs sah es trist neben dem Haus aus. Mit dem neuen Poolbereich und der gemütlichen Lounge-Ecke zieht nun echtes Urlaubsgefühl in den Garten ein. Auch vor dem Haus ist die Verwandlung eindrucksvoll. Klare, moderne Linien strukturieren den kompletten Garten. Alt und Neu harmonieren perfekt miteinander.

Exkurs:

Kletterpflanzen knüpfen ein blickdichtes Netz

Sichtschutzzäune sind ein probates Mittel, um sich nach außen abzuschirmen. Doch dann blickt man auf kahle Wände, die häufig aus Holz gefertigt werden. Verspielter sind Rankgitter, die zwischen Pfosten montiert einen ähnlichen Zweck erfüllen können. Zwar sind sie zu Beginn noch nicht blickdicht. Dafür braucht es erst entsprechende Kletterpflanzen, die allmählich die Lücken füllen. Denkbar ist auch eine Kombination aus beiden: blickdichte Zaunelemente, auf denen Rankgitter befestigt werden, die das Begrünen erleichtern. Für welche Form Sie sich auch immer entscheiden, es geht um die Pflanzen, die der Unterkonstruktion ihr Gesicht geben.

Kletterrosen

Ein eindrucksvolles Schauspiel bieten Kletterrosen in diesem Zusammenhang. Die meisten entwickeln kräftige, allerdings recht steife Triebe, die den Drang haben, steil nach oben zu wachsen. Sorgen Sie daher am besten dafür, dass die Triebe waagerecht geführt werden, damit sich schnell neue Seitentriebe bilden, die möglichst viel Fläche bedecken. Leichter hat man es mit den biegsameren Trieben sogenannter Rambler-Rosen. Ideal sind die nur mäßig stark wachsenden und mehrfach blühenden Sorten wie die duftende 'Ghislaine de Féligonde' mit ihren cremefarbenen Blüten oder die karminrosa blühende 'Super Excelsa'. Kräftig hingegen entwickeln sich Sorten wie 'Kiftsgate', 'Bobbie James' und 'Veilchenblau', deren Triebe leicht eine Länge von sechs Metern erreichen und gut in die Rankgitter eingeflochten bzw. an ihnen befestigt werden müssen. Sie blühen nur einmal, dafür jedoch überreich. Die Pflanzen werden mit den Jahren immer schwerer, daher ist eine starke Unterkonstruktion nötig.

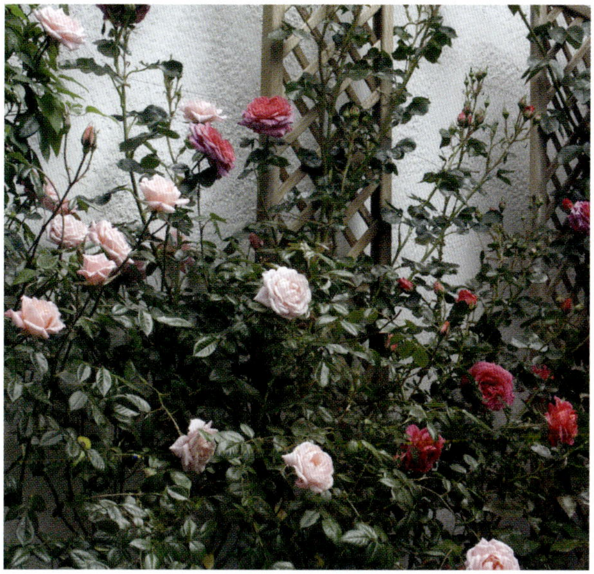

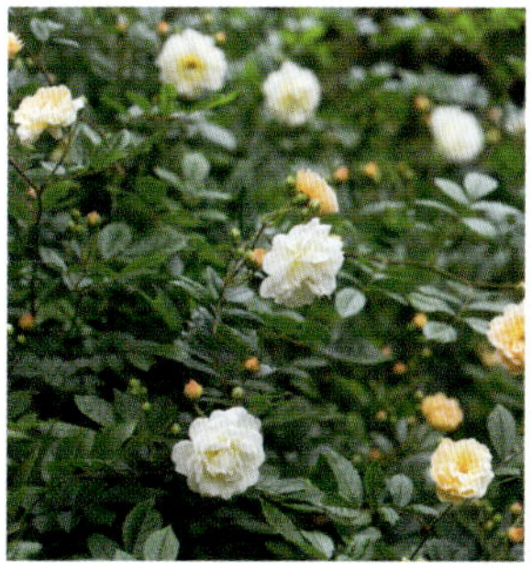

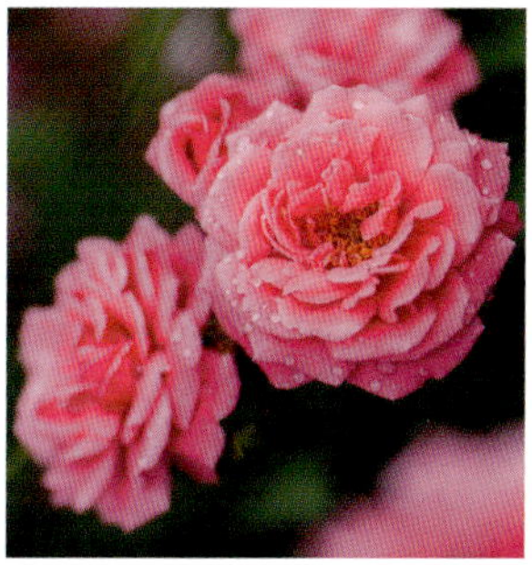

Links: Rambler-Rose 'Ghislaine de Féligonde', **rechts:** Rambler-Rose 'Super Excelsa'

Klematis

Hier können Klematis hinzugepflanzt werden. Die im Frühjahr blühende Berg-Waldrebe (*Clematis montana*) wächst selbst kräftig und kann daher viel Fläche begrünen. Später blühende Sorten, wie die Italienische Waldrebe (*Clematis viticella*), ergänzen die einmal blühenden Rosen, indem sie die Zeit, in der Blüten zu bestaunen sind, verlängern. Überhaupt offenbart sich das Geheimnis eines schönen Bewuchses in der Kombination verschiedener Pflanzenarten.

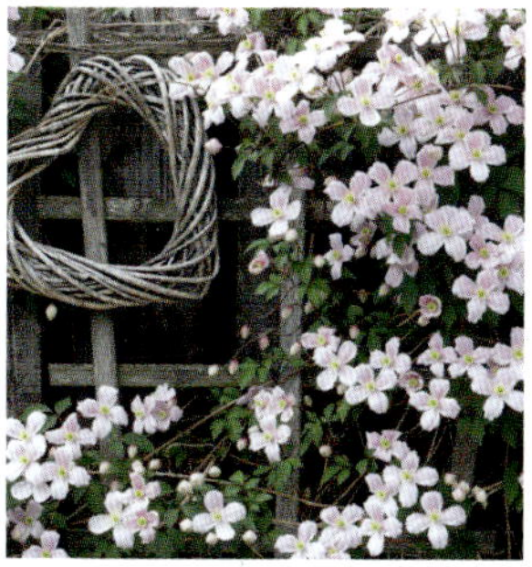

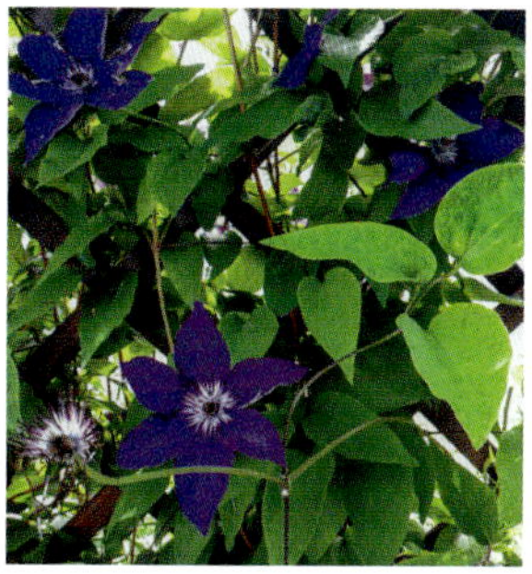

Links: Clematis montana, **rechts:** Clematis viticella

Pflanzenvielfalt

So können Rosen die Blüte der frühen Klematisarten ablösen, es folgen duftende Geißblätter (*Lonicera*), Kletterhortensien (*Hydrangea petiolaris*) und späte Klematis. Dazwischen lassen sich Pflanzen einfügen, die allein durch ihr Laub wirken, etwa Pfeifenwinde (*Aristolochia macrophylla*) und Rostrote Rebe (*Vitis coignetiae*) mit ihren großen, ausdrucksvollen Blättern sowie solche, die den Winter über grün bleiben, wie Efeu und Immergrünes Geißblatt (*Lonicera henryi*).

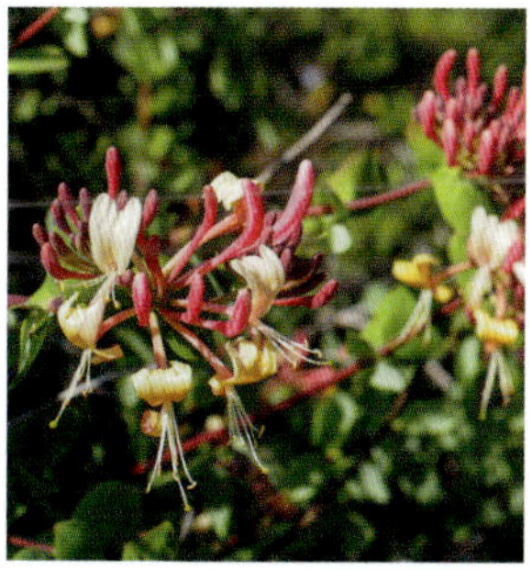

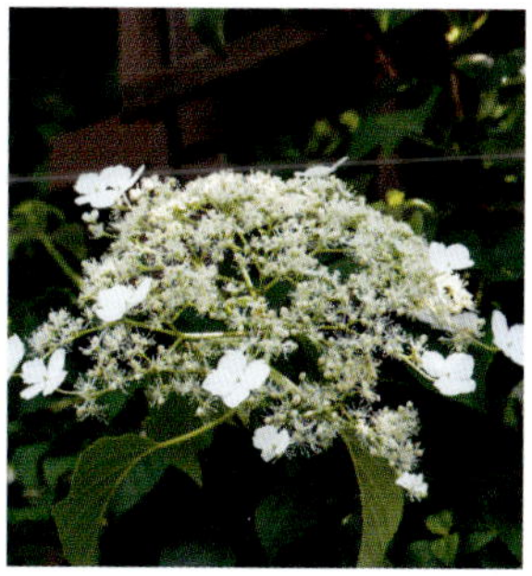

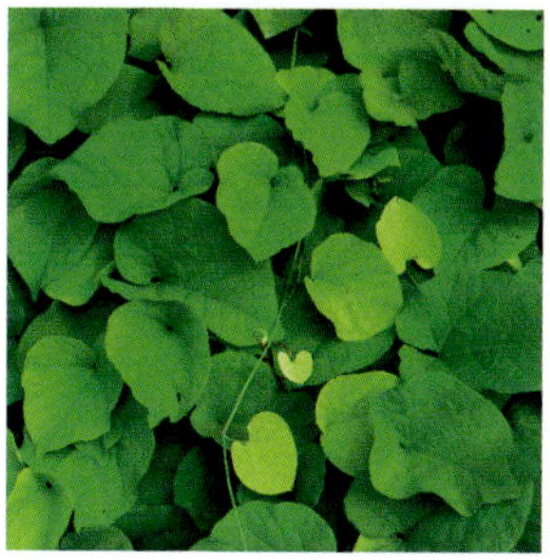

Oben links: Lonicera, **oben rechts:** Hydrangea petiolaris, **unten links:** Aristolochia macrophylla

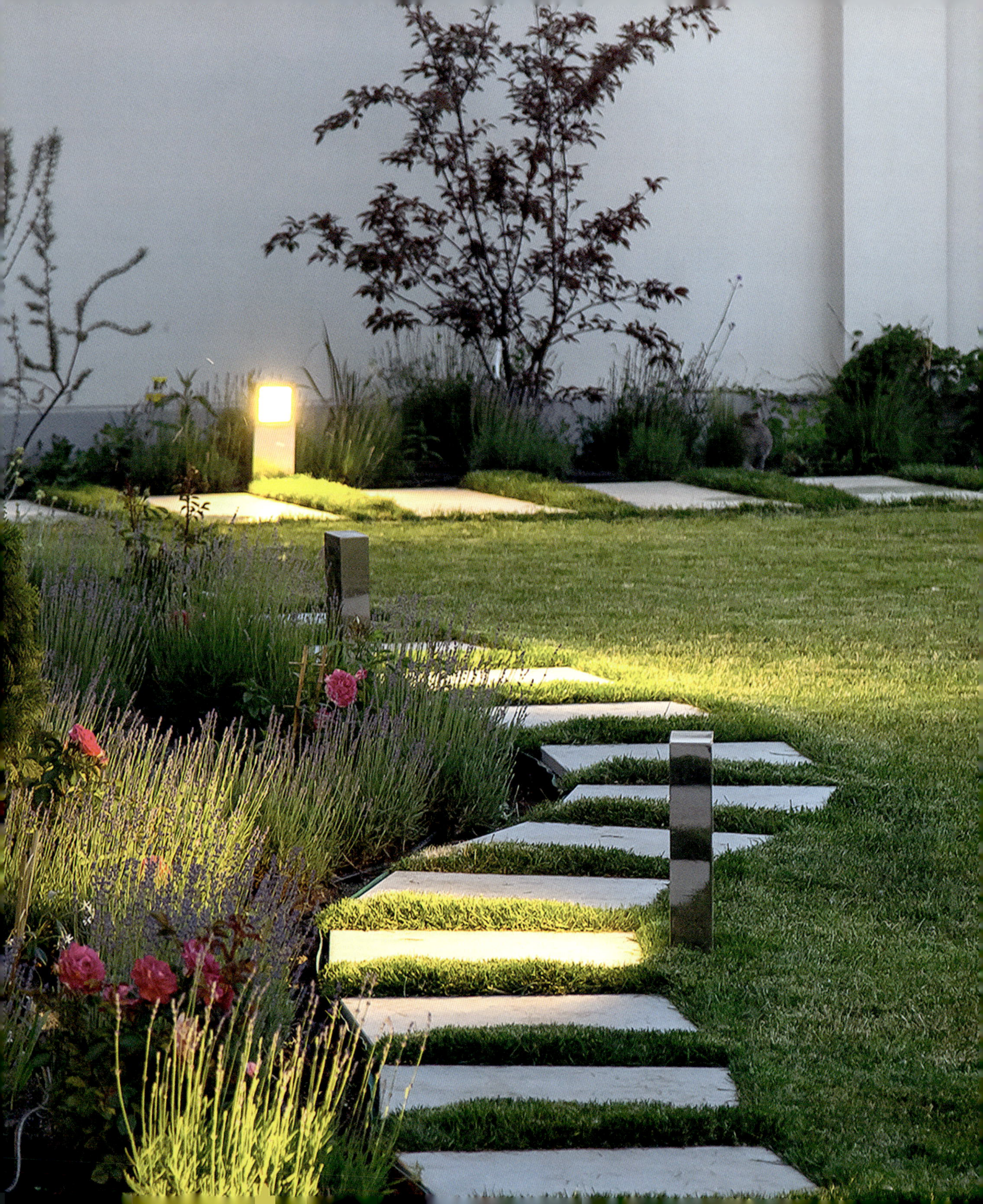

Wegführung – geschwungener Verlauf oder geradlinig

Gartenräume miteinander verbinden

Wege strukturieren

Wege bringen die unterschiedlichen Gartenteile zusammen. Sie müssen nicht in jedem Fall gesondert angelegt oder gar gepflastert werden. So lassen sich Rasenflächen immer auch als Wege nutzen. Um die Konturen einer Anlage deutlich zu machen, sollten Wege jedoch klar erkennbar sein. Das sorgt für Strukturen, die den Garten reizvoller machen. Jeder Weg ist gewissermaßen der Beginn einer Geschichte. Selbst ein kleiner Graspfad, der sich aus einer Rasenfläche löst und hinter einer Hecke verschwindet, erweckt im Betrachtenden die Neugier, wohin er wohl führt.

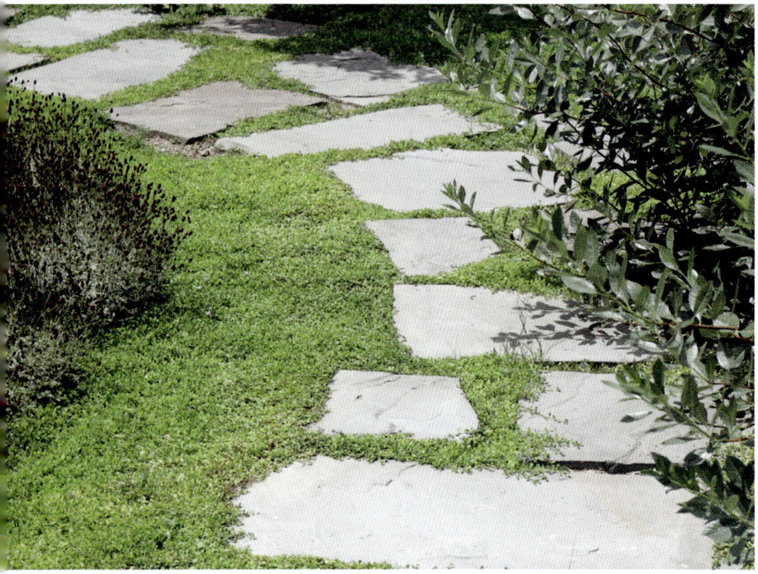

Materialauswahl

Wege und Plätze, die sich durch ihr Material, seien es Waschbetonplatten, Natursteinpflaster, Kies, Splitt oder Mulch, deutlich von ihrer Umgebung abheben, sind innerhalb des Gartens wichtige Mittel der Untergliederung. Gleichzeitig geben sie die Stilrichtung vor: Ein grafisches Raster aus geraden Wegen und Beeten ist typisch für eine formale Anlage. Sich schlängelnde Pfade sowie schwungvolle Formen von Plätzen und Beeten deuten hingegen auf eine naturnahe Gestaltung hin.

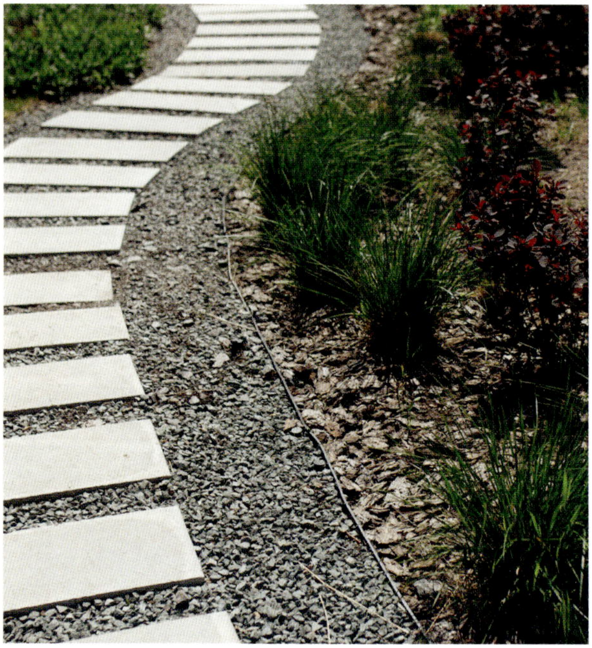

Kurz oder verschlungen

Die Form der Wege hängt auch davon ab, wie sie genutzt werden. Direkte und kurze Verbindungen wünschen wir uns, wenn wir das Gartenhaus, den Kompostplatz und die gemütliche Sitzecke, wo der Tisch gedeckt werden muss, schnell erreichen möchten. Verschlungene Pfade dürfen uns hingegen durch die Blumenbeete führen. Dort können wir in Ruhe schnuppern, Blüten bestaunen und neugierig schlendern. Manchmal reichen auch Trittsteinplatten aus. Sie werden zwischen die Pflanzen oder in den Rasen gelegt und sorgen für ein noch aufmerksameres Umherstreifen.

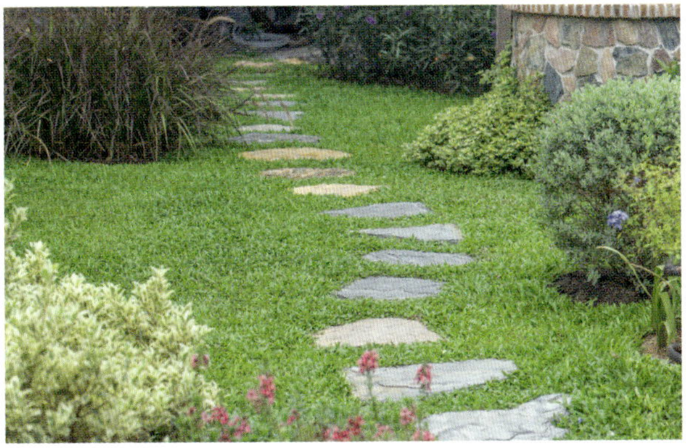

Schotter als Grundlage

Alle befestigten Wege und Plätze brauchen einen Unterbau, der sie tragfähig und frostsicher macht. Dieser besteht aus verdichtetem Schotter. Der feste Belag, also Platten oder Pflastersteine, wird heute meist direkt darauf verlegt, in Kies oder Splitt. Mögen Sie das Knirschen unter den Füßen, dann können Sie auch auf den festen Belag verzichten. Das spart zudem Kosten. Kies besteht aus in Flussbetten rund gewaschenen Kieselsteinen. Auf ihnen lässt es sich gut barfuß laufen. Splitt ist ein kleiner scharfkantiger Bruch. Er entsteht durch das Zermahlen der Gesteine. Es gibt ihn in unterschiedlich großen Sortierungen, ebenso wie den Kies.

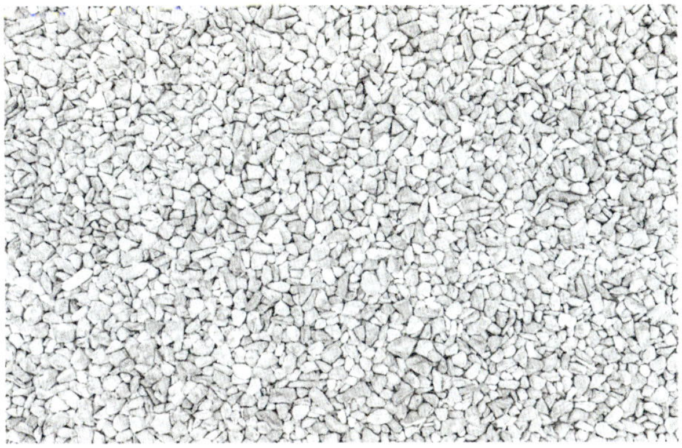

Kies

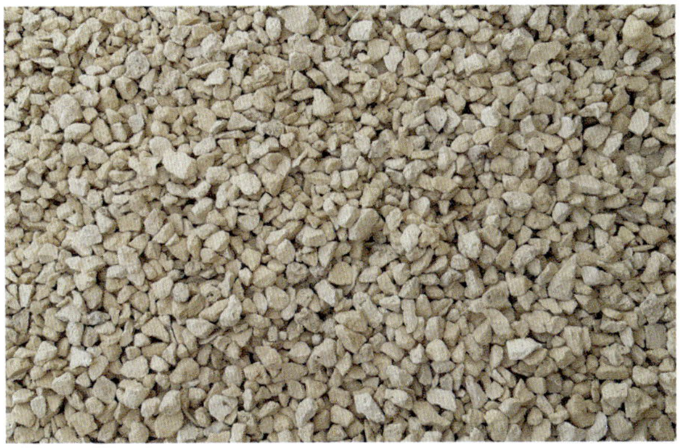

Splitt

Feuerstelle und Außendusche zwischen Gräsern

Seit zehn Jahren wohnt Tom mitten im Zentrum von Bonn in einem Reihenendhaus. Er hat dort viel selber gepflanzt und gebaut. Inzwischen ist der kleine Stadtgarten ziemlich zugewachsen und daher recht schattig. Es ist ein charmantes Durcheinander. Von Weintrauben bis zum Bambus wächst dort eine wilde Vielfalt. Was fehlt, ist der Wohlfühlfaktor. Weil das Budget nicht so hoch ist, soll vieles aus dem Garten wiederverwertet werden.

Wünsche für den Garten

Tom ↓

» Ich wünsche mir in meinem Garten eine Sitzecke, einen Platz, wo ich eine Außendusche hinstellen kann, und natürlich einen, wo ich etwas grillen kann. Ich wünsche mir auch mehr Blumen. «

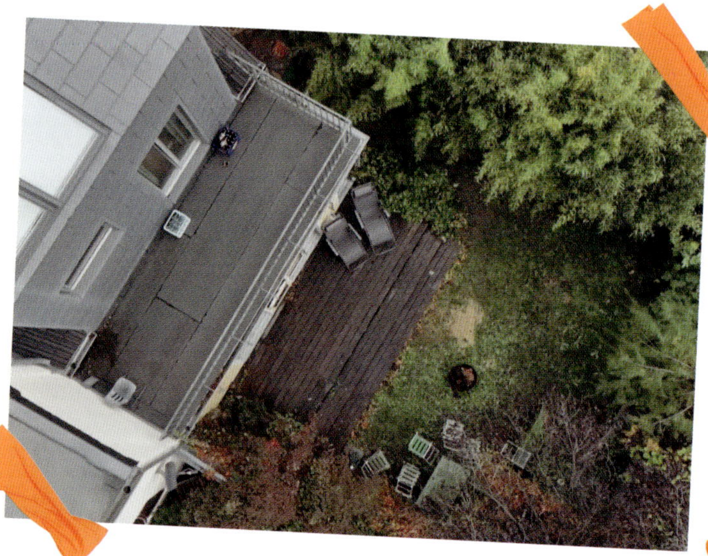

vorher

Konzept

Wie gewünscht entfernt Frank den Bambus an der Längsseite des Gartens und ersetzt diesen durch eine Ligusterhecke. Einen kleinen Teil des Bambus nutzt er als Abtrennung zum Vorgarten. Seitlich des Hauses pflanzt er eine Blasenesche und verlegt einige Trittplatten. Unter dem Feigenbaum baut er eine 40 Zentimeter hohe, gerundete Trockensteinmauer auf einer Fläche aus Dolomitsand. Sie ist eingefasst von einer Stahlkante. Dort findet die Feuerstelle Platz. Trittplatten und Bodendecker ersetzen die vermooste Rasenfläche. Ein blühendes Hochbeet und eine Außendusche runden Franks Konzept ab.

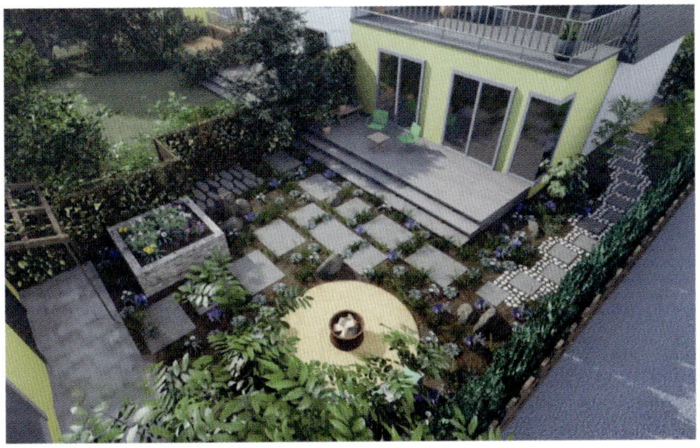

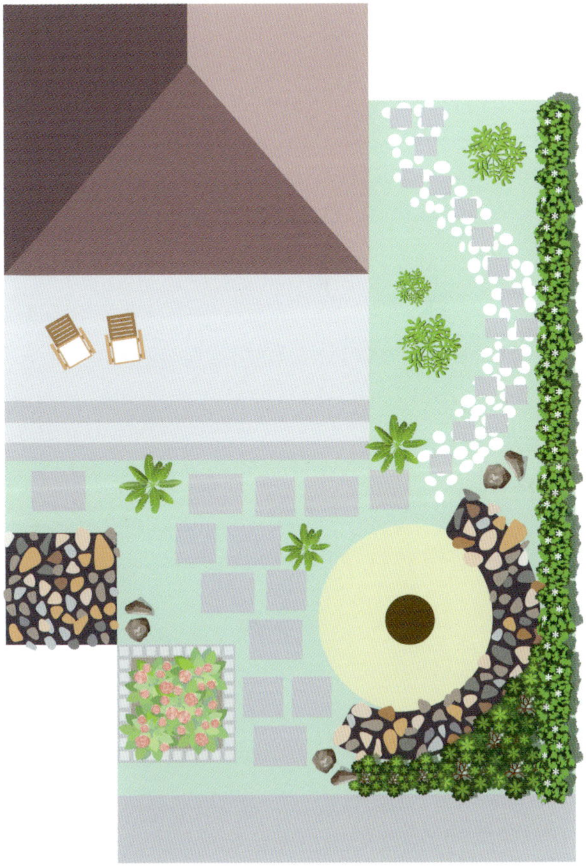

→ **Lage:** Bonn → **Größe:** unbekannt
→ **Kosten:** 15.000 € → **Auftraggeber:** Tom
→ **Ausführender Gartenprofi:** Frank Egger

Umsetzung

Den Bambus roden und Teile davon neu pflanzen

Ein Bagger gräbt den Bambus an der Gartengrenze vorsichtig aus dem Boden. Wichtig ist, dass er alle Wurzeln und unterirdischen Ausläufer erfasst, sonst wachsen aus den verbleibenden Sprossen neue Halme. Kleine Teile des alten Bambus werden im Vorgarten wieder als Sichtschutz in den Boden gesetzt. Diese werden mit der Axt von den alten Ballenstücken abgeteilt und später inmitten einer 60 Zentimeter tiefen Rhizomsperre gepflanzt. Diese sorgt dafür, dass sich die Pflanze nicht wieder unkontrolliert ausbreiten kann.

Vorhandenes Material zwischenlagern

Die im Garten vorhandenen Betonplatten werden aufgenommen und zwischengelagert. Sie sind als Trittplatten für den Weg am Haus vorgesehen.

Fundamente für Trockenmauer und Außendusche

Für die Trockenmauer, den Sitzplatz und die Gartendusche werden Fundamente geschaffen. Bei der Duscheinfassung kommt kostengünstiger Plattenstahl zum Einsatz. Der Gartenprofi hat daraus ein Stahlband zuschneiden lassen. Die Einfassung wird in Zement gesetzt. Den Bodenbelag bilden die Grauwackesteine, die schon in Toms Vorgarten lagen. Sie werden zu Trittplatten, auf denen man beim Duschen steht. In die großen Fugen kommt Splitt, sodass das Wasser gut versickern kann. Gartenduschen zum Abkühlen in heißen Sommern sind wassersparender als beispielsweise Schwimmteiche. Zudem versorgen sie gleichzeitig die benachbarten Pflanzen mit frischem Wasser.

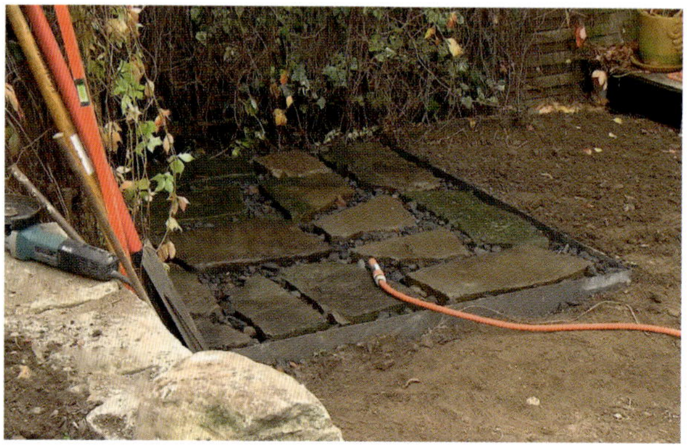

Eine grüne Miniaturlandschaft entsteht

Liguster ersetzt den Bambus an der Grundstücksgrenze. Die Sträucher werden vor den verbliebenen Lattenzaun gepflanzt. Der vermooste Rasen verschwindet gänzlich. Stattdessen wird die Fläche mit Bodendeckern und Stauden gestaltet. 300 verschiedene Pflanzen stehen dafür bereit. Sie werden zu einem lebendigen Bild zusammengefügt. Denn der Gartenprofi hat die Pflanzen vor allem nach interessanten Blattformen ausgewählt. Die Blüte spielt für ihn keine so große Rolle, da die Bepflanzung auch außerhalb der Blütezeit schön aussehen und das ganze Jahr über wirken soll. Die gezielte Auswahl unterschiedlicher Laubformen und -farben eignet sich dafür ideal. Leitstauden wie die Rodgersie mit ihren großen Blättern stehen für den Gartenprofi dabei im Zentrum. Sie geben der Pflanzung Struktur. Dazu gesellen sich schlanke Gräser wie die Fuchsrote Segge (*Carex buchananii* 'Red Rooster') und viele Bodendecker.

Trittplatten schaffen Verbindungen

Trittplatten, die ähnlich wie in einem japanischen Garten gesetzt sind, sodass sie bewusst das Schrittmaß berücksichtigen, führen durch diese grüne Miniaturlandschaft. Über sie erreicht man die Gartendusche, die Feuerstelle und das Hochbeet an der Terrasse.

Die Trittplatten, die durch die beiden Bambussträucher hindurch in den Garten führen, sind von großen Flusskieseln eingefasst. Auch diese Steine lagen zuvor schon im Garten bunt verteilt. Es fällt auf, dass bei dieser Gestaltung im Sinne der Nachhaltigkeit viele alte Materialien wiederverwendet wurden.

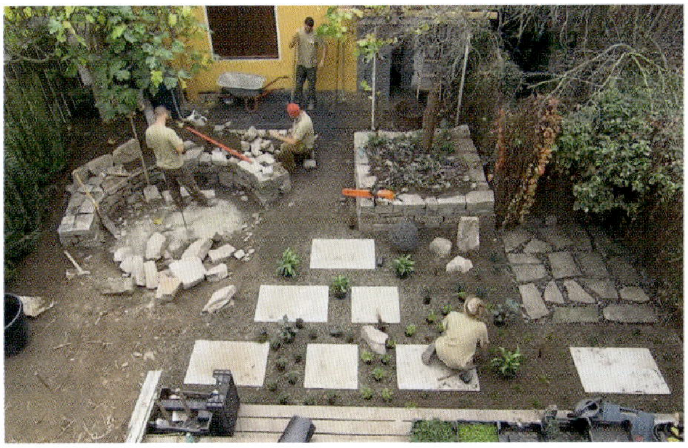

Blüten und Blätter sorgen für die Farbakzente

Das Hochbeet wird neu eingefasst und mit Astern, Herbst-Anemonen und Chinesischem Bleiwurz (*Ceratostigma plumbaginoides*) als Beet mit blühenden Stauden gestaltet. Dieser Herbstaspekt wird im nächsten Jahr um sommerblühende Arten erweitert. An das Haus kommt eine Blasenesche, die im Frühjahr eine üppige Bienenweide sein wird.

Unter dem Feigenbaum entsteht eine halbrunde Trockenmauer, die zugleich als Sitzbank dient und die neue Feuerstelle einfasst. Den Kontrast zum Feigenbaum bildet ein Japanischer Schlitzahorn. Das Dunkelrot seiner Blätter zum Buttergelb des Feigenbaums sieht im Herbst fantastisch aus.

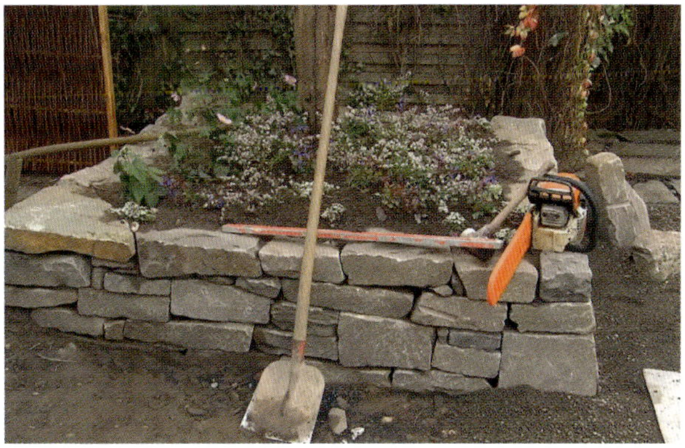

Fazit

Viel chaotisches Grün, das war Toms Grundstück vor dem Umbau. Hinterher zeigt sich der Garten befreit vom Wildwuchs und klar strukturiert. Früher gab es nur eine Terrasse und eine vermooste Rasenfläche, nun ist diese Seite aufgewertet mit einer Außendusche, einem Hochbeet und einer gemütlichen Feuerstelle. Schluss mit dem Dickicht und her mit frischen Farben und Formen.

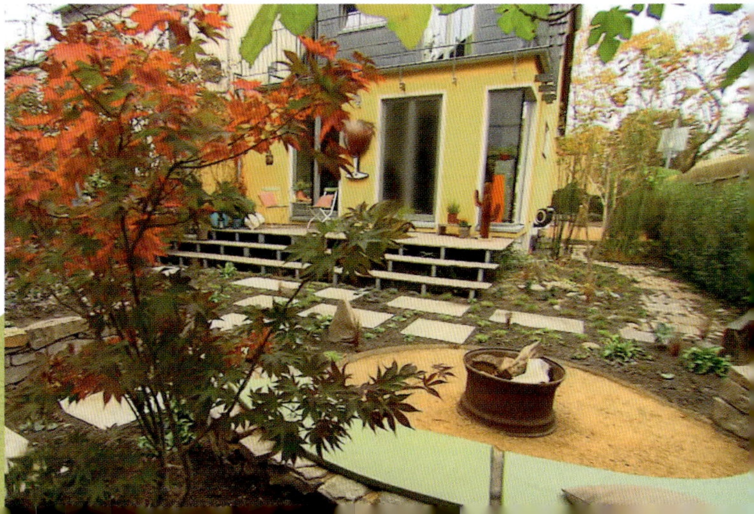

Der Hauch einer Bergwelt

Maren und Marco haben sich mit Töchterchen Elise ein kleines Paradies im Grünen geschaffen. Seit drei Jahren wohnen sie in ihrem Eigenheim. Doch den Garten haben sie noch nicht so richtig nutzen können.

Wünsche für den Garten

Maren ↓

» Wir haben drei Wünsche, zum einen, dass die Terrasse erweitert wird, dass wir weiterhin für Elise eine große Fläche zum Spielen haben und dass unser Garten für Insekten und Vögel geeignet ist. «

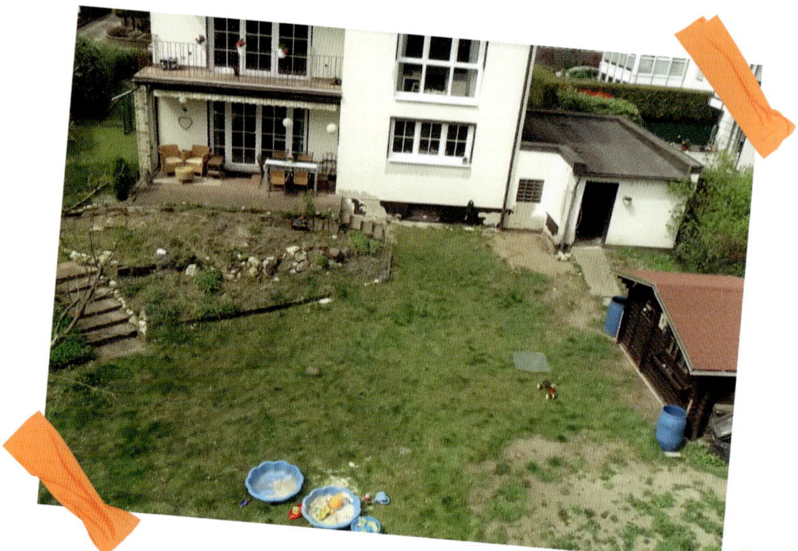

vorher

Marco ↓

» Uns ging nach Sanierung des Hauses die Kraft aus, für neue kreative Ideen. Wir fühlen uns in den Bergen sehr zuhause, daher wäre es schön, wenn wir das Alpengefühl in den Garten bringen könnten. «

Konzept

Wie gewünscht wird die vorhandene Terrasse vergrößert. Die Böschung wird mit Findlingen, einer blühenden Bepflanzung sowie einer Tokio-Kirsche abgefangen. Eine Stufenanlage führt die Familie über einen Weg an einem Kugelahorn vorbei zum Gartenhaus. Von dort aus geht es zum neuen Loungebereich. In der hinteren Gartenecke ist die Spielecke für Tochter Elise geplant. Hortensien und Spieren sorgen für eine ganzjährige Blüte. Rollrasen vervollständigt das Bild.

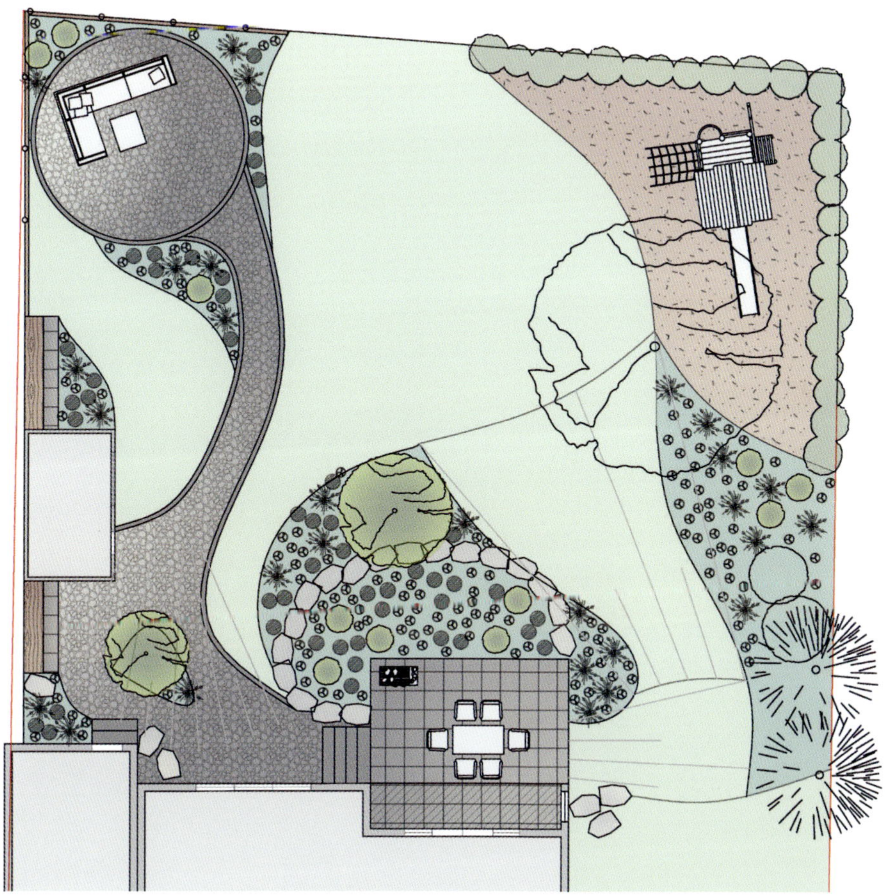

- **Lage:** Hilden, südöstlich von Düsseldorf
- **Größe:** knapp 400 m² → **Kosten:** 29.500 €
- **Auftraggeber*innen:** Maren und Marco
- **Ausführender Gartenprofi:** Nico Sollazzo

Umsetzung

Platz für eine neue Treppe

Der Ausbau der Terrasse mit der Böschung ist komplex. Ein Bagger räumt die alte Steintreppe weg. Sie wird durch eine neue Treppe aus modernen Blockstufen ersetzt. Auch die Grasnarbe wird schnell abgetragen.

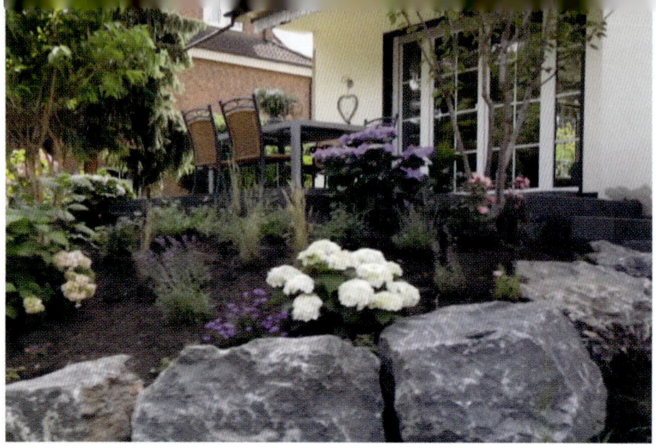

Felsen und Pflanzen sichern die Böschung

Die Kalkfelsen, mit denen die Terrassenböschung abgefangen wird, stammen aus dem Bergischen Land. Wenn man sich, wie in diesem Fall, für einen regionalen Stein entscheidet, bleiben die Lieferwege kurz. Das spart auch Kosten. Die bis zu 400 Kilo schweren Findlinge werden sorgfältig am Rand platziert und genau ausgerichtet. Sie sorgen im Garten für den Hauch eines Alpenflairs. In die Lücken am Fuß der Findlinge kommen Gewächse, die mit diesem zeitweise von der Sonne aufgeheizten Standort zurechtkommen. Das verlangt nach Pflanzen, die trockenheitsverträglich sind, wie Polster-Phlox, Thymian und Mauerfarn. Letzterer wird in den eher schattigen Bereich unterhalb der Felsen gesetzt.

Der obere Bereich der Böschung wird mit Katzenminze und einer rosafarbenen Strauchrose sowie Hortensien bepflanzt. Das Highlight im neuen Beet ist die Tokio-Kirsche (*Prunus yedoensis*), die im April blüht. Es kommt ein weiterer aus Asien stammender Strauch hinzu: der Sieben-Söhne-des-Himmels-Strauch (*Heptacodium miconioides*). Sein Name ist aus dem Chinesischen übersetzt, weil die Blüten oft zu siebt zusammenstehen. Die Farben der Pflanzen an der Böschung sind überwiegend weiß, rosa und lila.

Die Terrasse am Haus vergrößern

Die Treppe aus massiven Blockstufen überwindet einen Höhenunterschied von etwa einem Meter. Sie verbindet die große Hauptterrasse am Haus mit dem tiefer liegenden Garten. Die Fläche der Terrasse wird auf 25 Quadratmeter vergrößert. Daher füllen die Gärtner noch Boden auf und verdichten diesen mit einem Rüttler. So wird die zukünftige Tragkraft gewährleistet, die nötig ist, um die 50 mal 50 Zentimeter großen Betonsteinplatten zu verlegen. Diese haben eine rustikale Oberfläche. Auch das erinnert an die raue Bergwelt Bayerns.

Die Treppe benötigt ein Fundament. Jeder Stufenstein mit einer Länge von einem Meter wiegt rund 200 Kilogramm und wird mit einem kräfteschonenden Plattenheber an Ort und Stelle gesetzt. Sobald die erste Stufe in Waage liegt, können die anderen darauf aufbauen. Einige der meterlangen Blockstufen werden halbiert, da die Treppe eineinhalb Meter breit sein soll.

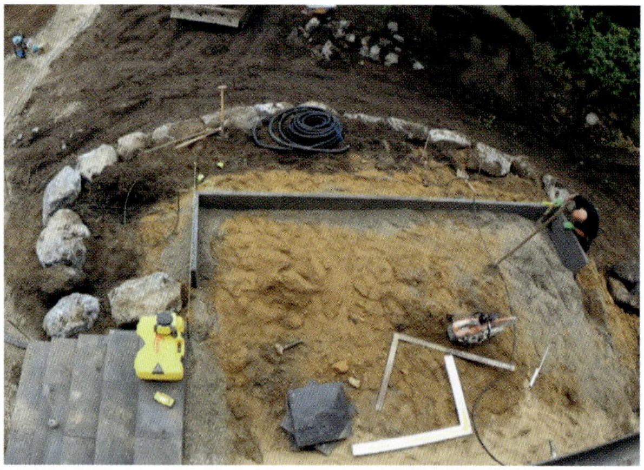

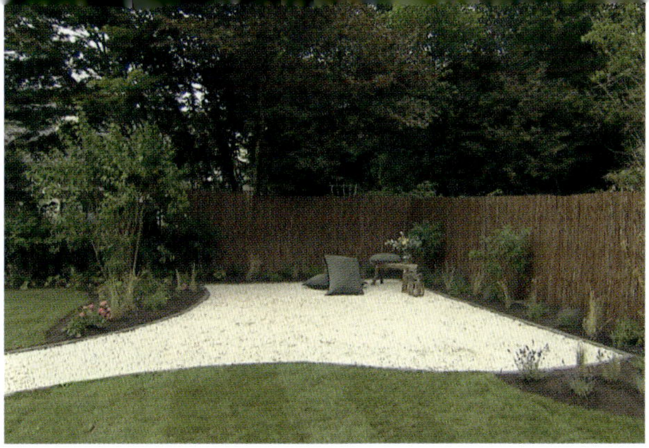

Die geschwungene Wegführung

Von hier aus führt ein leicht geschwungener Weg zum neuen Loungebereich im hinteren Teil des Gartens. Der Gartenprofi markiert diesen, indem er die Wegführung mit Farbe auf den Boden sprüht. Der mögliche Verlauf ist nun sichtbar und kann nochmals verändert werden. Die Familie wünscht sich einen stärkeren organischen Schwung. Nach dieser kleinen Korrektur wird der Boden abgetragen, sodass der Wegeunterbau aus Schotter vorgenommen und die Randsteine in Zement gesetzte werden können. Bei der Wahl des Wegebelags hat die Familie ebenfalls ein Mitspracherecht. Sie entscheidet sich für helle kleine Flusskiesel. Im Gegensatz zur Alternative aus Splitt lässt sich auf den Kieselsteinen problemlos barfuß laufen. In der hinteren Gartenecke mündet der Weg auf einem 18 Quadratmeter großen Sitzplatz. Auch diesen fassen die Gärtner mit Randsteinen ein und verteilen auf ihm den hellen Kies. Von hier aus hat man die Spielecke mit dem Kinderhaus auf Stelzen für Töchterchen Elise gut im Blick. Der gesamte Spielbereich ist mit Rindenmulch gut gepolstert.

Ein Baum als Blickfang

Zu einer imposanten Erscheinung wird der Kugelahorn. Seine große, geschlossene Krone schafft das Gefühl räumlicher Geborgenheit. Er ist in einem kreisrunden Beet platziert, das nahe dem Haus inmitten des breiten Kieswegs liegt. Die sattgrüne Krone des Baums schafft einen schönen Kontrast zum hellen Wegebelag.

Das Finale

Zum Abschluss legen die Gärtner Rollrasen auf über 200 Quadratmetern aus. Unter die Grasnarbe kommt noch ein Maulwurfgitter als Schutz vor den Wühltieren.

Fazit

Die vernachlässigte Fläche hat der Gartenprofi erschlossen und dem Haus mit einer großen Terrasse samt wunderschön bepflanztem Hang einen formvollendeten Rahmen gegeben. Im hinteren Gartenteil ist eine zusätzliche Sitzecke gebaut worden und die renovierte Gartenhütte fügt sich hervorragend ins Bild. Drei Jahre konnte die Familie von ihrem Garten nicht wirklich profitieren, nun lädt er ein zum Genießen und zum Gärtnern.

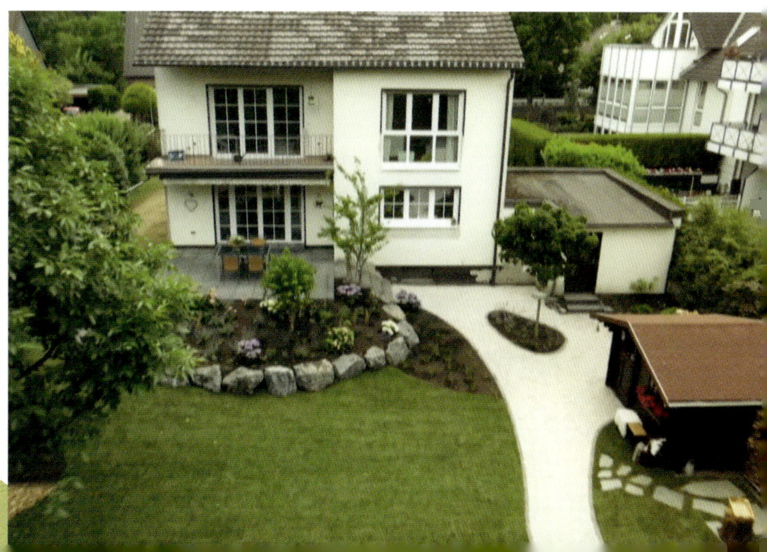

Exkurs:

Unterschiedliche Wegebeläge

Die Schaffung von Wegen stellt keine große Herausforderung dar. Schon innerhalb einer Rasenfläche zeichnet sich ein Weg ab, wenn eine kurz geschorene Spur hindurchführt. Ebenfalls lassen sich Wege einfach mithilfe einer Schicht Rindenmulch herstellen. Begrenzen Randsteine diese, wird der Verlauf noch klarer. Der Mulch kann später durch andere Materialien ersetzt werden, wenn das gewünscht wird.

Wege aus Tonklinker

In Norddeutschland wird traditionell mehr Klinker verbaut als im Süden. Nördlich des Weserberglandes gibt es keine bedeutenden Steinbrüche mehr. Dafür sind dort Tongruben weitverbreitet, aus denen Ziegel gebrannt werden. Zum Pflastern wird spezieller Klinker angeboten, der hart gebrannt und daher besonders witterungsbeständig ist. Mit ihm lassen sich hübsche Muster gestalten, die Gartenwegen einen individuellen Charme verleihen. Abhängig von Brand und Tonvorkommen changieren die Farben des Pflasterklinkers zwischen Karamell und Violett. Eine gepflasterte Fläche wird lebendiger, wenn darin verschiedene Farben sichtbar sind.

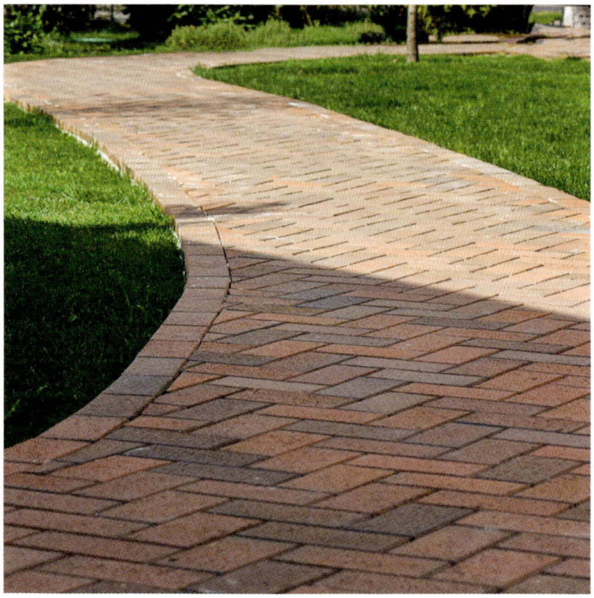

Wege aus Betonklinker

Auch Betonklinker sind im Wegebau weitverbreitet. Der multifunktionale Werkstoff ist schon lange nicht mehr die graue Maus im Sortiment. Mit vielen Farbnuancen lassen sich damit genauso erstaunliche Wirkungen erzielen wie bei den Tonklinkern. Spezielle Herstellungsverfahren können dem Produkt ein Aussehen verleihen, das vielen anderen Materialen ähnlich ist. So gibt es Betonklinker in Naturstein- und in Holzoptik. Andere Verfahren lassen die Steine künstlich altern. Die Kanten werden unregelmäßig gebrochen und es entsteht eine rustikale Patina. Für jeden Anwendungsbereich gibt es maßgeschneiderte Lösungen.

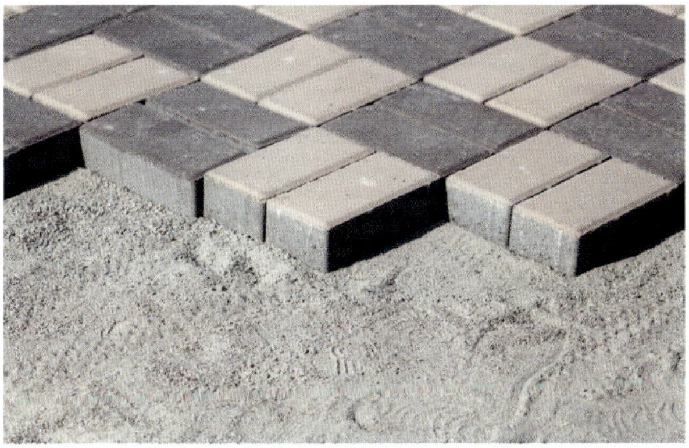

Wege aus Pflastersteinen

Kurvenreiche Wege lassen sich gut mit Pflastersteinen formen. Das quaderförmige Material gibt es in gängigen Größen von 4/6 Zentimeter bis 15/17 Zentimeter. Häufig wird Granitpflaster verwendet, doch es sind auch viele andere Gesteinsarten verfügbar, wenn man bereit ist, etwas mehr Geld auszugeben. Ebenso wie mit Klinkersteinen lassen sich auch mit Pflastersteinen bloß die Weggrenzen einfassen. Die Wegfläche wird dann mit einem weitaus günstigeren Material wie Kies, Splitt oder mit Rindenmulch aufgefüllt. Rindenmulch hat den Vorteil, dass er den Aufwuchs von Wildkräutern auf den Wegen weitestgehend unterbindet.

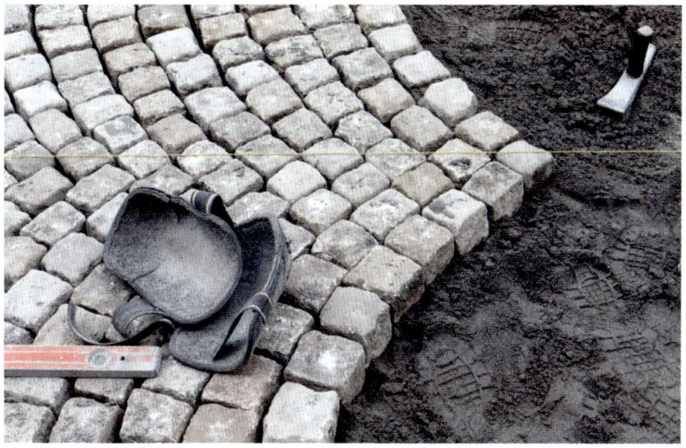

Wege aus Rasen

Rasenpfade sind überall dort angebracht, wo die Wege nicht häufig beschritten werden. Am deutlichsten heben sie sich von Rasenflächen ab, wenn sie kürzer gemäht werden als das umliegende Gras. So lassen sich einfach verschlungene Formen erzeugen. Rasenwege müssen allerdings regelmäßig geschnitten werden.

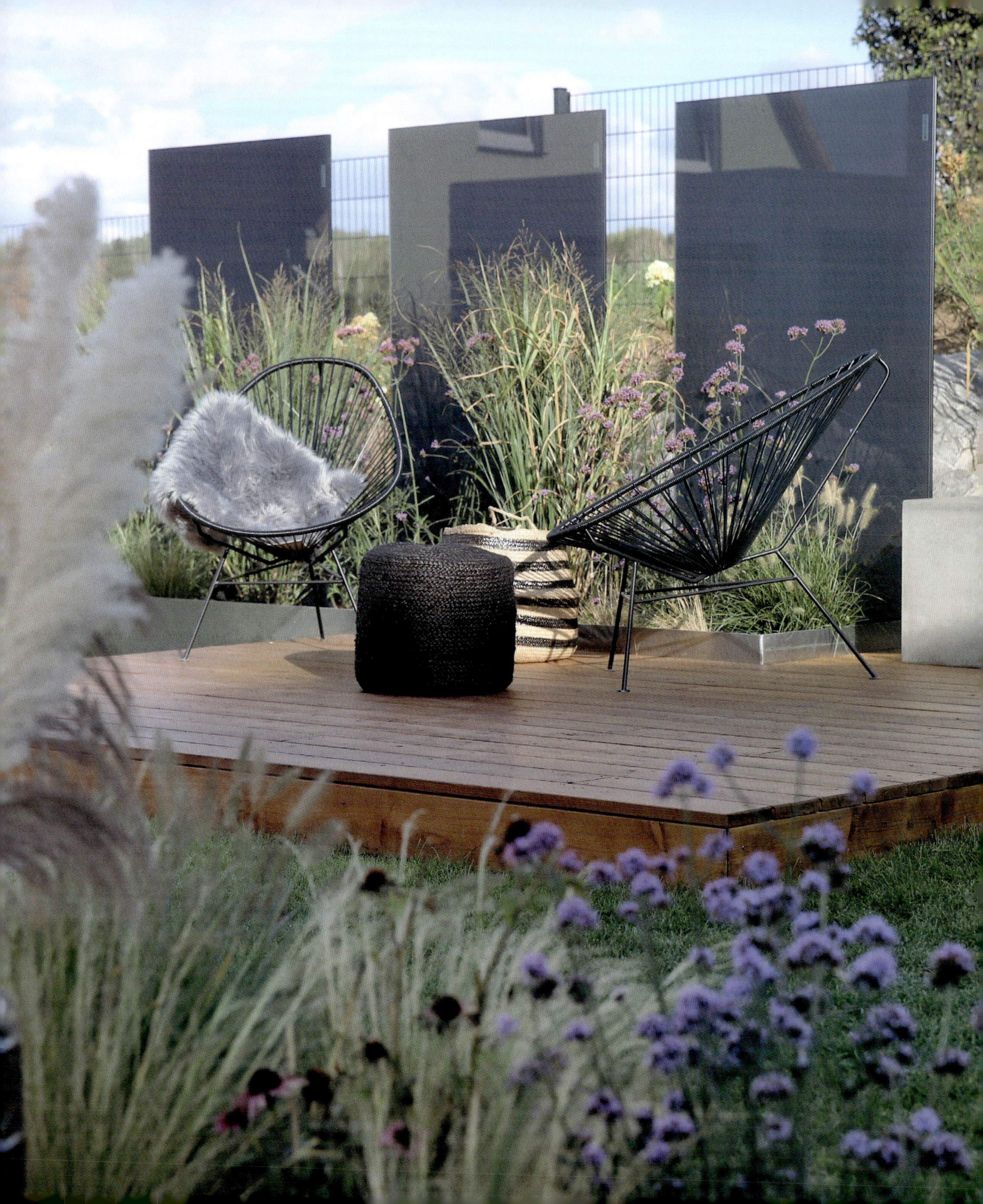

Sitzplätze im Garten –

zum Sonnen oder zum Grillen

Ein Ruhepol allerorten

Der Sonne hinterherwandern

Der Lauf der Sonne gibt in erster Linie den Ausschlag, wo man im Garten neben der Terrasse am Haus noch weiter Plätze einrichten sollte. Zum Frühstück unter freiem Himmel möchte man die Morgensonne genießen. Ob das Mittagessen an heißen Tagen draußen eingenommen werden mag, ist Geschmackssache. In jedem Fall sollte ein solcher Ort viel Schatten spenden. Für einen Baum, der seine Krone darüber ausbreitet, ist man dann dankbar. Zum Abend schaut man der Sonne gern hinterher. Wenn es die örtlichen Gegebenheiten ermöglichen, freut man sich dann über eine freie Sicht bis zum Horizont.

Den Überblick behalten

Ein Perspektivwechsel ist häufig auch eng mit den eigenen Bedürfnissen verbunden. Die kleinen Kinder haben ihre Spielecke im Garten, die von der Terrasse aus nicht einsehbar ist. Wie praktisch ist dann ein weiterer Sitzplatz, von dem aus man die Kleinen im Blick behalten kann. Oder man wünscht sich eine Feuerstelle oder einen speziellen Ort zum Grillen. Es versteht sich von selbst, dass man den Qualm möglichst weit vom Haus entfernt halten möchte. Hinzu kommt die besondere Atmosphäre, die sich in einer hinteren Gartenecke entfalten kann, wenn dort flammende Scheite unter der Weite eines sternenklaren Sommerhimmels knistern. Zudem kann man dort mit Freunden etwas ausgelassener feiern, während die eigenen Kinder schon im Bett sind.

Den Duft genießen

Wichtig für einen weiteren Platz im Garten ist, dass dieser vor Wind und fremden Blicken geschützt liegt. Hecken, Zaunelemente, Rankgerüste und vielleicht sogar Mauern können diesen Wunsch erfüllen. Kommt noch ein Bodenbelag aus Steinen oder Betonplatten hinzu, dann speichert dieser die Wärme bis zum Abend. So sitzen Sie auch in der Dämmerung gemütlich, wenn noch kein Feuer entzündet ist. Sträucher wie Flieder, Deutzie, Schneeball, Schmetterlingsstrauch und die rankenden Echten Geißblätter sowie spezielle Strauchrosen entfalten ihren Duft in den Abendstunden. Diese können Teil der Hecke sein, die den Platz einhegt. So kommen Sie in den Genuss dieser lieblichen Aromen.

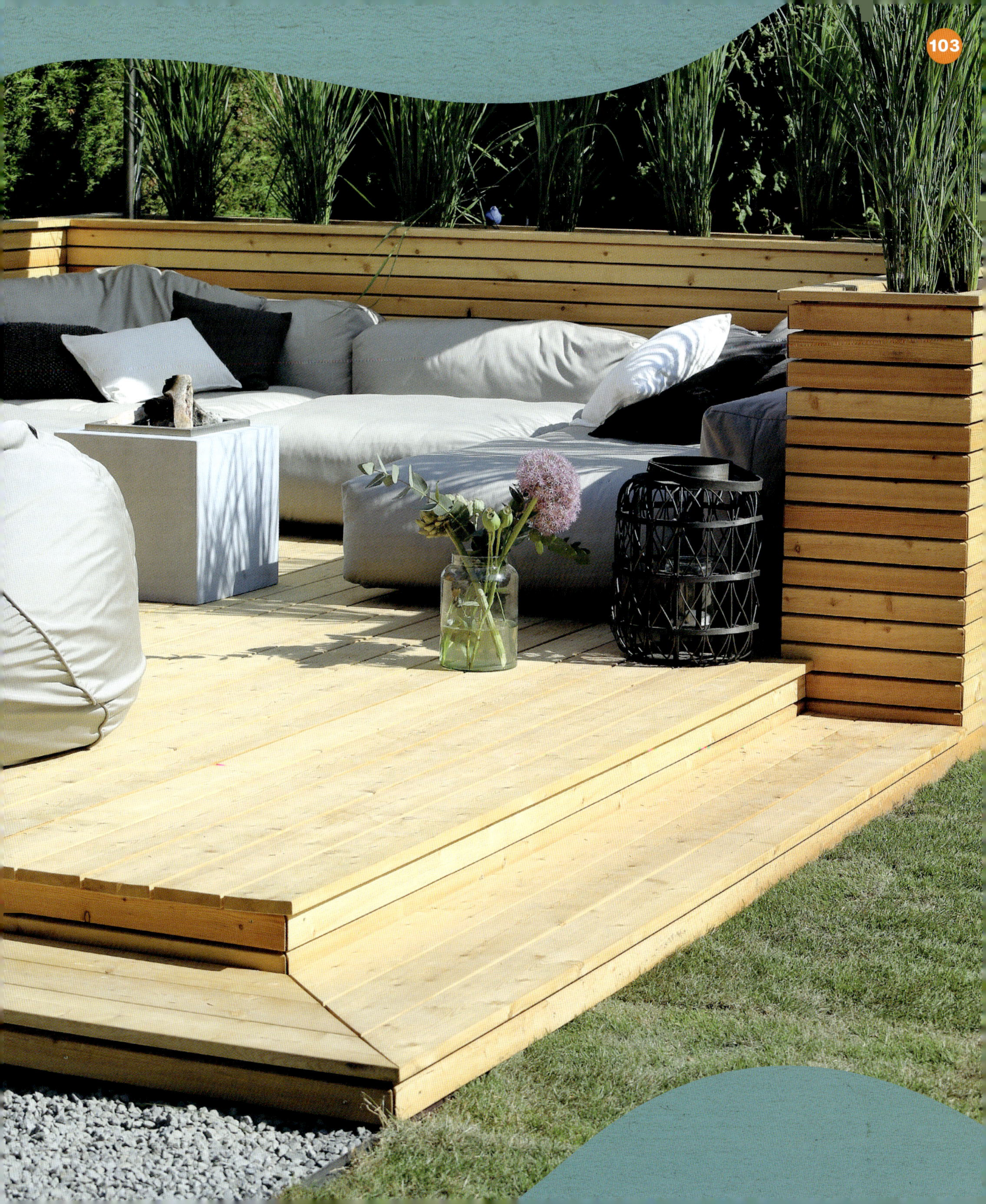

Gekonnte Balance zwischen modern und rustikal

Seine Wohnung hat das Paar modern eingerichtet. Der Garten spiegelt allerdings noch den Stil der Vorbesitzer*innen wider.

Wünsche für den Garten

Sebastian ↓

» Eine Terrasse und zusätzlich ein Sonnendeck, wo man sich ganz geschützt sonnen kann. «

» Wir haben schon relativ viel weggeschnitten. Darin sind wir gut. Wir kriegen jedoch keine wirkliche Grundstruktur hinein. «

Annika ↓

» Mit dem Thema Gartenhaus sind wir auch noch nicht so zufrieden. Es steht jetzt mitten im Garten. Dafür muss ein neuer Platz gefunden werden. Zudem sind wir ein bisschen zwischen zwei Wänden eingekesselt. Wir haben die Hauswand und direkt gegenüber die Kirschlorbeerhecke. Wir wünschen uns, dass man dort den Blick etwas weiter macht. «

vorher

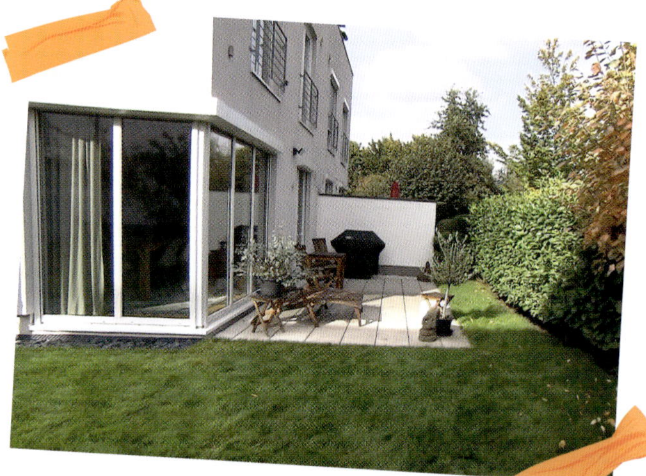

Konzept

Nicole erneuert die vorhandene Terrasse mit großformatigen Betonplatten in Dunkelgrau. Die Wand zum Nachbargrundstück wird teilweise mit Lärchenholz verkleidet. Über zwei Trittplatten gelangt man zu einem Sonnendeck aus Lärchenholz. Eyecatcher wird die graue Stahlwand, die Nicole mit Holzelementen einrahmt. Davor platziert sie ein Pflanzbeet mit einem Fächer-Ahorn und Moosstauden. Ein Lärchenholzzaun begrenzt den hinteren Gartenbereich, zum Nachbargrundstück sorgt eine Buchenhecke für Sichtschutz. Die alte Gartenhütte weicht einer Rasenfläche und der Eingangsbereich bekommt einen Sichtschutz aus Buchenhecken.

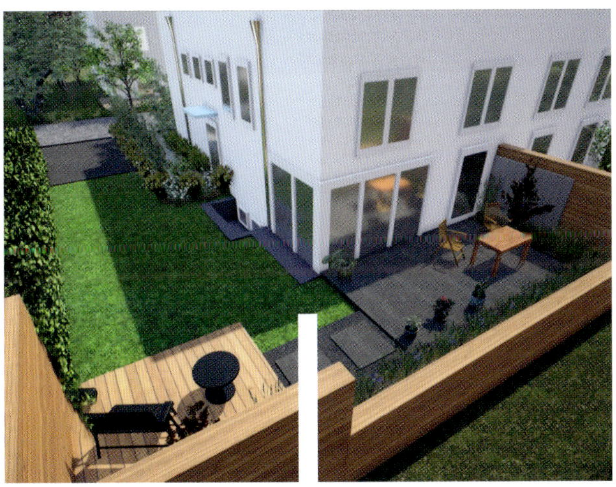

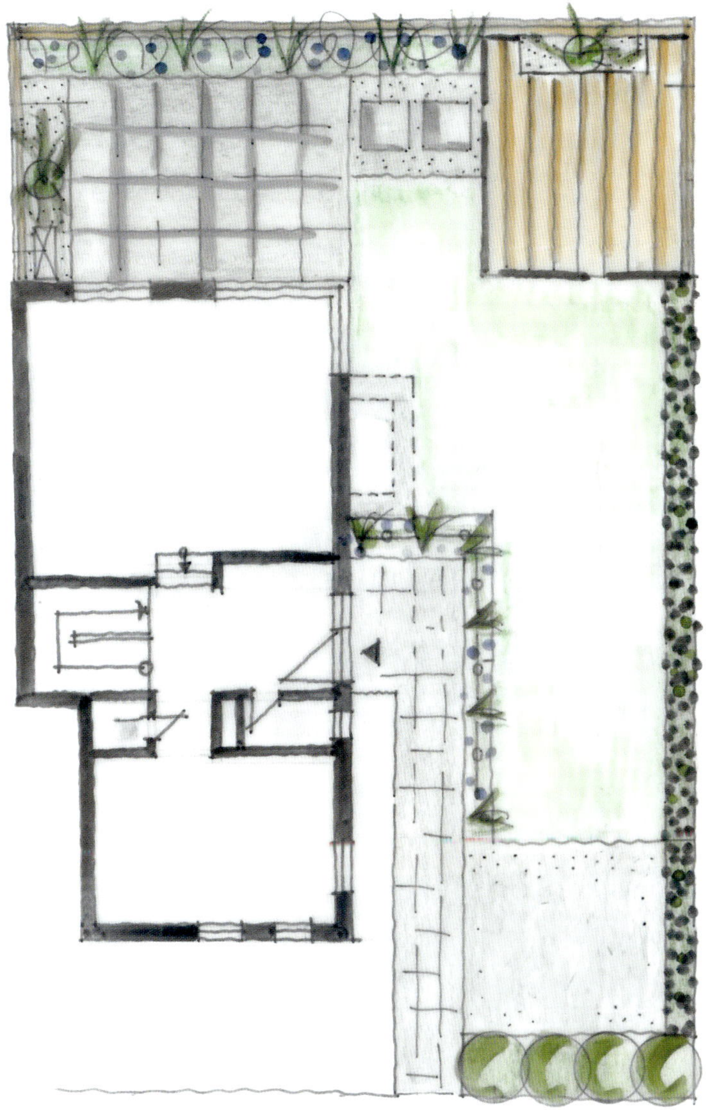

- → **Lage:** Hürth, bei Köln
- → **Größe:** 130 m² → **Kosten:** 17.000 €
- → **Auftraggeber*innen:** Annika und Sebastian
- → **Ausführender Gartenprofi:** Nicole Johag

Umsetzung

Für mehr Raum und Ausblick sorgen

Die Kirschlorbeerhecken im Garten werden über dem Boden gekappt und anschließend deren Wurzeln entfernt. Auch die Gartenhütte, die noch von den Vorbesitzer*innen stammt, wird zerlegt und abtransportiert. Hier entsteht eine Rasenfläche. Kaum ist dieser „Raumteiler" weg, wirkt der Garten großzügiger und luftiger. Von der Terrasse aus genießen Annika und Sebastian nun den freien Blick in die Landschaft. Denn das Gelände fällt hinter der Grundstücksgrenze stark ab. Ein flacher Zaun wird später ausreichend Fallschutz bieten.

Das neue Sonnendeck

An der Grenze zum Nachbargrundstück entsteht das neue Sonnendeck aus Holz, das nach zwei Seiten hin Sichtschutz benötigt. Diesen gewähren zwei Meter hohe Lärchenholzwände. Für die Pfosten werden 80 Zentimeter tiefe Löcher gebohrt und Anker in H-Form einbetoniert. Mit Schnellbeton, der zügig aushärtet, ist das rasch erledigt. Als belebendes Element wird eine graue Stahlplatte in eine der Holzwände integriert. Davor entsteht ein Pflanzbeet mit einem großen Findling als Blickpunkt. Dieses eher rustikale Gestaltungselement bricht die klare, moderne Form des Sonnendecks, indem es einen Kontrast setzt. Ein weiterer Findling wird im Beet an der neuen Hausterrasse platziert, sodass sich das Element dort wiederholt.

Die Findlinge aus Grauwacke sind mit ihren jeweils 200 bis 300 Kilogramm echte Schwergewichte. Mit dem Radlader und Transportgurten wird der erste Findling in das Beet am Holzdeck befördert. Die zentrale Rolle neben dem Felsbrocken spielt ein rotlaubiger Fächer-Ahorn. Ihm zur Seite stehen drei unterschiedlich große, kugelig geschnittene Sträucher aus Stechpalme (*Ilex crenata*), die zusammen

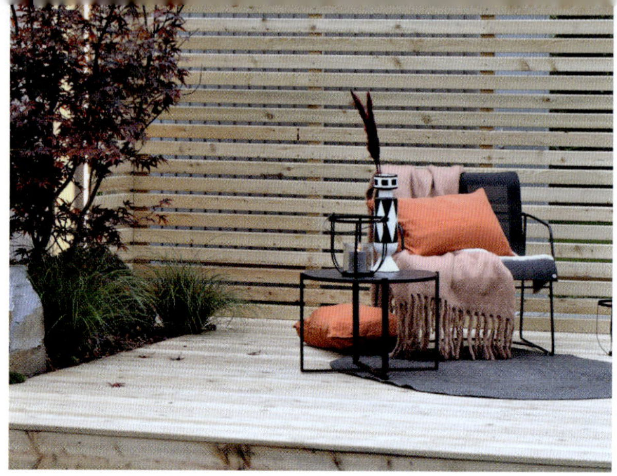

wie eine organische Skulptur aussehen. Den Findling rahmen filigrane Gräser ein, ein Chinaschilf und ein Lampenputzergras. So entsteht ein Stillleben aus grauen, grünen und roten Tönen.

Die Terrasse wird großzügiger

Die alten Terrassenplatten werden abgetragen, so lässt sich die Grundfläche leicht vergrößern. Splitt wird ausgebracht. Darauf verlegen die Gärtner*innen großformatige Betonplatten für die 25 Quadratmeter große neue Hausterrasse. Zudem wird noch eine Holzschalung aus witterungsbeständiger, heimischer Lärche montiert, die die frisch grau gestrichene Wand, die Abgrenzung zum benachbarten Grundstück, einrahmt. An der Wand entsteht ein Beet. Auch hier nimmt ein rotlaubiger Fächer-Ahorn einen zentralen Platz ein. Ihm zur Seite um den Findling aus Grauwacke herum wird ein Teppich aus feinem Sternmoos ausgelegt. Gräser und Ilexkugeln ergänzen das Ensemble im Beet, das sich optisch stark an die Gestaltung am Sonnendeck anlehnt.

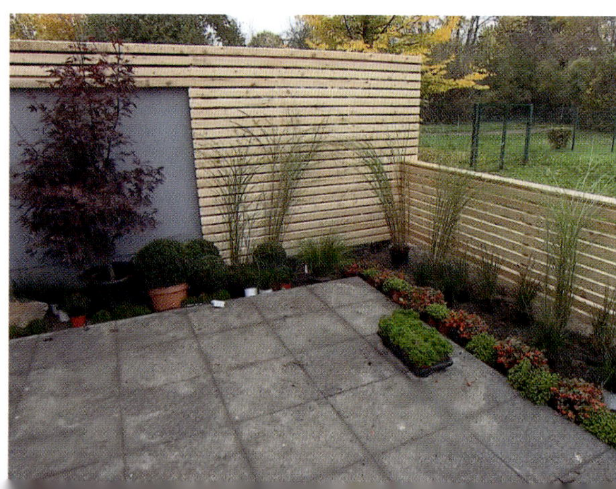

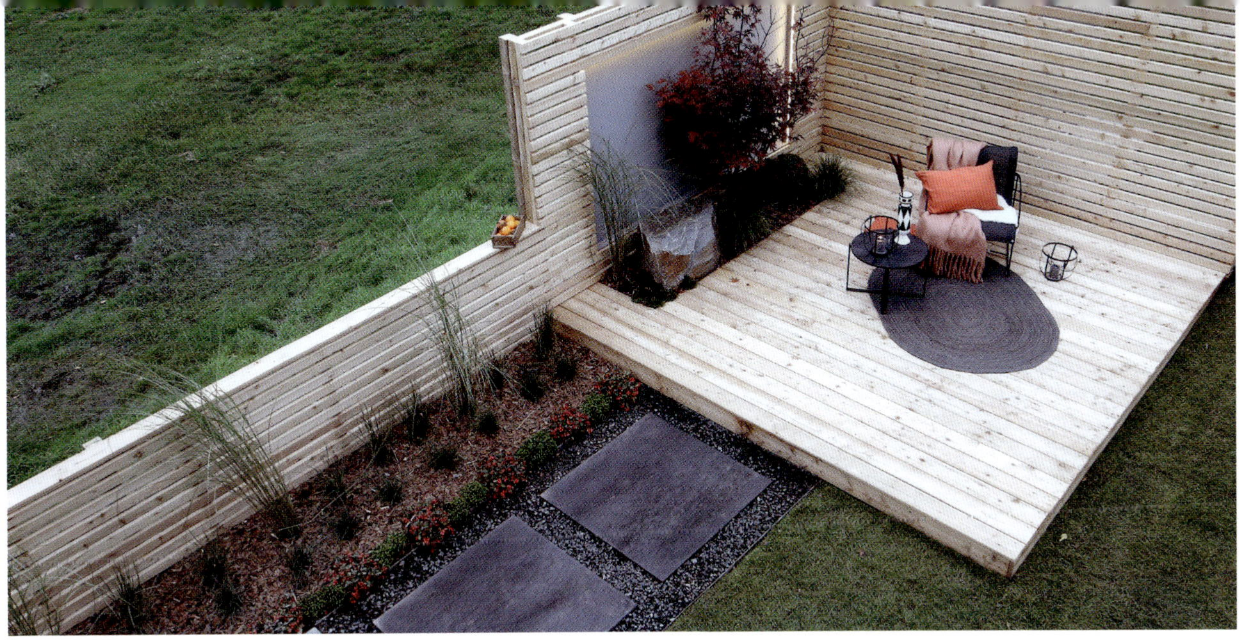

Ein Holzzaun begrenzt das Beet

Weitere H-Anker kommen für den 90 Zentimeter hohen Holzzaun gegenüber der Terrasse in die Erde. Das vorgelagerte Beet füllen Gräser in unterschiedlichen Höhen, Strauchveronika und als herbstliche Farbtupfer rote Scheinbeeren (*Gaultheria*). Wie die immergrünen Ilexkugeln sorgen auch die Gräser für Struktur im Garten. Zu den Nachbar*innen wird eine lange Sichtschutzhecke aus Rotbuche gepflanzt. Auch wenn das Laub im Herbst braun wird, so bleibt es doch bis zum Frühjahr an den Pflanzen haften.

Das Finale

Im übrigen Garten wird Mutterboden verteilt, als Untergrund für die 70 Quadratmeter große Fläche Rollrasen. Im nächsten Sommer soll im vorderen Teil des Gartens noch ein Gartenhaus aufgestellt werden. Dafür dienen Vlies und Schotter schon jetzt als Untergrund. Die Hortensien im Eingangsbereich und auch die anderen neuen Beete bekommen abschließend eine Mulchschicht aus Pinienrinde.

Fazit

Die Trennung zwischen Vor-und Rückgarten ist nun aufgehoben, der L-förmige Garten wird ins beste Licht gerückt mit einer Rasenfläche und gleich zwei Terrassen. Die ungenutzte Ecke hat sich in ein Outdoor-Wohnzimmer verwandelt. Die beengte Terrasse wurde geöffnet und bietet Annika und Sebastian den ersehnten neuen Ausblick.

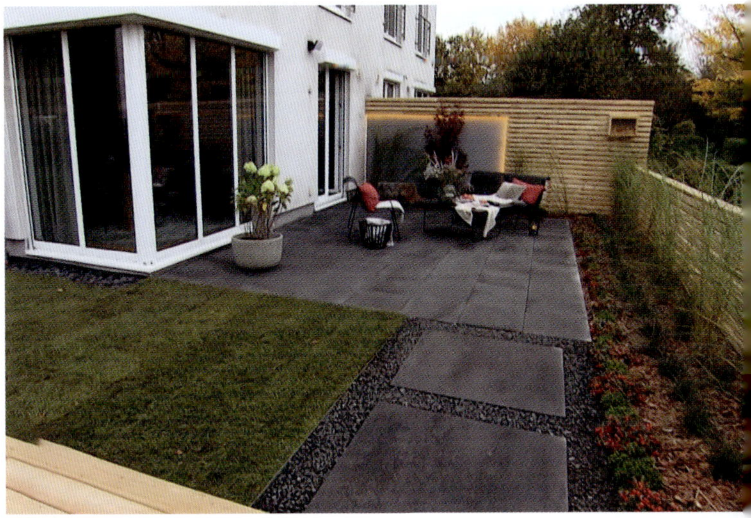

Chillen mit Alpenpanorama

Es geht um den Vorgarten eines Reihenmittelhauses in einem ehemaligen Kuhstall. Die Terrasse und das große Kiesbeet haben ihre besten Jahre hinter sich, selbst die Bepflanzung macht einen überholten Eindruck. Dabei nutzt die Familie ihren Vorgarten ab Frühlingsbeginn als zusätzliches Wohnzimmer. Denn der Garten hinterm Haus ist schattig. Daher sitzen sie lieber auf dem geschützten Platz im Vorgarten in der Sonne, von dem sie einen freien Blick auf die Alpen haben.

Wünsche für den Garten

Günter ↓

» Wir wünschen uns eine große Terrasse mit einer Feuerstelle, wo ich auch mit Freunden mal ein Bier trinken kann. Wir grillen sehr gern und haben einen Feuerschalengrill. «

Mandy ↓

» Unsere Tochter liebt den Johannisbeerstrauch. Der muss auf jeden Fall erhalten bleiben. Die Terrasse gefällt uns nicht mehr so richtig. Die Steine sind rutschig und können ausgetauscht werden. Und wir hätten gern ein Fahrradhaus. «

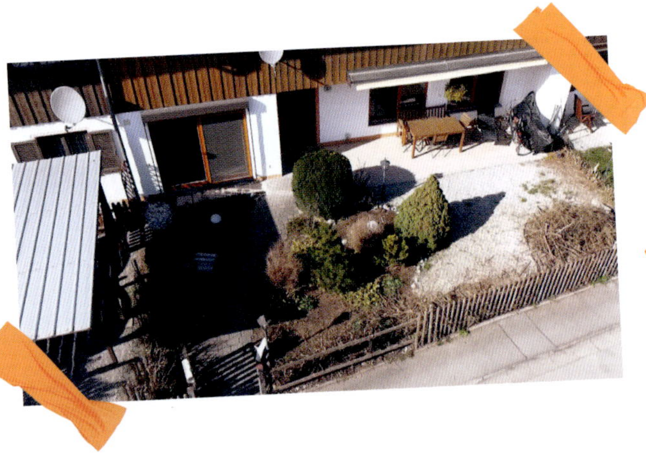

vorher

Konzept

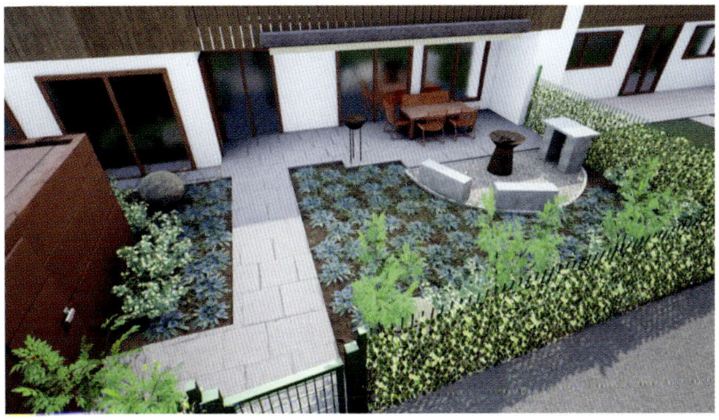

Frank Dietl plant das Gartenhaus entlang der Grenze zum Nachbargrundstück. Hier führt ein Weg aus Granitplatten auf eine neue, größere Terrasse. Daran schließt ein halbrunder Grillplatz an, der mit Natursteinen eingefasst ist. Aus Granitblöcken entsteht eine Sitzecke mit Arbeitsplatte. Findlinge bringen alpenländisches Flair in den Garten. Efeuberankte Zaunelemente bieten einen grünen Blickschutz. Abgerundet wird das Konzept mit Säulenzierkirschen, Hortensien und blau blühenden Bodendeckern.

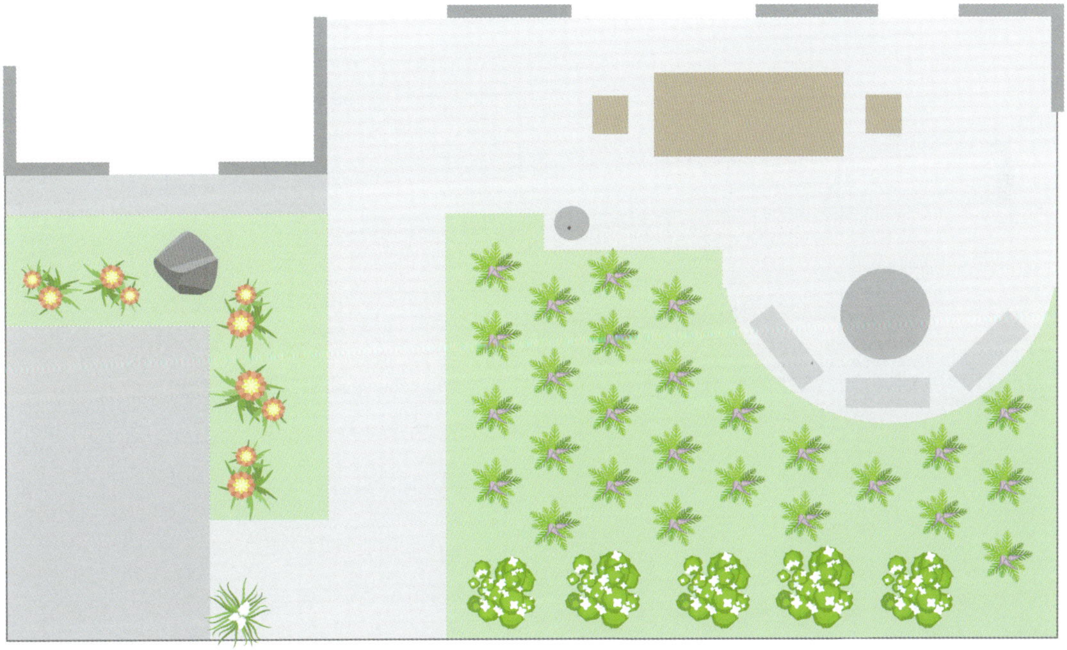

→ **Lage:** Raisting im Bayerischen Oberland
→ **Größe:** 120 m² → **Kosten:** 23.100 €
→ **Auftraggeber*innen:** Mandy und Günter
→ **Ausführender Gartenprofi:** Frank Dietl

Umsetzung

Vorarbeiten

Zunächst werden die alten Pflanzen und Zaunpfosten sowie die Elektroleitungen herausgenommen. Damit es zu keinem Unfall kommt, gibt es einen sogenannten Spatenplan, auf dem die genaue Lage der Kabel eingezeichnet ist. Sorgfalt ist auch bei der Entsorgung geboten. Insgesamt elf Tonnen Bauschutt fallen an. Die verschiedenen Materialien müssen getrennt voneinander entsorgt werden. Das schreibt die Gesetzeslage vor. Strauchgut und Grünschnitt werden in einer Anlage kompostiert, mit Bauschutt werden alte Deponien verfüllt. Allein der Johannisbeerstrauch wird sorgfältig mit einem großen Ballen ausgebuddelt, damit er später wieder einen Platz im neu gestalteten Garten bekommt. Auch die alten Terrassenplatten werden für das Fundament des neuen Gartenhauses wiederverwendet. Die Fläche ist bereits eingemessen. Die Leistensteine, die den Rahmen vorgeben, werden in ein Betonbett gesetzt. Auf diese wird später die Fahrradhütte in einem Stück gesetzt, die ein befreundeter Spengler für die Familie gebaut hat. Das ist Präzisionsarbeit.

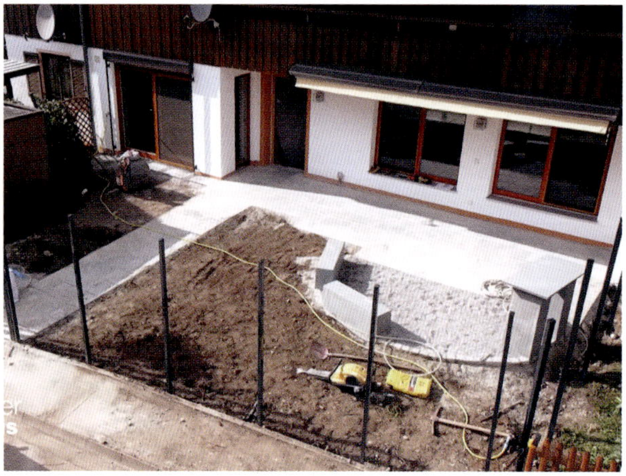

Terrasse und Grillplatz

Es entsteht das Fundament aus Splitt für die neue Terrasse. Dann verlegen die Gärtner die Platten aus Granit, die auch den Weg zum Haus formen. Als Nächstes ist der Grillplatz dran. Er schließt unmittelbar an die Terrasse an. Dennoch unterscheidet er sich in Form und Material. Das Highlight sind die 300 Kilogramm schweren Granitblöcke, die der Grillecke ihren besonderen Charakter geben. Zwei davon werden senkrecht in ein Betonbett gesetzt und dienen als Tischbeine für eine Arbeitsplatte aus Granit. Zwei weitere Steine liegen waagerecht nebeneinander. Sie grenzen den ovalen Platz, der von Pflastersteinen eingefasst ist, nach außen ab, und dienen gleichzeitig zum Sitzen. Dann werden 500 Kilogramm Kies verteilt. Der große Vorteil: Im Gegensatz zu Fliesen hinterlassen Fettspritzer beim Grillen auf dem Kies keine unschönen Flecken. Dieser Rundkornstein in einer Stärke von vier bis acht Millimeter heißt in Bayern auch Biergartenriesel. Abschließend wird in der Mitte die flache Grillschale platziert.

Sichtschutz und Bepflanzung

An der Grenze zur Straße werden die Zaunelemente gesetzt. Sie sind bereits von sattgrünem Efeu überzogen, der sie zu einem blickdichten Sichtschutz macht. Jedes Element wird gleich mit den richtigen Befestigungsklemmen ausgeliefert, mit denen sie an den Pfosten montiert werden. Vor den Zaun kommen fünf Japanische Nelkenkirschen (*Prunus serrulata* 'Kanzan'). Durch den säulenartigen Wuchs eignet sich der große Strauch besonders gut für kleine Gärten. Die Lücken schließen weiße Hortensien (*Hydrangea* 'Annabelle'). Für die

Fläche ist in diesem Fall kein Rollrasen vorgesehen, sondern rund 260 Bodendecker füllen sie. Sie gehören der Art Kleines Immergrün (*Vinca minor*) an, das ab April schöne blaue Blüten hervorbringt und in wenigen Monaten einen geschlossenen Bestand bilden wird. Ein Findling und ein Schneeball (*Viburnum bodnantense* 'Dawn') lockern die Fläche zudem etwas auf. Und auch der Johannisbeerstrauch findet in Hausnähe wieder einen Platz.

Fazit

Die alte, rutschige Terrasse hat sich in eine moderne Chillecke verwandelt. Das ausgetretene Kiesbeet ist einem stylischen Grillplatz mit viel Raum für Partys gewichen. Wo vorher verwilderte Zierpflanzen und Beete wucherten, verzaubern nun das moderne Fahrradhaus und die Steinleuchte samt vieler toller, neuer Pflanzen den Vorgarten.

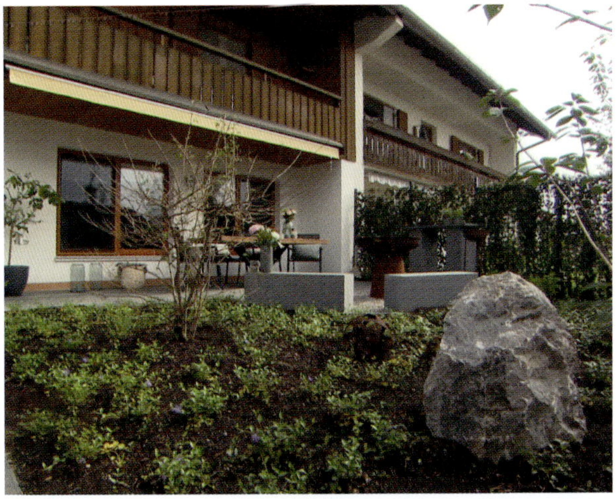

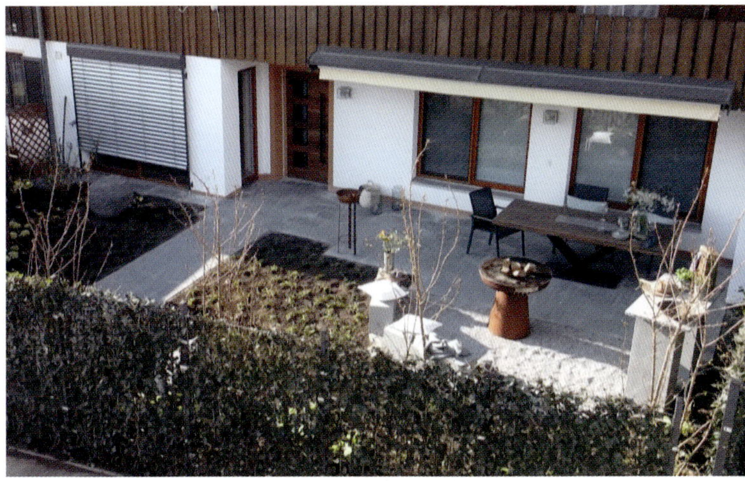

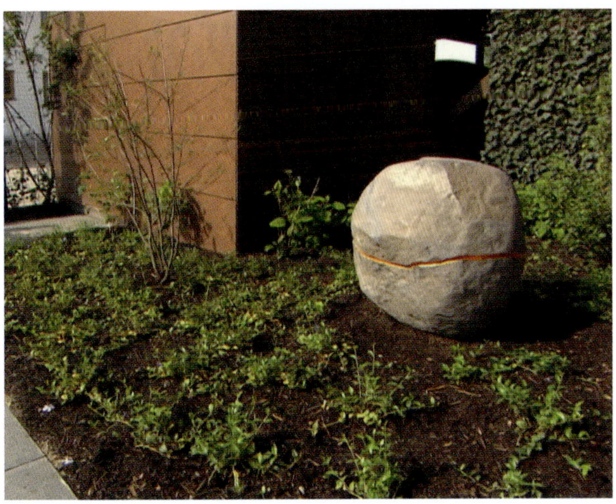

Exkurs:

Baumkronen als Sonnenschirm

Früher schmückten mächtige Eichen, Buchen und Linden die Grundstücke. Vielerorts ist für solche Baumriesen kein Platz mehr. Aber auch unter den malerischen Kronen zierlicher Laubbäume lässt es sich angenehm entspannen.

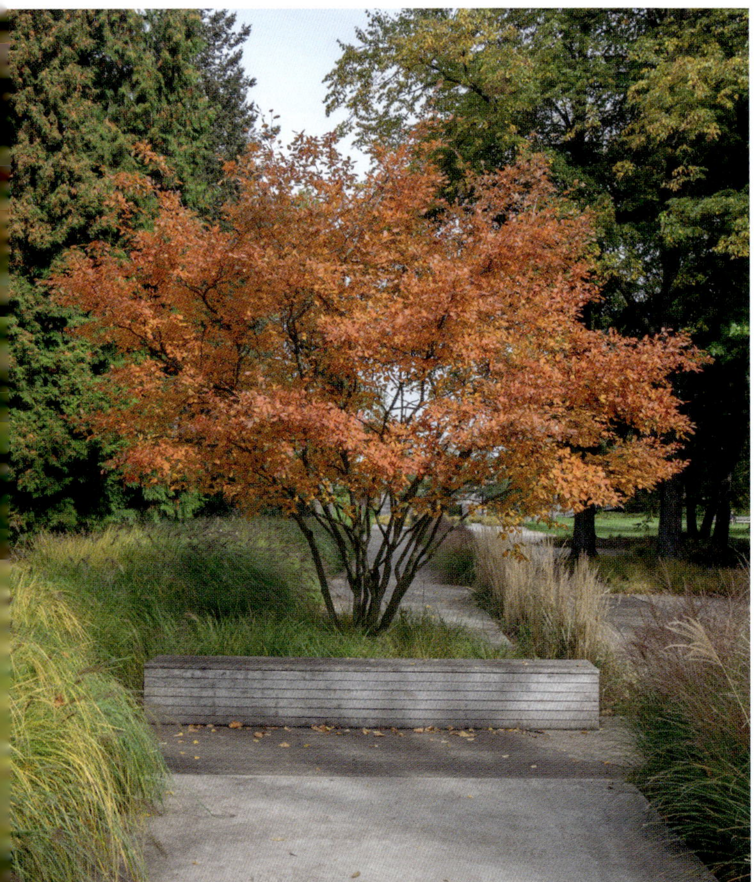

Kupfer-Felsenbirne (Amelanchier lamarckii)

Ein Dach aus Blättern

Zum Glück gibt es genügend schwach wachsende Bäume, unter deren Blätterdach man im Sommer erfrischende Kühle tanken kann. Das wird in Zeiten zunehmend wichtiger, in denen die Sommertemperaturen stetig steigen. Ausgesprochen schön wirken Kronen mit leicht überhängenden Zweigen, wie die der Zierapfelsorten 'Hillieri' und 'Liset' sowie der Kupfer-Felsenbirne *(Amelanchier lamarckii)* und der Vielfiedrigen Eberesche (*Sorbus vilmorinii*). Glücklich kann sich schätzen, wer im eigenen Garten einen solch zierlichen Baum besitzt, der den Sitzplatz beschattet.

Die Jahreszeiten erleben

Diese Gehölze begeistern im Frühjahr zudem durch ihre Blüten. Ihnen folgt im Sommer der Fruchtschmuck und im Herbst eine großartige Blattfärbung. Den Winter über beleben die schönen

Silhouetten der Bäume den kahlen Garten. Eindrucksvoll ist zu der Zeit auch die ausladende Krone der Hänge-Ulme (*Ulmus glabra* 'Pendula'). Sie wächst im Laufe der Zeit zu einer kleinen Laube, die einen gesamten Sitzplatz überspannen kann, wenn die Äste durch ein Gerüst abgestützt werden.

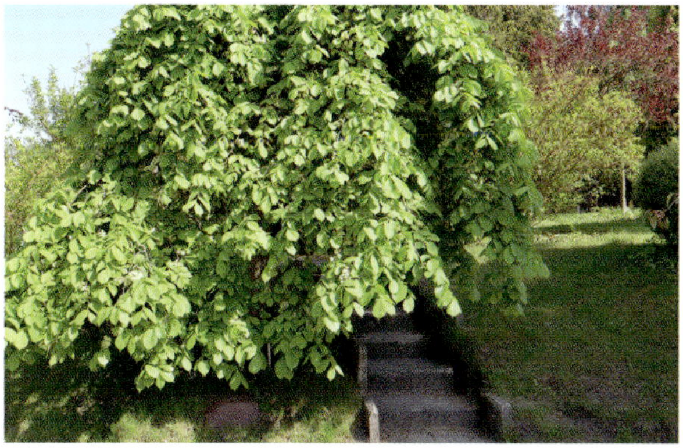

Hänge-Ulme (Ulmus glabra) **'Pendula'**

Akzente setzen

Kugelförmige Bäume erfüllen eine ähnliche Funktion wie diejenigen mit schirmförmigen Kronen. Zu ihnen zählen Kugelahorn (*Acer platanoides* 'Globosum'), Kugelrobinie (*Robinia pseudoacacia* 'Umbraculifera'), Kugelsteppenkirsche (*Prunus fruticosa* 'Globosa') und der Trompetenbaum (*Catalpa bignonioides* 'Nana'). Mit ihnen lassen sich im Garten auch gut Akzente setzen, indem man besondere Punkte betont. So pflanzt man gern zwei Exemplare einander gegenüber, um etwa einen Eingang hervorzuheben. So können zwei kugelförmige Bäumchen den Zugang zum Sitzplatz akzentuieren und diesem zugleich Schatten spenden.

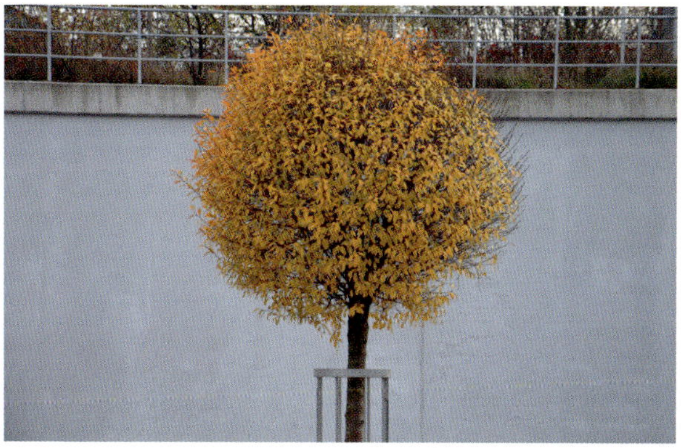

Kugelsteppenkirsche (Prunus fruticosa) **'Globosa'**

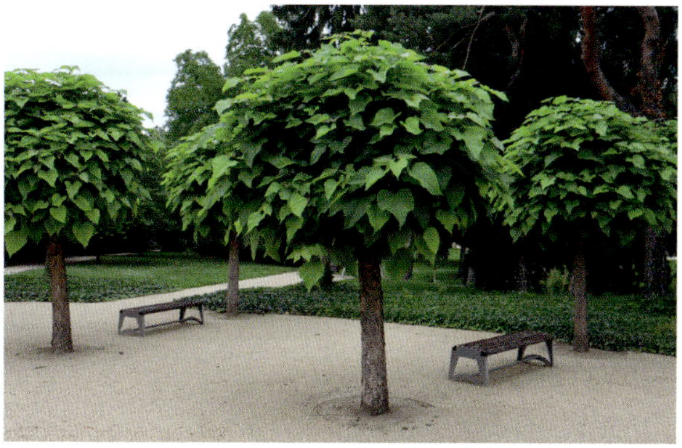

Trompetenbaum (Catalpa bignonioides) **'Nana'**

Beachtung bei versiegelten Flächen

Steht der Baum inmitten eines gepflasterten Platzes, muss der Erdboden um den Stamm herum mindestens 50 Zentimeter frei bleiben. Am besten wird das Gefälle der versiegelten Fläche so ausgerichtet, dass das Regenwasser dorthin abfließt und den Baum so mit Wasser versorgt.

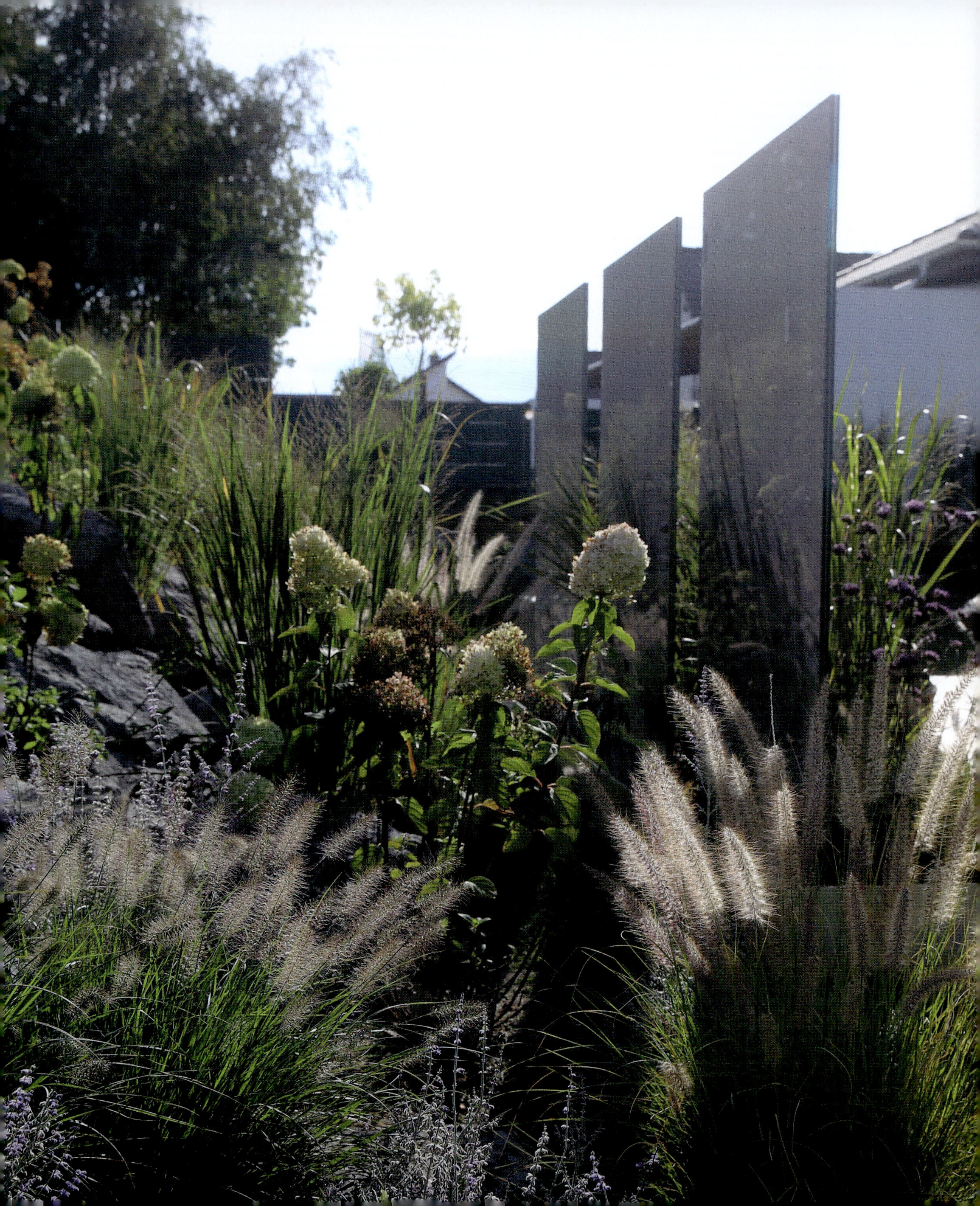

Beete anlegen –
Bepflanzungen für die Sonne oder den Schatten

Staudenpflanzungen

Der Standort ist entscheidend

Pflanzen lassen sich nicht beliebig von einer Ecke in eine andere schieben. Das hat mit ihren speziellen Bedürfnissen zu tun. Diese sogenannten Standortansprüche bringen alle Gewächse aus der Natur mit. Eine Seerose könnte mit einer Strauchrose nie den Platz tauschen. Das leuchtet sofort ein, denn beide brauchen unterschiedlich viel Nässe.

Schwieriger ist es, wenn es um Lichtverhältnisse, Trockenheitstoleranz und Nährstoffansprüche geht. Grob unterscheidet man Pflanzen, die gut im Schatten gedeihen, von denen, die sich in wechselnden Lichtverhältnissen am wohlsten fühlen, und solchen, die die pralle Sonne lieben. In Anlehnung an die Natur haben Gärtner*innen dafür bestimmte Lebensbereiche formuliert. Das gilt vor allem für die Stauden. Das sind überwiegend krautige Pflanzen, deren Triebe im Herbst, manchmal auch schon unmittelbar nach der Blüte vertrocknen und im Frühjahr wieder austreiben.

Waldstauden

So sind die Waldstauden von Natur aus an ein Leben in dem Schattenreich im Unterholz gewöhnt. Kühle Temperaturen und hohe Luftfeuchtigkeit sind ihr Lebenselixier. Aus den ersetzten Laubschichten saugen ihre Wurzeln Energie. Dazu brauchen sie ein lockeres, humusreiches Erdreich. Im Garten fühlen sie sich unter Bäumen und Sträuchern wohl, deren Blätter auf dem Boden verrotten. Zu den Waldstauden gehören Farne, Elfenblumen, Herbst-Anemonen sowie einige Bodendecker.

Stauden für den Gehölzrand

Stauden für den Gehölzrand fühlen sich wohl im Übergang von Bäumen und Sträuchern zum Rasen und im Schatten, den das Haus wirft. Sie können sich gut auf wechselnde Lichtverhältnisse einstellen. Halbschatten und lichter Schatten sind für sie ideal. Zu dieser Gruppe gehören Storchschnabel, Frauenmantel und Astilben. Auch viele Waldstauden kommen unter diesen Bedingungen noch gut zurecht, sofern der Boden nicht zu trocken ist.

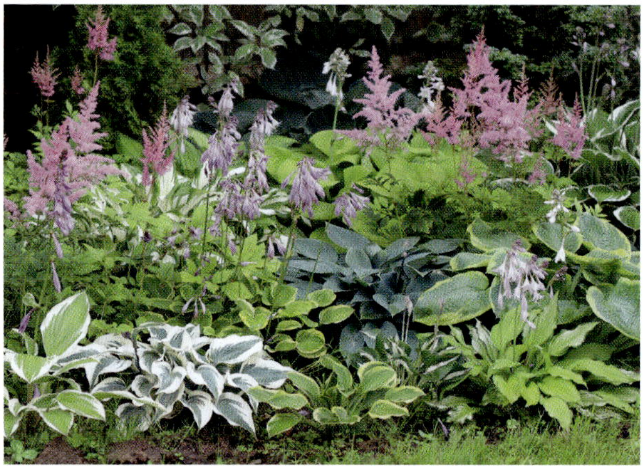

Stauden für Trockenheit

Für trockene Bereiche sollten Sie besser auf Steppenstauden zurückgreifen. Sie stammen meist von flachgründigen, karstigen Böden, wie man sie in den Landschaften rund um das Mittelmeer vorfindet, oder von den baumlosen Prärien Nordamerikas. Nährstoffe sind dort eher Mangelware. Dafür gibt es reichlich Sonne. Zu dieser Gruppe an Pflanzen gehören beispielsweise Lavendel, Salbei, Heiligenkraut und Sonnenhut.

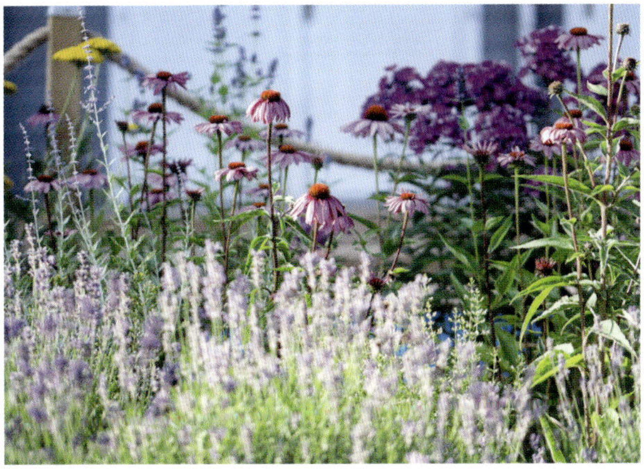

Prachtstauden

Es bleiben nun noch Pflanzen wie Rittersporn, Pfingstrosen, Phlox und Astern, die keiner der bisher genannten Gruppen zuzuordnen sind. Diese Pflanzen sind über Generationen hinweg von Gärtner*innen zu prachtvollen Gewächsen gezüchtet worden. Sie heißen daher auch Prachtstauden. Von gärtnerischer Zuwendung verwöhnt, benötigen viele von ihnen etwas mehr Aufmerksamkeit. Sie fühlen sich daher in einem Beet am wohlsten, in dem immer ausreichend Wasser und Nährstoffe vorhanden sind und in dem eine helfende Hand verhindert, dass sie von Nachbargewächsen bedrängt werden.

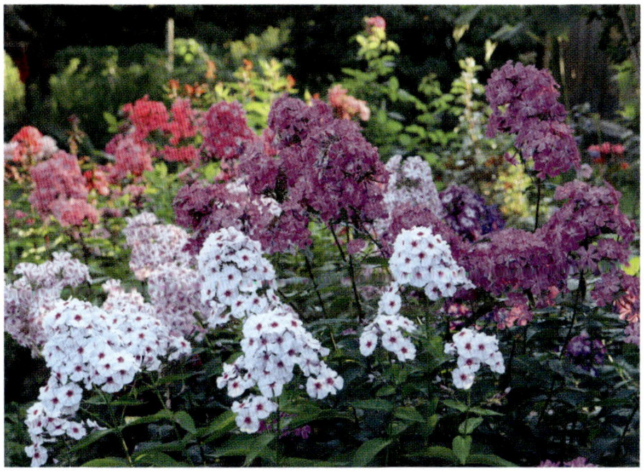

Ausgeklügelte Staudenbeete rund ums Haus

Das Haus hat die Familie im Garten von Martinas Eltern gebaut. Ihr eigener Garten ist daher recht klein und grenzt an eine asphaltierte Zufahrt. Trotz der engen Platzverhältnisse sollen die Kinder auf ihre Kosten kommen. Martina und Markus ist Nachhaltigkeit sehr wichtig und so haben sie ihr Haus komplett aus Holz gebaut. Offene Räume mit großen Fenstern sorgen für eine wohlige Atmosphäre. Der neue Garten soll unterhalb der vorhandenen Terrasse entstehen und die wunderschöne Aussicht in die Natur soll erhalten bleiben.

Wünsche für den Garten

vorher

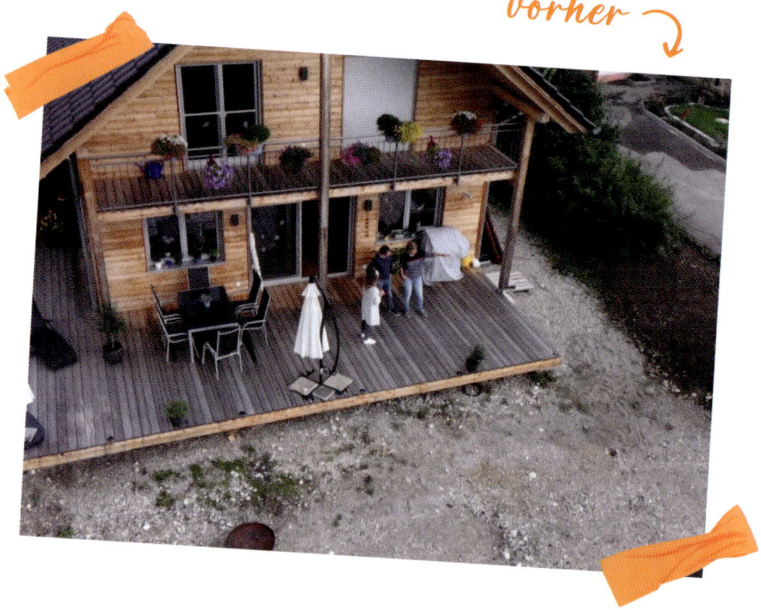

Martina

» Wo kommt was hin, was passt zusammen? Unsere Vorstellungskraft war einfach zu gering – und deswegen brauchen wir Hilfe. «

Markus

» Ein Spielhaus für die Kinder wäre wichtig. Wo sie schaukeln und klettern können. Wo sie eine Rutsche haben und Platz zum Verstecken. «

Konzept

Alexandra Lehne hebt den gesamten Garten um 60 Zentimeter an. Eine Natursteinmauer fängt ihn zur Straße hin ab. Eine Kiesfläche mit Feuerstelle sowie die angrenzende Rasenfläche werden von einem Beet aus bunten Stauden, Gräsern sowie einer Wildrosenhecke eingefasst. Blickfang wird ein großer Apfelbaum. Der seitliche Gartenbereich wird zum Spielparadies. Hier entsteht ein Spielhaus für die Kinder. Ein Kiesweg wird von Schattenbeeten und einer Buchenhecke eingerahmt.

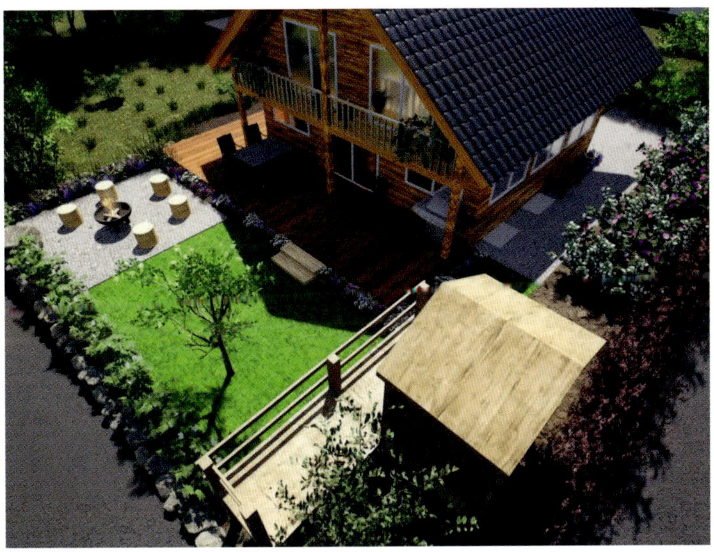

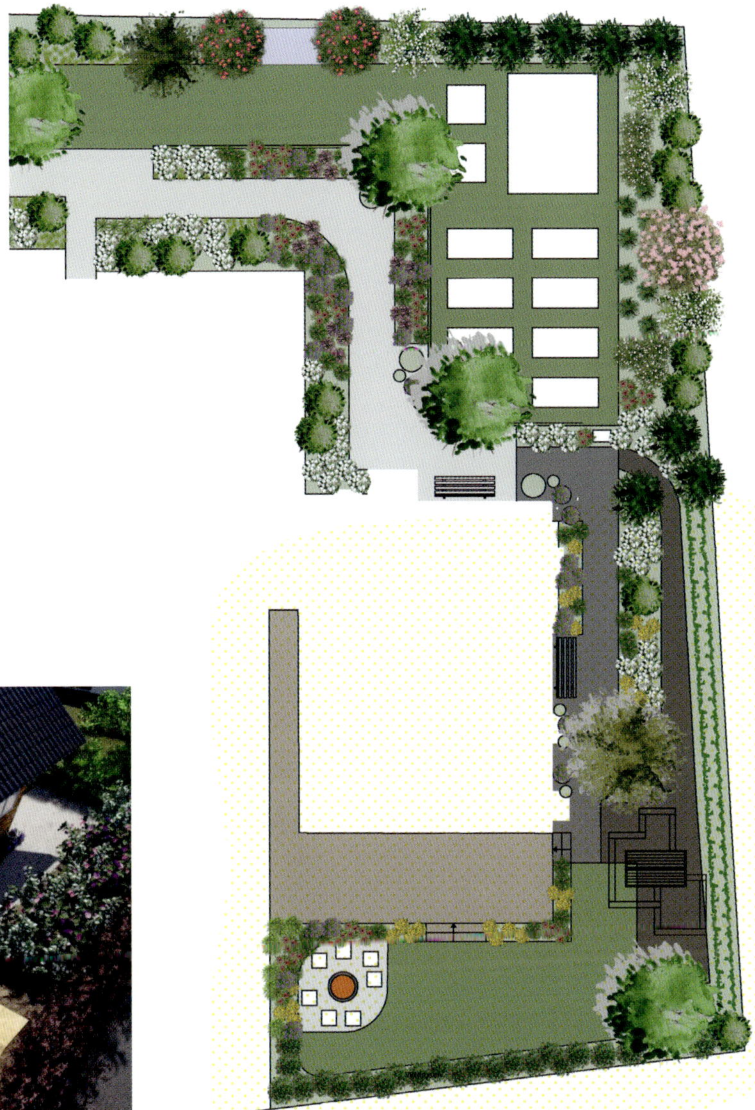

Der gelb markierte Bereich wurde von Alexandra Lehne in der Sendung umgestaltet.

- **Lage:** Hanfeld am Starnberger See
- **Größe:** unbekannt → **Kosten:** 25.800 €
- **Auftraggeber*innen:** Martina und Markus
- **Ausführender Gartenprofi:** Alexandra Lehne

Umsetzung

Auf den Untergrund kommt es an

Vor dem Haus türmt sich schon ein großer Haufen Frostschutzkies, den ein LKW zuvor angeliefert hat. Er wird nun gleichmäßig über den gesamten Garten verteilt. Noch ist es schwer vorstellbar, dass hier eine grüne Oase entstehen wird. Doch der Kies macht den Unterboden durchlässig und wird helfen, das Regenwasser besser abfließen zu lassen. So wird später verhindert, dass sich auf der Rasennarbe Pfützen bilden.

Die Natursteinmauer

Eine Herausforderung ist ein riesiger Findling, der Teil der Natursteinmauer werden soll. Der Koloss stammt aus der letzten Eiszeit, die im Alpenraum vor rund 10.000 Jahren endete. Da der Boden noch aufgeschüttet werden soll, muss auch er auf das neue Niveau gebracht und dann in die Natursteinmauer eingebaut werden. Ein LKW mit Hebekran bringt den zweieinhalb Tonnen schweren Findling in die richtige Position, und zwar so, dass er auf einem zweiten Findling liegt. Nun können die Gärtner*innen die Natursteinmauer bauen. Mit ihrer Hilfe kann der Garten angehoben und das Gefälle ausgeglichen werden.

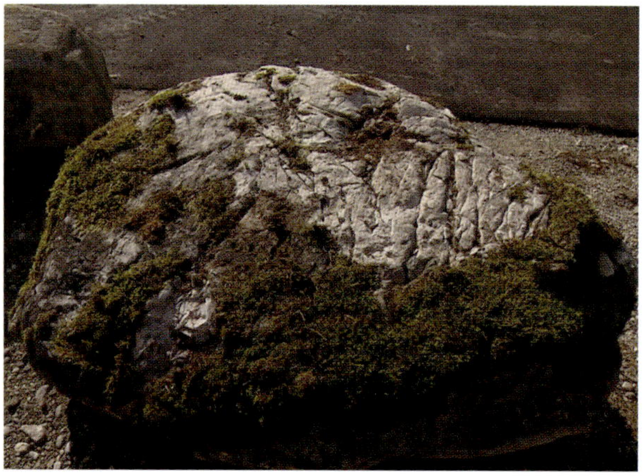

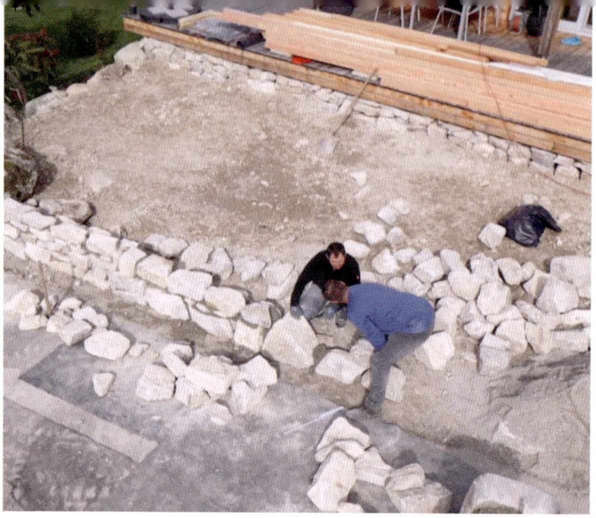

Pflanzen aussortieren

Neben dem Haus gibt es eine bunte Mischung an Sträuchern. Hier will Alexandra Lehne Ordnung schaffen. Das Pfaffenhütchen geht zwischen den anderen Gehölzen unter. Es muss ebenso wie die Forsythie und der Hartriegel den Garten verlassen. Bleiben darf hingegen der Schmetterlingsflieder, der seinem Namen alle Ehre macht und eine Nektarquelle für allerlei Insekten ist.

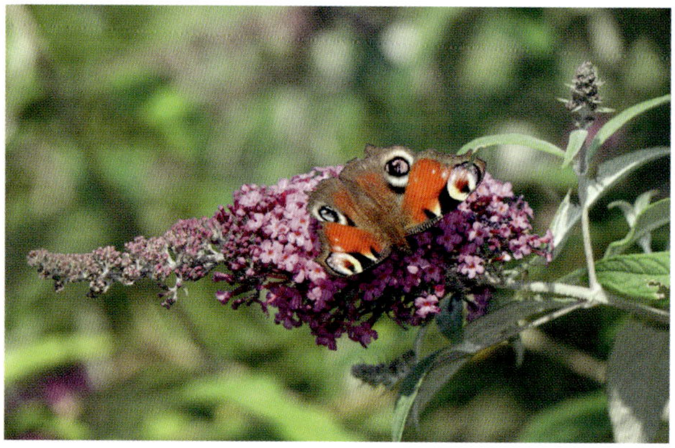

Ein Pflanzkonzept erstellen

Die Pflanzen sind die Seele eines Gartens. Sie machen ihn letztlich aus und rufen das Wohlgefühl im Menschen hervor. Daher wird bei dieser Gestaltung ein besonderes Augenmerk auf die Bepflanzung gelegt. Innerhalb des Gartens gibt es zwei unterschiedliche Bereiche: Sonnenverwöhnt ist die Seite der Terrasse. Seitlich des Hauses herrscht dagegen vorwiegend ein Schattenreich.

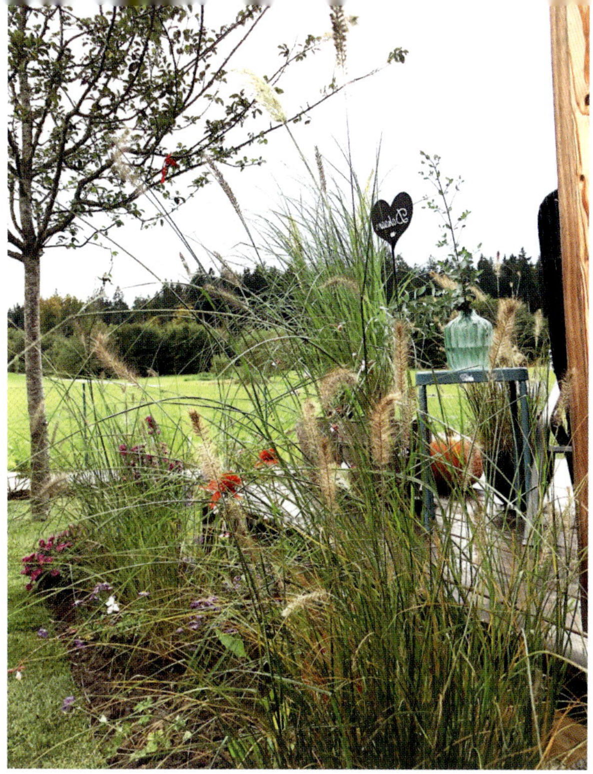

Das Sonnenbeet

Gemeinsam mit Martina stellt Alexandra eine Mischung aus Stauden und Gräsern zusammen, die gut Sonne vertragen und vor die Terrasse gepflanzt werden. Dazu gehören Astern, Lavendel, Purpur-Sonnenhut (*Echinacea*), Sonnenhut (*Rudbeckia*), Margeriten, Prachtkerze (*Gaura*), Storchschnabel und Gräser wie etwa das Lampenputzergras (*Pennisetum*). Diese Pflanzen dienen zugleich der Insektenwelt und vertragen gut Trockenheit. Bei der Auswahl geht es nicht nur um Farben, sondern auch um die Struktur von Blüten und Blättern. Wenn diese richtig gemischt sind, wirkt das Beet lebendig. Die runden Formen des Sonnenhuts etwa ergeben eine Spannung in Verbindung mit den länglichen Ähren des Lampenputzergrases. Leichtigkeit fügen noch die lockeren Blütenstände der Prachtkerze 'Whirling Butterflies' hinzu. Um im Frühling ein ebenso lebendiges Spiel von Formen und Farben zu erhalten, nutzt man die Blumenzwiebeln für ähnliche Arrangements.

Das Sonnenbeet an der Terrasse und Natursteinmauer sowie eine Hecke aus Wildrosen sollen Feuerstelle und Rasenfläche umsäumen. Schließlich geht es noch um die richtige Mischung imposanter Einzelpflanzen, sogenannter Solitäre, die dem Beet Struktur geben, und den vielen Begleitpflanzen, die das Beet füllen. So passt das solitäre Chinagras (*Miscanthus sinensis* 'Malepartus') perfekt zum großen Findling. Prachtkerzen, Lavendel und Astern setzen dazwischen die farblichen Akzente.

Das Schattenbeet

Die Längsseite des Hauses bekommt nur wenig Sonne ab. Hierfür wird ein Beet zusammengestellt, das von Schatten- und Halbschattenpflanzen dominiert wird. Viele dieser Gewächse haben satte Grüntöne wie die Farne oder andere attraktive Blattfarben wie das grün-weiße Kaukasusvergissmeinnicht (*Brunnera macrophylla* 'Silver Spear') Ihre Blüten sind meist filigraner als die der Sonnenstauden. Unter ihnen gibt es auch immergrüne Stauden wie die Bergenien und das Purpurglöckchen (*Heuchera*). Diese sollen mit denen, die ihr Laub verlieren, so kombiniert werden, dass ein Beet das ganze Jahr über grüne Partien behält. So ist auch das Beet mit den verschiedenen Schattengewächsen genau durchdacht. Pflanzen werden miteinander kombiniert, die ähnlich aussehen und doch ganz verschieden sind. Sie blühen unterschiedlich und tragen teils Früchte. Auch Farne gedeihen dazwischen. Der Schattenbereich ist farblich dezent, grüne und weiße Töne herrschen vor.

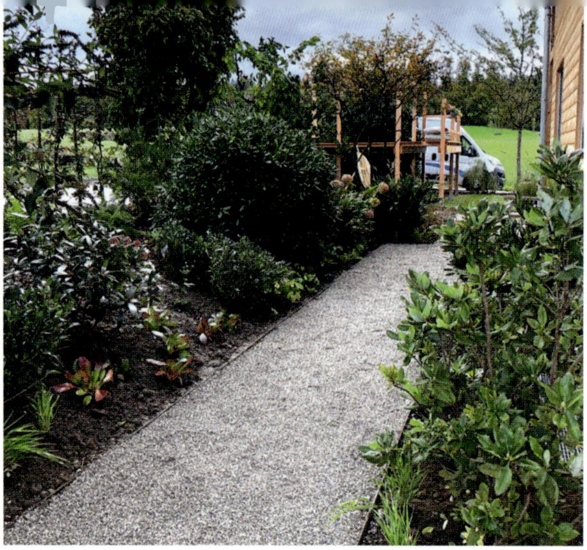

Ein Apfelbaum als Blickfang

Highlight des Gartens soll ein ausgewachsener Apfelbaum werden, der mitten im Garten stehen soll. Die Apfelsorte wird gemeinsam mit Markus und Martina in einer Baumschule ausgesucht. Zur Auswahl stehen der Winterapfel 'Kaiser Wilhelm' und 'Alkmene'. Die Wahl der Familie fällt auf die 'Alkmene', deren Früchte zwar kleiner, doch dafür süßer sind. Der Apfelbaum wird mit einem LKW angeliefert und mit einem kleinen Kran ins Pflanzloch neben dem Spielhaus gehoben. Am Ende ist die richtige Position gefunden und das Loch um den Ballen herum wird mit Humus aufgefüllt. Die beste Pflanzzeit für Apfelbäume ist der Herbst. Bis zum Frühjahr können sie Wurzeln schlagen und liefern meist im Folgejahr schon erste Früchte.

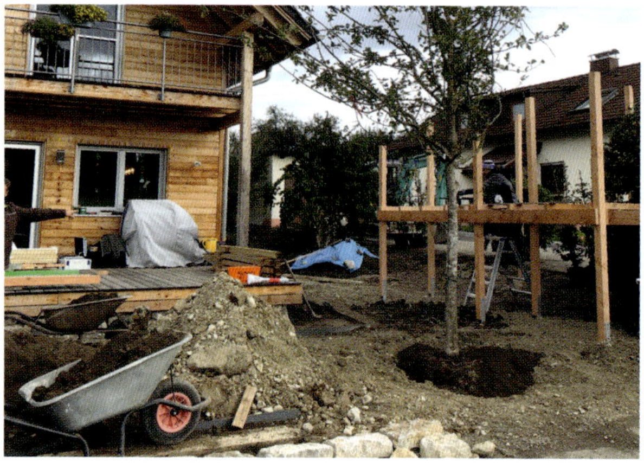

Das erleichtert die Pflege der Stauden:

→ Eine Schicht aus Holzhäcksel, gesiebtem Kompost, Lava oder Kies lässt Sandböden weniger schnell austrocknen. Das Material wird mindestens fünf Zentimeter dick zwischen den Pflanzen verteilt. Es hilft auch gegen den Aufwuchs von Unkraut.

→ Die Winterhärte von Lavendel, Sonnenröschen und Blauraute und vielen Steppengräsern (z. B. Lampenputzergras) verbessert sich, wenn der Boden gut durchlässig ist. Bei festen Böden sollte grober Sand oder Kies eingearbeitet werden. Die Nässe darf sich jedenfalls nicht stauen, sonst fangen die Wurzeln an zu faulen.

→ Mediterrane Kräuter wie Lavendel, Ysop und Heiligenblume sollten immer erst im Frühjahr zurückgeschnitten werden, da sie den Winter über zurückfrieren könnten. Ist der Boden tiefgefroren, empfiehlt sich zudem ein Schutz mit Fichtenreisern gegen die Wintersonne. Diese lässt diese immergrünen Pflanzen ansonsten verdorren.

Das Finale

Schließlich wird der gesamte Spielbereich mit einer dicken Schicht Mulch versehen, damit die Kinder sich beim Toben nicht verletzen. Ebenso wird der neue Rasen ausgerollt. Bei guter Bewässerung wächst er in vier Wochen an. So lange sollte man ihn besser gar nicht oder nur ganz vorsichtig betreten.

Fazit

Durch das Anheben des Gartens wirkt er nun größer. Bunte Stauden und Gräser rahmen die Feuerstelle ein. Eine Mischung verschiedener Sträucher grenzte das Grundstück zu den Nachbar*innen bislang ab. Jetzt gibt es mit dem 'Alkmene'-Apfelbaum einen zentralen Blickfang, der gleichzeitig den neu geschaffenen Spielbereich vom übrigen Garten trennt. Entlang des Hauses lag eine ungenutzte Brachfläche. Diese wurde durch einen geschwungenen Kiesweg ersetzt, eingefasst von lockeren Schattenbeeten.

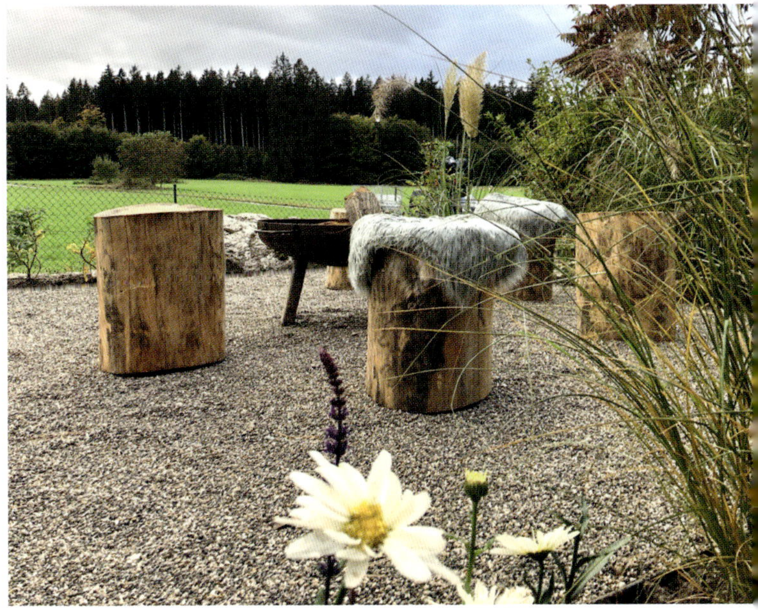

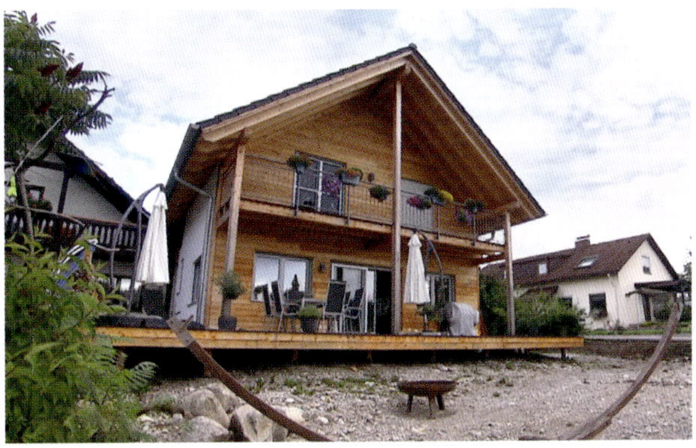

vorher

nachher

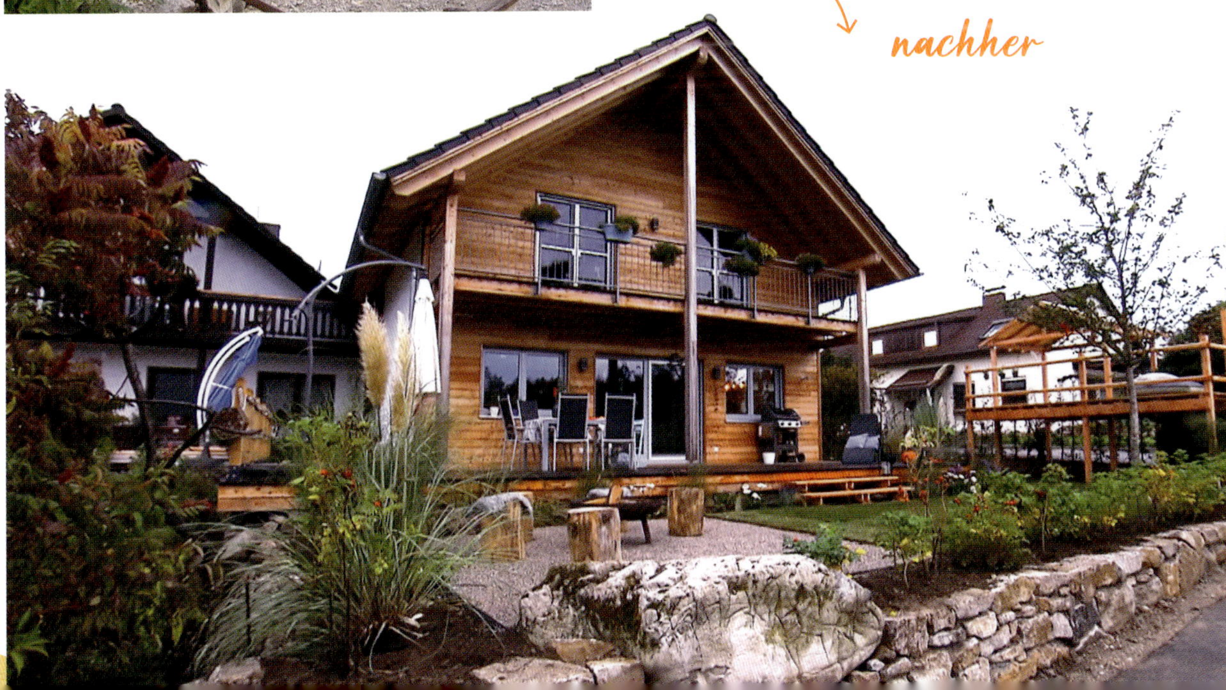

Filigrane Gräser vor der Terrasse

Zu ihrem Garten hinter dem Reihenhaus konnte die Familie eine angrenzende Fläche dazukaufen, auf der früher ein Heizhaus stand. In dem alten Garten wurde bisher auch wenig gemacht. Zwar gibt es eine kleine Kräuterecke. Ansonsten sind Kaninchen die wichtigsten Bewohner des Gartens. Die besondere Herausforderung ist die L-Form des Gartens sowie die lange Außengrenze, die viel Sichtschutz nötig macht.

Wünsche für den Garten

Andreas ↓

» Wir wünschen uns, dass der neue Gartenteil erschlossen wird. Da muss ein Zaun darum herum, es fehlen noch Pflanzen, die Terrasse soll vergrößert werden und wir wünschen uns einen Platz, wo ein Pool im Sommer hinkommen kann, damit wir nicht immer den Rasen kaputt machen. «

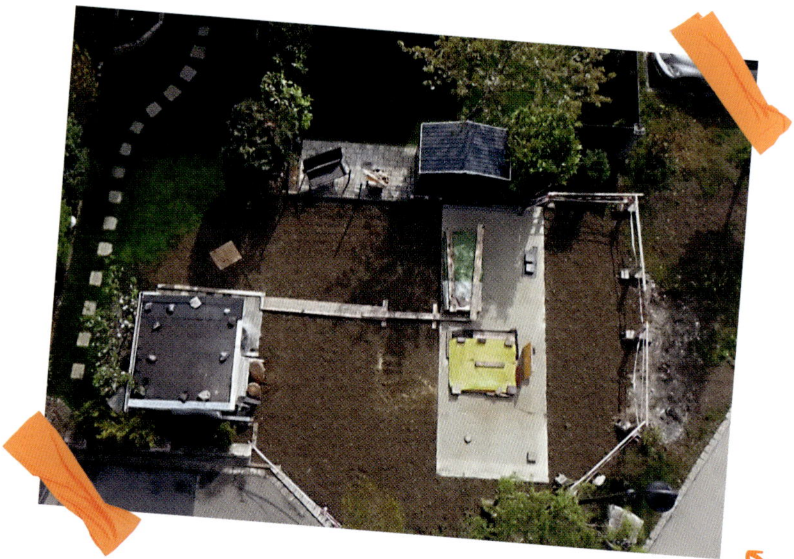

vorher

Tina ↓

» Unser Wunsch ist, dass der alte und der neue Garten zusammengeführt werden und harmonieren. «

Konzept

Alexandra Lehne verlängert die Terrasse am Haus und bietet genug Platz für eine gemütliche Sitzecke. Erhalten bleibt das angrenzende Beet, was ebenfalls vergrößert wird, daran schließt eine großzügige Rasenfläche an. Auf der neu dazugewonnenen Fläche plant sie eine weitere Terrasse, die von einem Apfelbaum beschattet wird. Eine kleine Kiesfläche sowie eine neue Gartenhütte mit Hasenstall bringt sie auch noch im erweiterten Garten unter. Insektenfreundliche Stauden, Zierkirschen und Flieder sorgen für eine üppige Blütenpracht und den erforderlichen Sichtschutz.

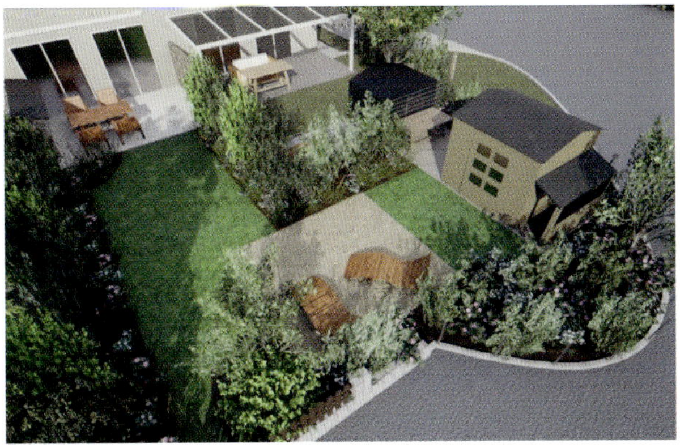

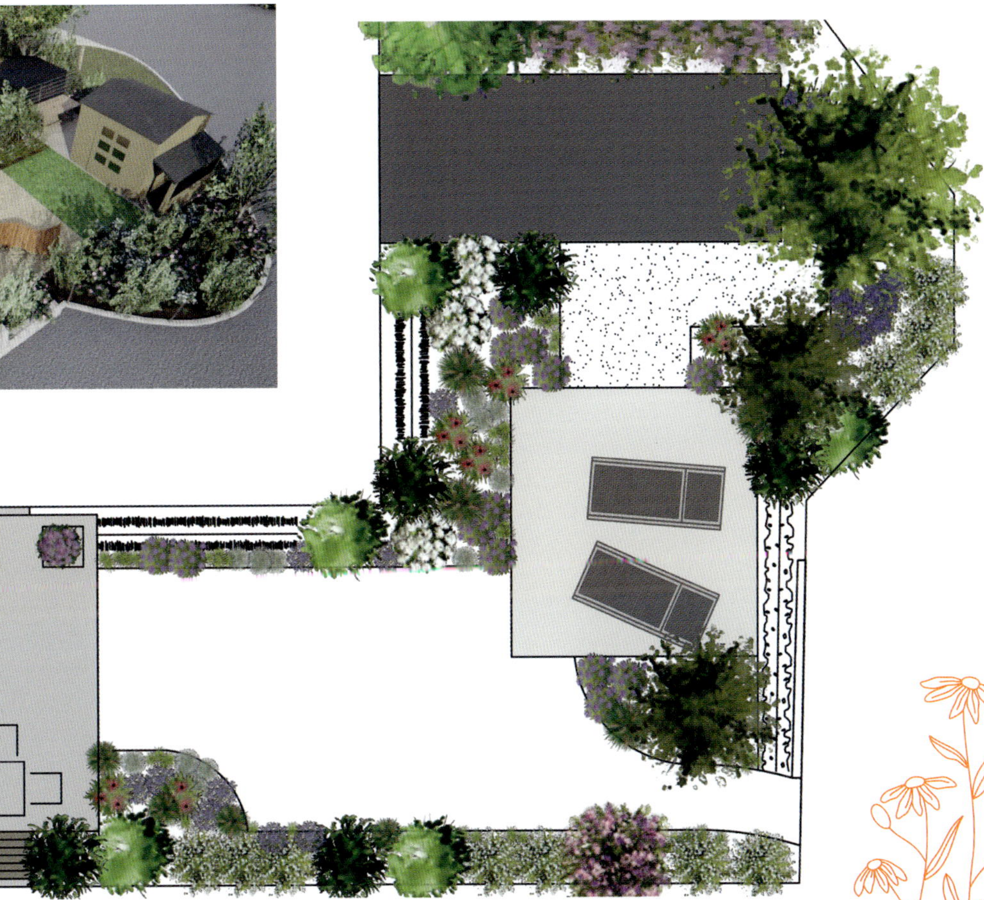

- **Lage:** Olching, westlich von München
- **Größe:** knapp 200 m² → **Kosten:** 20.000 €
- **Auftraggeber*innen:** Tina und Andreas
- **Ausführender Gartenprofi:** Alexandra Lehne

Umsetzung

Abreißen und einzäunen

Zuallererst wird die einst von Andreas gebaute Holzhütte abgebrochen. Dafür kommt ein Gartenhäuschen, das einen Platz im neu erschlossenen Garten erhält und auch einen Unterschlupf für die Kaninchen bietet. Die Gärtner*innen stecken dafür zunächst die Grundstücksgrenzen ab, um die neue Fläche aufzunehmen, die schließlich auf einer Länge von 20 Metern eingezäunt wird. Dazu dient ein robuster Stabmattenzaun. Diese Variante kommt häufiger in der Siedlung vor. Er bietet einen guten Halt für Kletterpflanzen. Die Pfosten für den Zaun werden in 80 Zentimeter tiefe Löcher verankert. Die Stabmatten kommen anschließend in die Halterungen der Pfosten.

Die neuen Terrassen anlegen

Im Garten sollen zwei Terrassen entstehen. Die Familie hat sich hier für Feinsteinplatten entschieden. Diese bestehen aus Keramik und bilden ein Foto eines Natursteins ab. Die Gärtner*innen schälen den alten Rasen ab und legen ein Bett aus Splitt als Fundament für die neue Terrasse. Für das Verfugen der Platten wird Flexfugenmörtel verwendet. Er verhindert die Bildung von Unkraut, ist aber gleichzeitig wasserdurchlässig.

Die Beete abstecken

Ein Gärtner kümmert sich um das Abstecken der Stahlkanten. Sie trennen die Beete später von der neuen Rasenfläche. Gartenprofi Alexandra Lehne hat eine üppige Bepflanzung vorgesehen, die viel Farbe in den Garten bringen soll. Den Bedenken von Tina, viele Pflanzen würden einen Garten klein machen, entgegnet sie: „Je mehr Pflanzen man hat, desto größer wirkt ein Garten optisch." Diese Erfahrung, die sie schon vielfach im Laufe ihres Berufslebens gemacht hat, bezeichnet sie als eines der großen Geheimnisse der Gartengestaltung.

Sichtschutz mit heimischen Pflanzen

Die ersten Pflanzen sind schon da, etwa die immergrünen Eiben. Sie werden als Hecke gesetzt und geben einem Garten eine tolle Struktur, da sie sehr gut in Form geschnitten werden können. Ihr einheitlich dunkler Grünton dient anderen Pflanzen als Hintergrund, auf dem diese schön zur Geltung kommen. Der dichte Wuchs macht sie zudem zum perfekten Sichtschutz. Hinter das neue Gartenhaus wird eine Kornelkirsche (*Cornus mas*) gesetzt. Sie blüht früh im Jahr mit zarten gelben Blüten. Das einheimische Gehölz ist zudem eine tolle Bienenweide und die Vögel lieben dessen Früchte, aus denen man auch Marmelade machen kann.

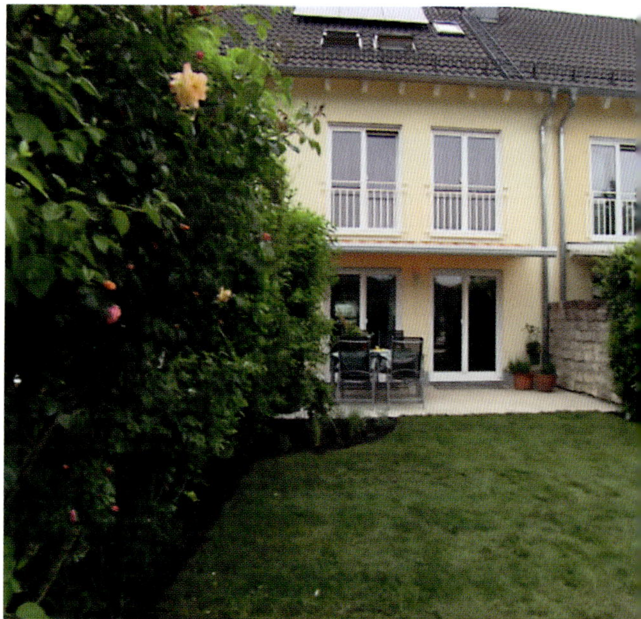

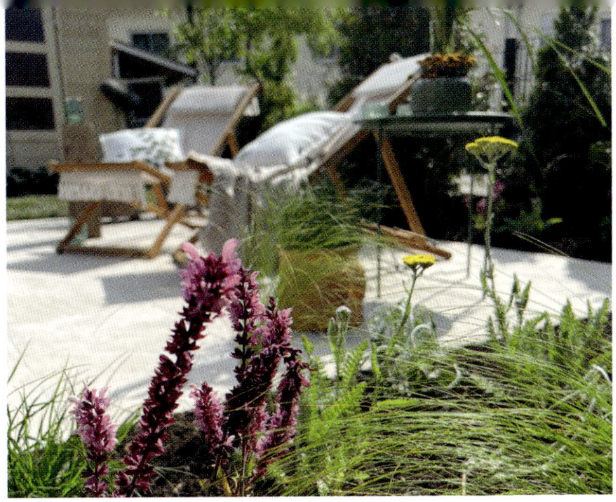

Das Flair eines mediterranen Cottage-Gartens

Dann treffen zahlreiche Gräser ein, darunter sind zarte Federgräser (*Stipa*) und Stauden wie gelb blühende Schafgarben und rosafarbener Ziersalbei. Eine rot blühende opulente Pfingstrose wird an den alten Apfelbaum gesetzt, sodass man sie auch von der Terrasse aus sehen kann. Sie wird mit Gräsern, Lavendel und Ziersalbei untermalt.

Unmittelbar vor die Terrasse kommen luftige Gräser, die sogenannte Rasen-Schmiele (*Deschampsia*). Ihre langen Ähren bewegen sich leicht im Wind und wirken wie durchsichtig. Rund um den neuen Sitzplatz entsteht so eine leichte, verspielte Atmosphäre. Mit dem Rollrasen wird alles schließlich noch grüner.

Kräuter runden das Konzept ab

Kräuter wie Thymian, Oregano, Rosmarin und Salbei sowie einige Gemüsepflanzen werden in jeweils einem großen Topf auf der Terrasse platziert. Die mediterranen Kräuter können gut in der Sonne stehen und kommen auch mit Trockenphasen zurecht. Durch ihren hohen Anteil an ätherischen Ölen verströmen sie zudem einen angenehm würzigen Duft.

Mulchen

Abschließend wird über alle Beete Mulch verteilt. Am besten eignet sich Kompostmulch in einer Schicht von fünf Zentimetern, denn im Gegensatz zum üblichen Rindenmulch sind hier jede Menge Nährstoffe drin!

Fazit

Einst herrschte im Garten der Familie leichtes Chaos, nun ist aus Alt und Neu eine Einheit entstanden, die zum Verweilen einlädt. Die Familie muss sich nicht mehr mit einer schattigen Terrasse begnügen, sondern hat einen gemütlichen Sonnenplatz und prachtvolle Beete dazugewonnen.

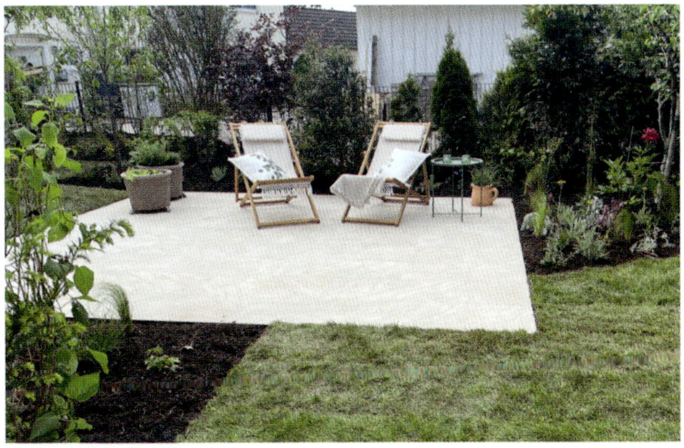

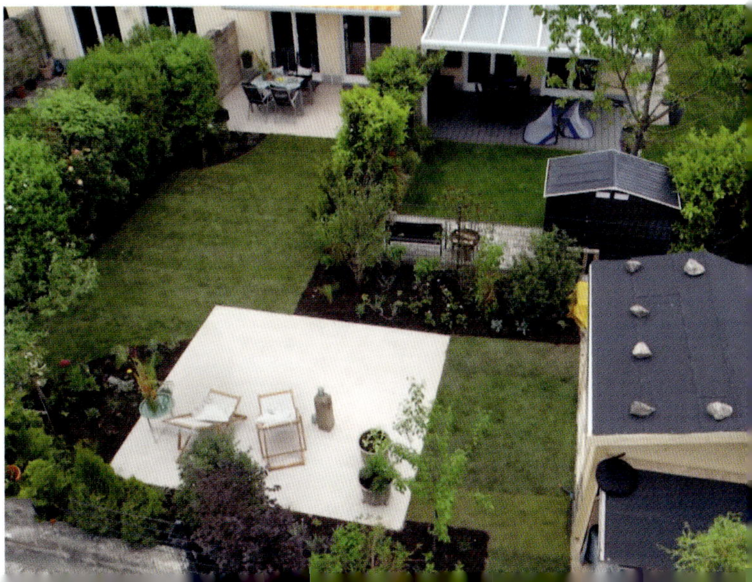

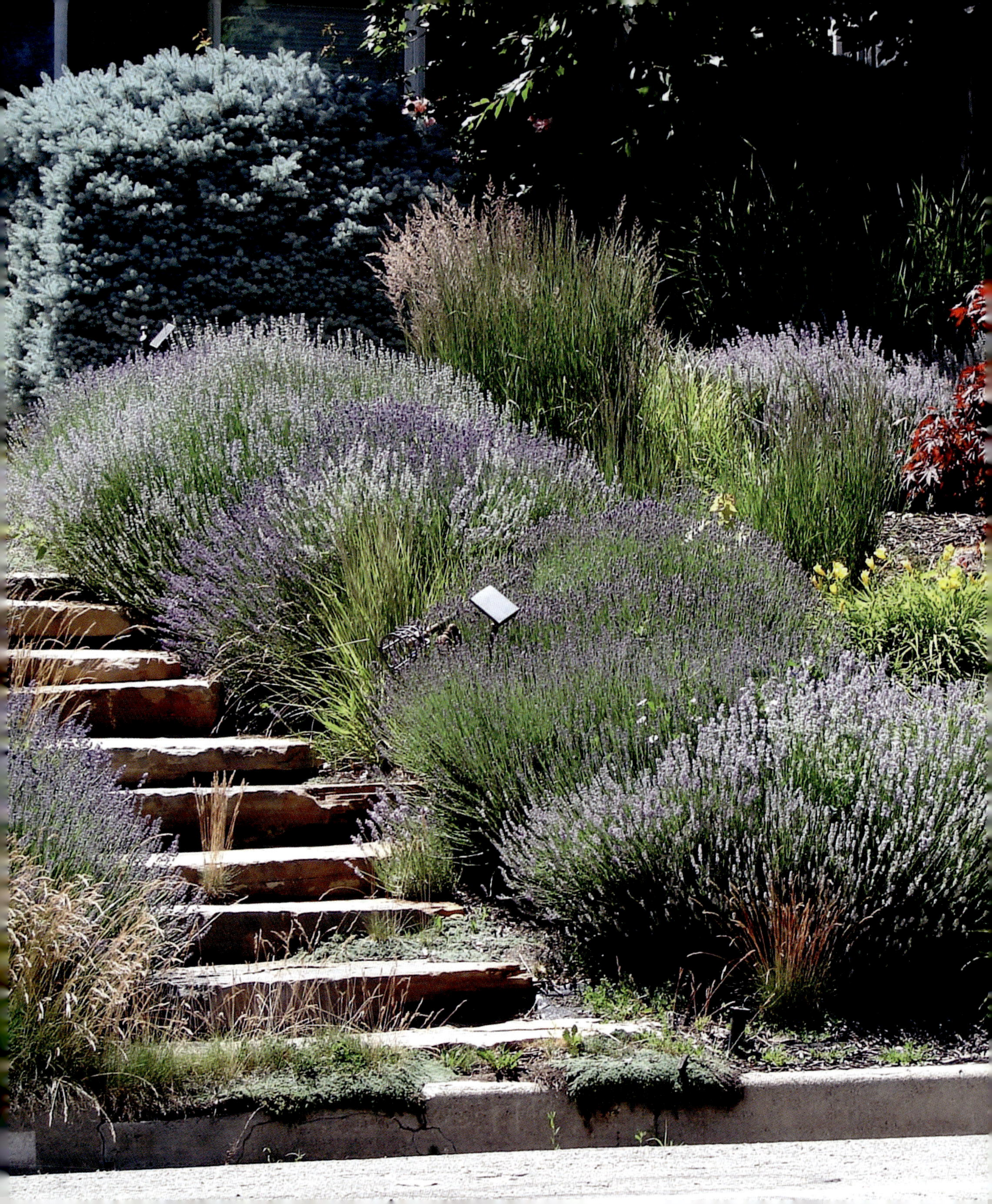

Hanglagen – terrassieren oder die Böschungen bepflanzen

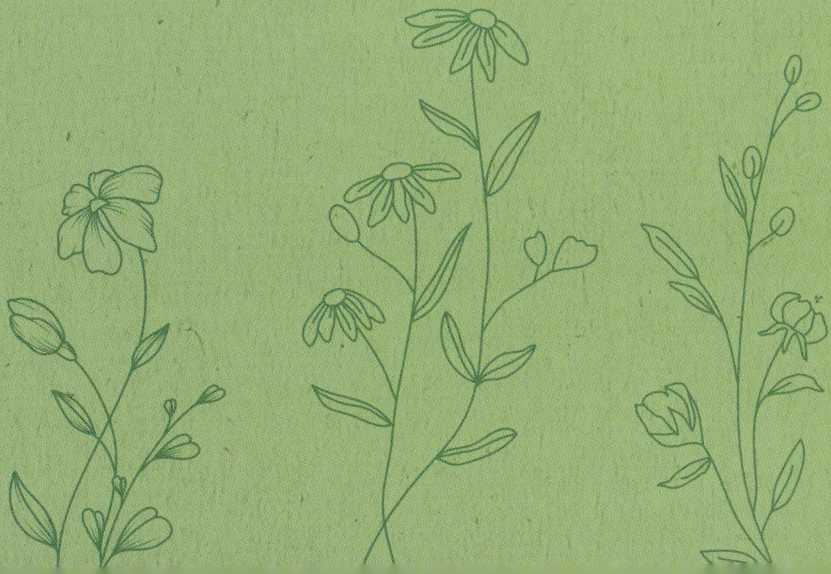

Ein Garten auf verschiedenen Ebenen

Den Boden modulieren

Was tun, wenn es hinter dem Haus steil abwärts geht? Bodenmodulation ist ein gewichtiges Wort. Denn anders als bei einem Stück Ton, das zwischen den Fingern zu einer Figur oder einem Gefäß wird, braucht es große Maschinen und viel Muskelkraft, um die Bodenoberfläche zu formen. Aber Sitzplätze und Beete kommen häufig viel besser zur Geltung, wenn sie auf unterschiedlichem Niveau liegen. Ein Garten erhält schon auf diesem Wege reizvolle Strukturen. Pflanzen, die hinzukommen, können das räumliche Gefüge zusätzlich betonen. Neben diesen gestalterischen Aspekten spielen häufig ganz praktische Gesichtspunkte eine Rolle: Stufen im Gelände wirken der Bodenerosion entgegen.

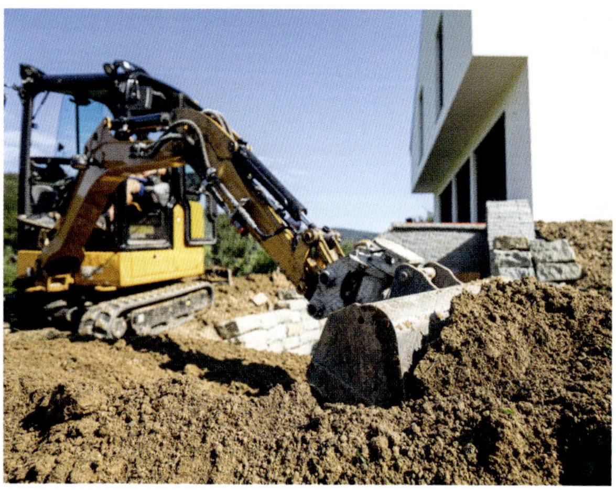

Das Gelände durch Terrassen strukturieren

Liegt der Garten an einem Hang oder wird die Böschung zur Terrasse angeschüttet, muss man sich mit der Befestigung des abschüssigen Geländes auseinandersetzen. In den Bergen kennen sich Menschen damit bestens aus, wie etwa die Weinbauern. Wo möglich, haben sie ihre Weinberge terrassenförmig angelegt. Dazu nutzten sie Natursteinmauern, die aus den Felsen vor Ort aufgeschichtet wurden. Auch Gärten in solchen Regionen erhielten auf verschiedenen Ebenen Terrassen, die durch Treppen miteinander verbunden sind. So lassen sich diese Anlagen viel besser nutzen. Und was besonders zählt: Der fruchtbare Mutterboden wird nicht abgeschwemmt. Das gilt auch für die Terrassenböschung am Haus.

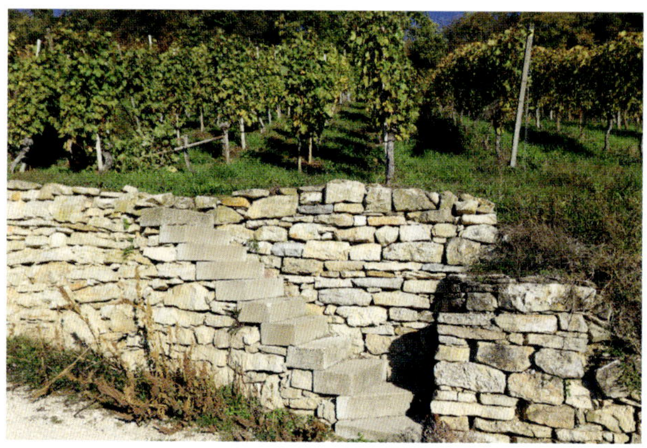

Stützmauern errichten

Eine Faustregel besagt: Ist die Neigung einer Böschung größer als 1:3 (gemessen wird das Verhältnis Höhe zur Länge), dann kann reiner Pflanzenbewuchs die Erde nicht mehr ausreichend festhalten. Ist das Gefälle also größer, sollte am Fuß des Hangs eine kleine Stützmauer errichtet werden. Diese kann aus Findlingen, Mäuerchen, Palisaden oder vorgefertigten Betonelementen bestehen. Zugleich holt man mit ihrer Hilfe aus einem verfügbaren Stück Land mehr Platz heraus. Flache Böschungen können mit Pflanzen befestigt werden (mehr dazu auf Seite 140).

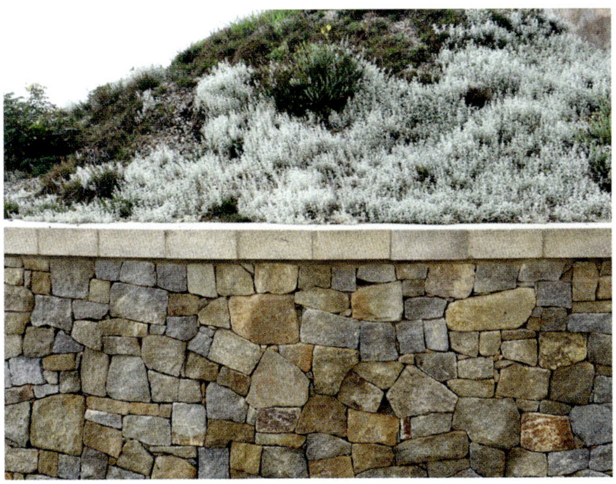

Abstufungen schaffen

Größere Hänge sichert man am besten durch mehrere Abstufungen. Das ist günstiger als eine große Mauer, die ein starkes Fundament benötigt, und sieht meist besser aus. Die Ästhetik solch kleiner Baumaßnahmen ist nicht zu unterschätzen. Sie prägt das gesamte Erscheinungsbild eines Gartens. Wählen Sie daher das Material so aus, dass es zum Charakter des Hauses passt, oder orientieren Sie sich an den Vorbildern der umgebenden Landschaft.

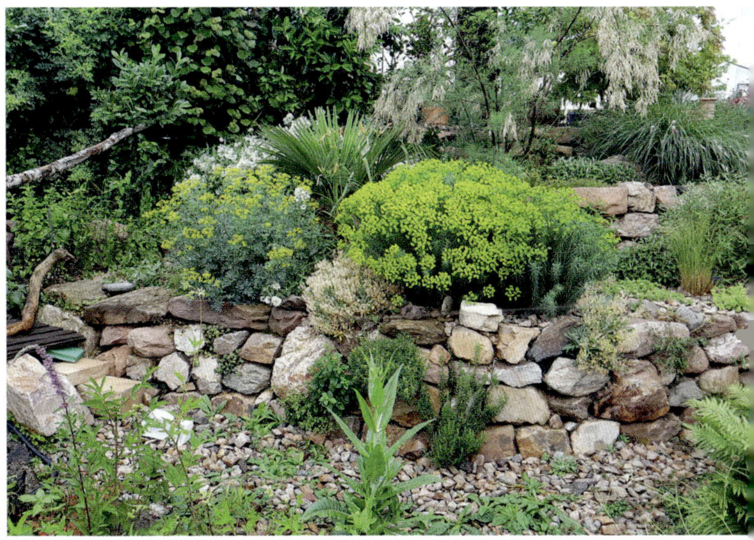

Eine Ebene zum Sonnenbaden

Der 500 Quadratmeter große Garten hinter der klassischen Villa aus den 1930er-Jahren wurde in den letzten Jahren ziemlich vernachlässigt und ist daher verwildert. Das soll sich nun ändern.

Wünsche für den Garten

Meike ↓

» Wichtig ist uns, dass wir noch eine zweite Terrasse bekommen. Es wäre schön, wenn wir der Sonne ein wenig hinterher wandern könnten. Und zu jeder Jahreszeit sollte etwas da sein, was blüht. «

Patrick ↓

» Der Garten soll zum Stil des Hauses passen. Bei den Materialien sind wir ziemlich offen. Wir hätten gern eine grundsätzliche Struktur und eine Spielfläche für unsere Töchter. «

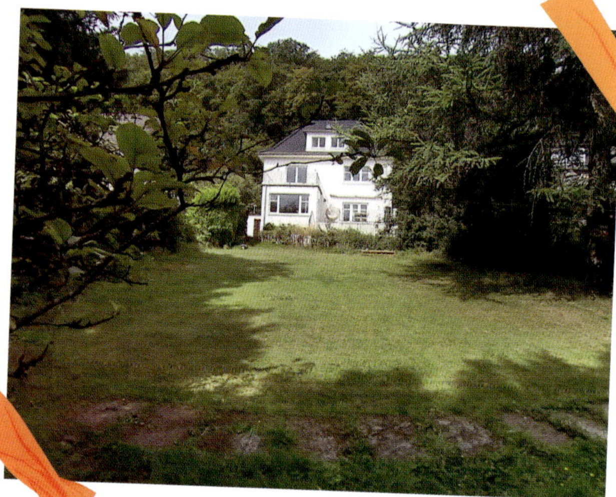

vorher

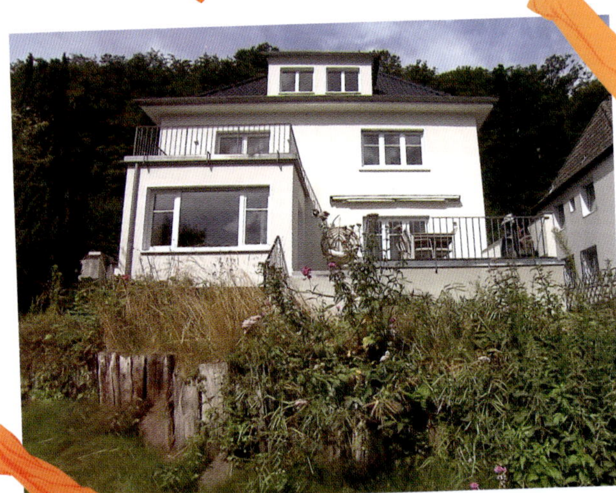

Konzept

Im Konzept von René Pütz wird der Hanggarten terrassiert. Treppenstufen führen auf das zweite Niveau des Gartens. Eingefasst wird die Treppe an beiden Seiten von leicht schrägen Cortenstahlbeeten, bepflanzt mit Rosen und Lavendel. Daran schließt ein Rasenbereich und eine Sitzfläche aus Kies an, ebenfalls von Cortenstahl eingefasst. Ein 45 Zentimeter hohes Pflanzbeet und Stufen aus Naturstein gleichen den letzten Höhenunterschied aus.

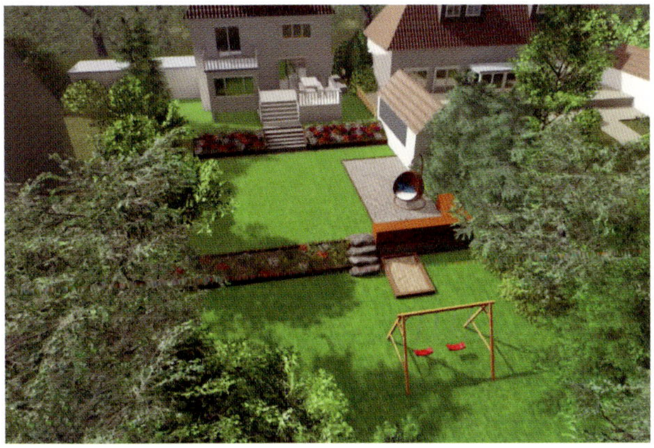

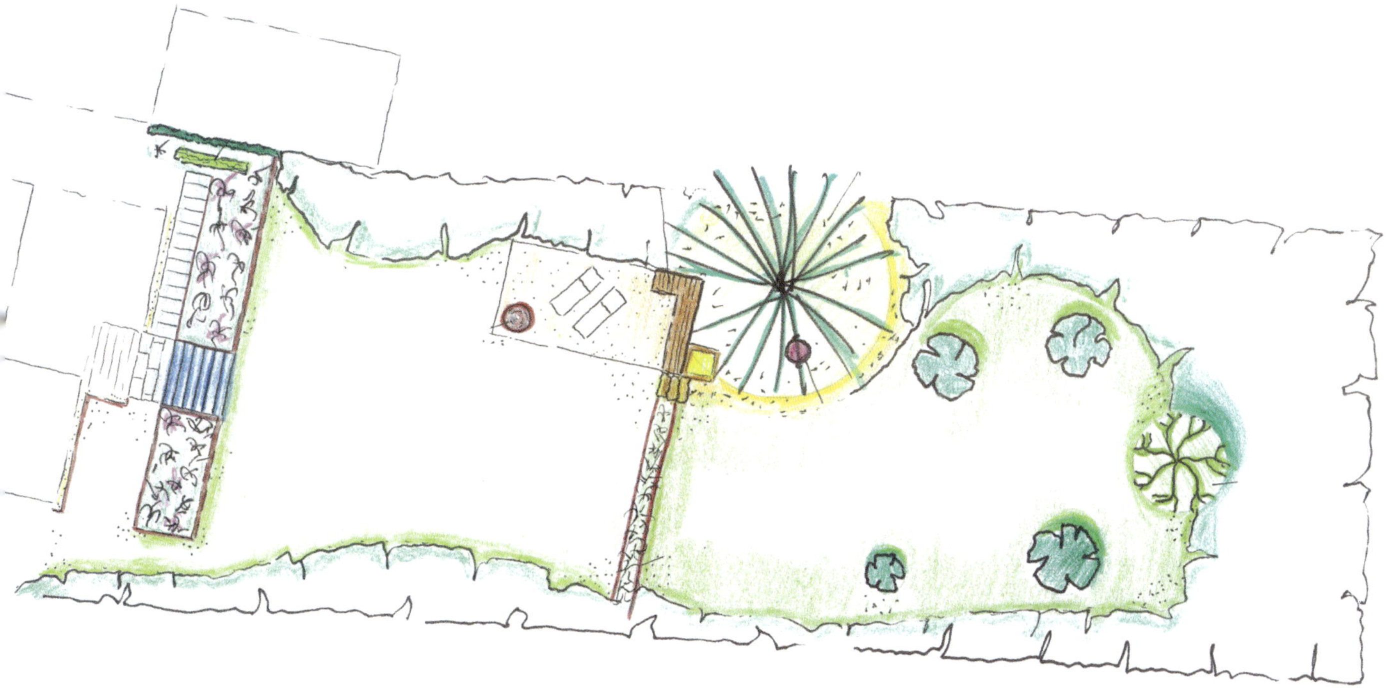

→ **Lage:** Essen → **Größe:** 500 m² → **Kosten:** 27.000 €

→ **Auftraggeber*innen:** Meike und Patrick

→ **Ausführender Gartenprofi:** René Pütz

Umsetzung

Vorarbeiten

Für die Terrassierung des Geländes muss der Garten „leer" sein. Viele Bestandspflanzen werden daher aus dem Boden genommen und zwischengelagert, so die Hortensie und der etwa 15 Jahre alte Rosmarin. Die alten Bahnschwellen hingegen, mit denen die Vorbesitzer*innen in den 90er-Jahren den Hang stabilisiert hatten, werden entsorgt.

Einteilung des Gartens

Die größte Herausforderung liegt darin, das abschüssige Gelände in mehrere waagerechte Ebenen zu verwandeln. Über die gesamte Länge des Gartens muss ein Höhenunterschied von rund 2,80 Meter überwunden werden. Dazu verschiebt ein Bagger Boden auf der gesamten Fläche. Um die Gartenebenen auszugleichen und die Terrassierung vorzunehmen, muss er insgesamt rund 60 Kubikmeter Erde bewegen.

Das Sonnendeck

Das Hauptaugenmerk richtet sich auf die zweite Ebene. Hier entsteht eine neue Terrasse, das Sonnendeck mit integrierter Sitzecke, auf der ein Sideboard aus Holz den Abschluss bildet. Die Kante wird mit Winkelsteinen abgefangen und damit zugleich stabilisiert. Diese werden in ein Betonbett gesetzt.

Während des Arbeitens stellt der Gartenprofi fest, dass die Familie dem Lauf der Sonne besser folgen kann, wenn die Terrasse nicht längs, sondern quer zum Hang platziert wird. Durch diese einfache 90-Grad-Drehung kann man dort die Sonne länger genießen. Der Platz wird also durch zusätzliche Winkelsteine befestigt. Im oberen Gartenbereich am Haus werden ebenfalls betongraue Winkelelemente gesetzt, um das Rosenbeet abzustufen. Hier werden die Betonelemente mit leichten Stahlblechen verkleidet. Die Stahlbleche sind aus Cortenstahl, welche durch ihre natürliche Rostpatina einen reizvollen Kontrast zu den Grüntönen der Pflanzen bilden. Zugleich schützt diese Rostschicht den Stahl davor durchzurosten.

Kies dient als Bodenbelag für die Terrasse auf der zweiten Ebene. Das Sideboard darauf wird aus nachhaltig angebautem Cumaru-Holz gefertigt und erhält eine Sitzhöhe von 45 Zentimetern. Das Sitzmöbel nimmt eine Fläche von knapp fünf Metern ein. Bei gemütlichen Grillabenden kann dort nicht nur die Familie, sondern es können auch zahlreiche Gäste Platz nehmen.

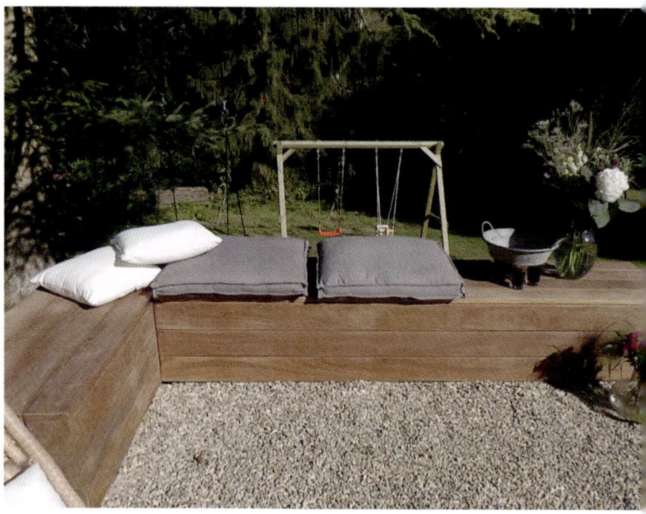

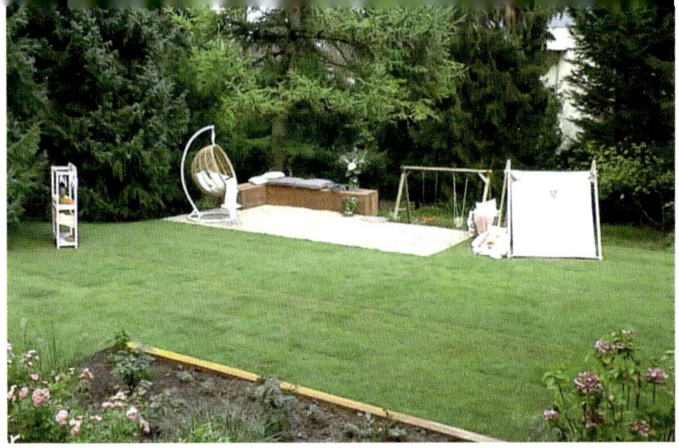

Eine Stufenanlage aus Natursteinen

Um die klare Architektur des Hauses aufzubrechen, hat der Gartenprofi sich unterhalb des neuen Sitzplatzes für eine rustikale Stufenanlage aus rheinischer Grauwacke entschieden. Dazu werden die gebrochenen Steinblöcke im Stil einer Trockenmauer aufeinandergesetzt. Waagerecht in Schotter verlegt, werden diese so lange ausgerichtet, bis sie schließlich durch ihr Eigengewicht halten und problemlos betreten werden können.

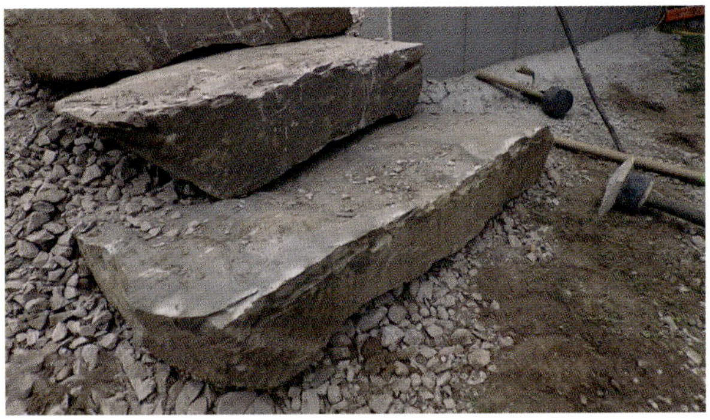

Beete mit Rosen und Lavendel

Die einzelnen Ebenen schließen jeweils Beete ab, die von den Cortenstahlelementen begrenzt werden. Im oberen Beet geben die zwölf kniehoch wachsenden apricot-cremefarbenen Beetrosen 'Lions-Rose' und 50 lachsfarbene, eher flache Buschrosen den Farbton an. Dazu gesellt sich noch Lavendel. Starthilfe bekommen die Pflanzen durch eine mit Humus angereicherte Erde. Im zweiten Beet auf der Ebene der neuen Terrasse gibt es ein Wiedersehen mit dem alten Rosmarin. Jetzt wird er mit diversen Gräsern im modernen Cortenstahlbeet neu in Szene gesetzt.

Die unterste Ebene

An der unteren Gartengrenze wird eine fünf Meter hohe Säuleneiche gepflanzt. Dieser schlanke Baum schließt eine Schneise, durch die man von der Terrasse am Haus aus genau auf ein hässliches Trafogebäude schaut. Die Eiche ist so positioniert, dass man dieses nun nicht mehr sieht. Auf dieser unteren Gartenebene entsteht auch das Spielparadies für die beiden Töchter.

Fazit

Aus der vernachlässigten Außenanlage mit einer abschüssigen und unebenen Rasenfläche ist ein durchdesignter und lichtdurchfluteter Garten auf mehreren Ebenen geworden. Wo vorher marode und verwachsene Bahnschwellen standen, finden sich jetzt klassische Rosenbeete in modernem Gewand. Der weitläufige und ungenutzte Hang fristete ein trauriges Dasein. Jetzt lädt eine neue Sonnenterrasse mit Sideboard zu gemütlichen Stunden ein. Die neue Aufteilung des Gartens bietet viel Platz für Groß und Klein.

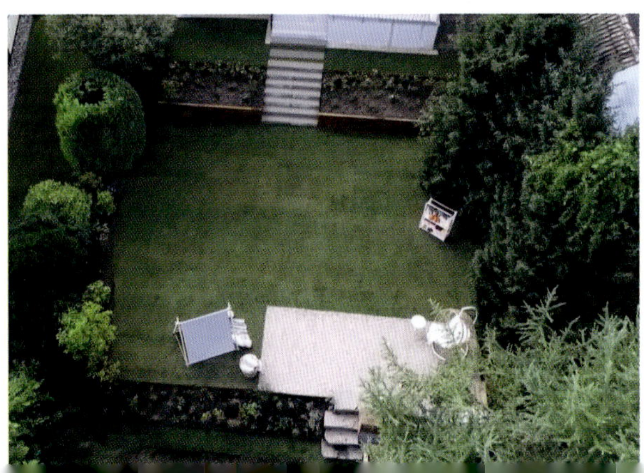

Ein Reich für Bienen und Hummeln

Noch ist der Garten recht verwildert. Bisher konnte die Familie die Fläche kaum nutzen. Eine besondere Herausforderung ist die Böschung. Auch die Terrasse stammt noch von den Vorbesitzer*innen und muss erneuert werden. Das Haus ist hingegen schon modernisiert und pur eingerichtet.

Wünsche für den Garten

Pascal ↓

» Der Garten soll der Mittelpunkt unseres Familienzusammenlebens sein. Entsprechend wollen wir viel Fläche für unsere Kinder haben. Wir haben uns darauf geeinigt, dass wir draußen alles natürlich haben wollen, also nur natürliche Materialien. Der Garten soll einen Kontrast zur modernen Architektur des Hauses schaffen und verspielter sein. Auch Bienen sollen hier ihre Freude haben. Das ist uns wichtig, sodass wir uns hier unsere Oase mit der Natur zusammen schaffen. «

Ina ↓

» Grauwacke wird hier in unserer Gegend abgebaut. Daher können wir uns auch ein paar Natursteinelemente gut vorstellen. «

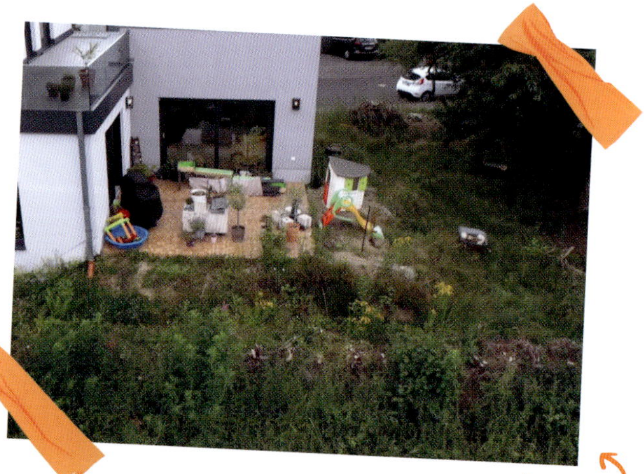

vorher

Konzept

René Pütz befestigt den seitlichen Abhang an der Terrasse mit Natursteinblöcken und gelbem Taunus-Quarzkies. Entlang der Grundstücks- und Terrassengrenze entstehen bienenfreundliche Staudenbeete. Die Terrasse erhält ein Holzdeck, an der Hauswand führt eine Stufenanlage aus Findlingen hinab auf die große Rasenfläche. Der dreijährige Nino kann auf der gegenüberliegenden Seite über eine Rutsche auf die Rasenfläche sausen. Die Beetkanten werden mit einem Cortenstahlband eingefasst. Ein Weg aus Taunus-Quarzkies führt zur Straße. Eine Hecke mit Blüh- und Obstgewächsen bietet einen lockeren Sichtschutz zur Straße.

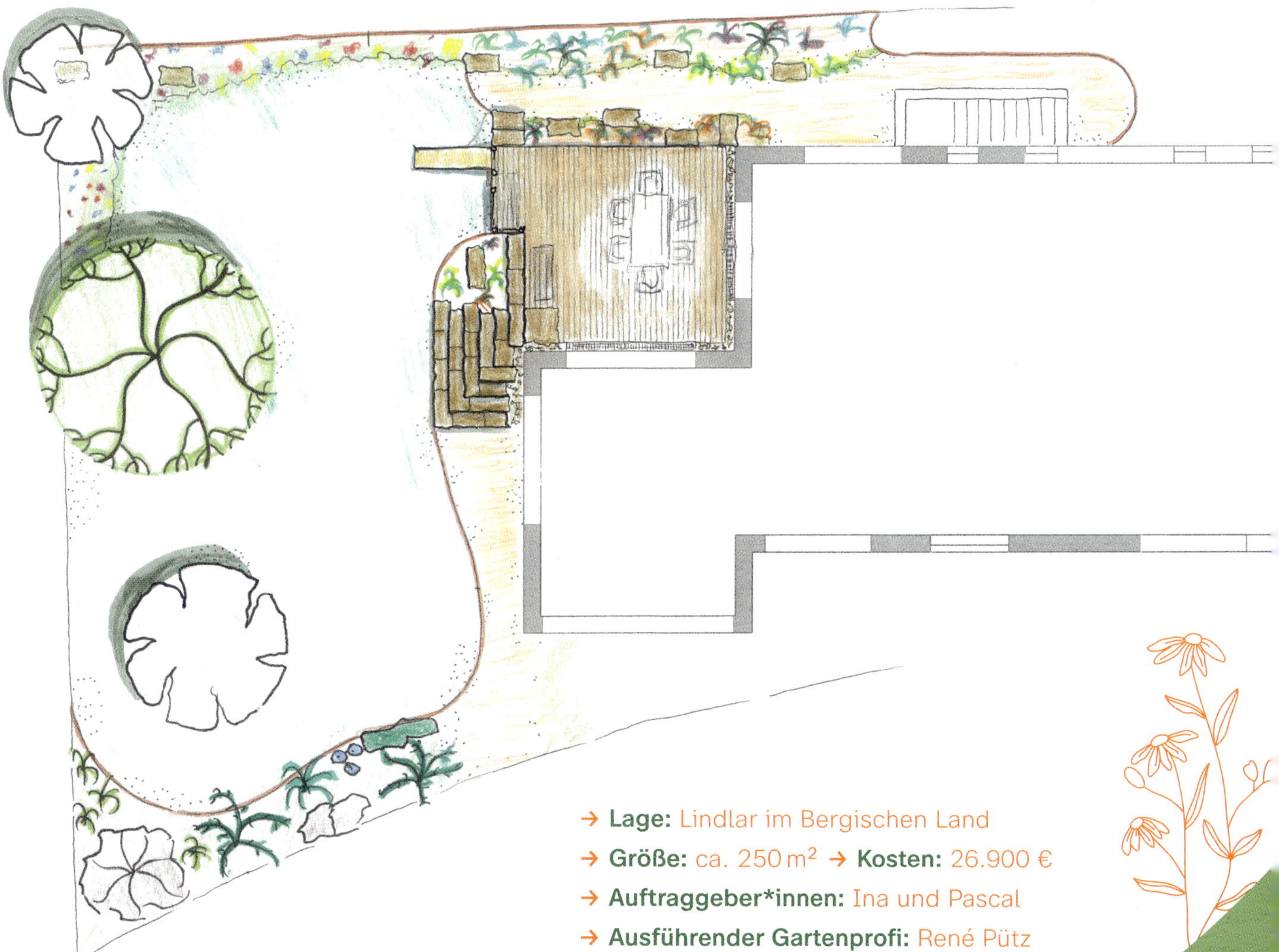

→ **Lage:** Lindlar im Bergischen Land

→ **Größe:** ca. 250 m² → **Kosten:** 26.900 €

→ **Auftraggeber*innen:** Ina und Pascal

→ **Ausführender Gartenprofi:** René Pütz

Umsetzung

Fundamente setzen

Zuerst werden die Fundamente für die imposante Treppenanlage gelegt. Diese muss auf die Höhe der neuen Terrasse abgestimmt werden, denn es soll ein ebenerdiger Austritt aus dem Haus möglich sein. Die Terrasse wird zum Mittelpunkt des neuen Gartens. Noch liegen hier Fliesen im Look der 70er-Jahre. Diese werden durch ein modernes Holzdeck ersetzt. Die alte Terrasse bleibt als Fundament bestehen. Sie wird mit Vlies abgedeckt, damit der alte Belag durch die Holzfugen nicht sichtbar ist. Die Unterkonstruktion aus Latten wird verlegt. Darauf verschrauben die Gärtner das neue Holzdeck mit den Maßen 4,60 mal 4,60 Meter. Da die neue Terrasse größer ist als die alte, erhält sie einen Anbau auf Stelzen. Dieser eignet sich ideal zum Anbringen einer Rutsche für Sohn Nino. Wenn die Rutsche nicht mehr gebraucht wird, könnte das der Platz für einen Grill werden. Zum Abschluss wird die Verlängerung des Holzdecks mit Edelstahlseilen sicher eingefasst.

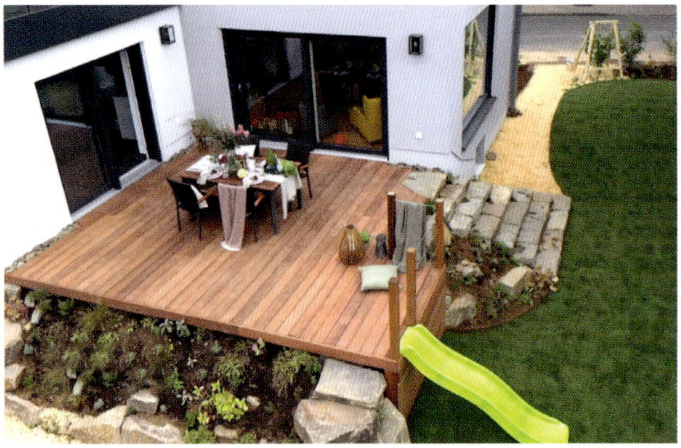

Eine imposante Treppenanlage

Die Treppenanlage muss einen Höhenunterschied von 120 Zentimetern überwinden. Dann ist das Niveau des Gartens erreicht. Die Stufen werden aus Grauwackesteinen gebaut. Der Naturstein mit seinen unterschiedlichen Größen und Farben ist ideal für eine individuelle Gestaltung. Allerdings ist das Setzen aufwendig. Jeder Stein muss von Hand bearbeitet und in Waage gebracht werden, um eine passende Stufe abzugeben. Zudem ist bei den groben Steinen ein Gefälle von ca. 3 Prozent zu empfehlen, damit das Regenwasser abfließen kann. Aus den Findlingssteinen entsteht eine L-förmige Treppe, die sich nach oben hin verjüngt und mit einer einzelnen Blockstufe auf der Terrasse endet.

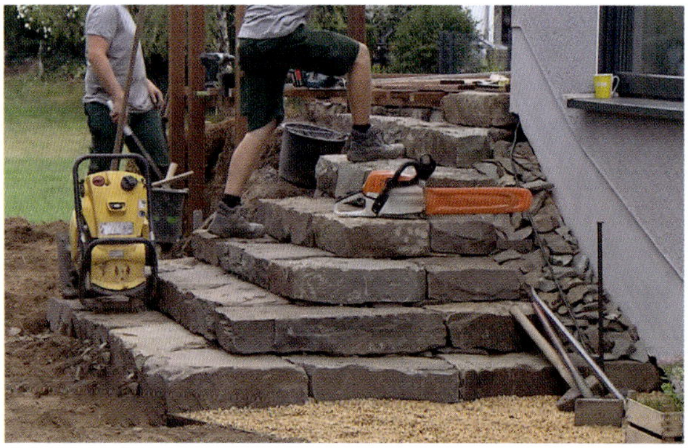

Stabilisierung der Böschung

Die Böschung auf der anderen Seite der Terrasse wird auf zweierlei Art stabilisiert: Zum Feld wird eine verdeckte Betonkübelmauer gesetzt. Drei Meter lange Cortenstahlleisten kaschieren schließlich die Betonmauer, die den Boden auf halber Höhe stabilisiert. Jetzt schaut nur noch ein schmales rostbraunes Band aus dem Erdreich. An der Terrasse wird die restliche Höhe mit massiven Grauwackebrocken abgefangen, die wie die Blockstufen aus dem nahe gelegenen Steinbruch in Lindlar stammen. Zuvor wurde der Hang von alten Wurzeln befreit, die noch im Erdreich steckten. Die Findlinge werden in ein Schotter-Gemisch gesetzt.

Mit einer Brechstange bringen die Gärtner die Brocken in ihre endgültige Position. Dann schichtet ein Radlader weitere Gesteinsbrocken auf, die den Hang an beiden Seiten einfassen.

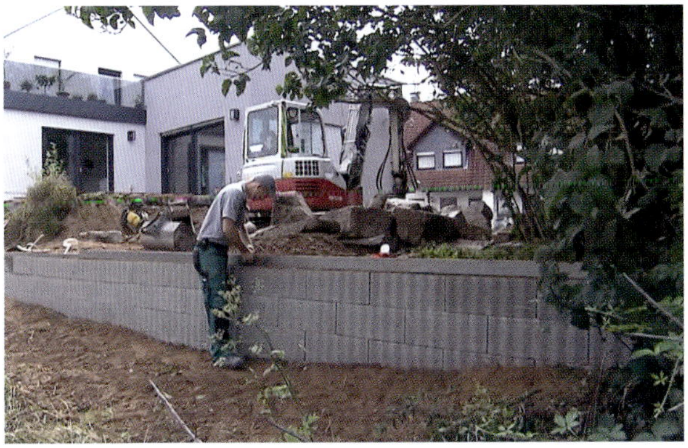

Eine naturnahe Bepflanzung

Die Südseite liegt vor dem Haus, die Terrasse hingegen ist nach Norden ausgerichtet. Viele Pflanzen, die in der Böschung wachsen, müssen daher mit weniger Licht auskommen. Nur die höher gelegenen Stellen erhalten ausreichend Sonnenlicht, das an der Hauswand vorbeischeint. Dort werden Stauden gepflanzt, die viel Licht brauchen, wie etwa Salbei und Lavendel. In die tieferen Lagen und dorthin, wo die Pflanzen sich gegenseitig beschatten, werden schattenverträgliche Gewächse eingesetzt, zum Beispiel Walderdbeeren als Bodendecker. Insgesamt besteht die Bepflanzung aus vielen Kräutern und Wildstauden. So soll ein naturnaher und stimmiger Übergang vom Garten zur benachbarten Wiese entstehen. In den Hang werden eine Reihe von Steingewächsen gepflanzt, die auch in die Fugen der Grauwacke hineinwachsen. Die ersten Bienen und Zitronenfalter umschwirren schon die verlockenden Blüten.

Wegführung

Mit dem Minibagger wird der schmale Gartenstreifen hinter dem Haus ausgeschachtet. Dort entsteht ein schmaler Kiesweg, der von der Straße zum Kellerabgang und weiter zur Terrasse führt. Cortenstahl fasst ihn ein und Taunus-Quarzkies bildet die Oberfläche. Unterhalb der Böschung führt ein Kiesweg um das Haus. Der Rollrasen sorgt für den letzten Schliff.

Fazit

Bisher war der Garten überwuchert mit wild wachsenden Pflanzen. Jetzt ist er klar strukturiert mit einer großen Rasenfläche. Die Terrasse war von außen schwer erreichbar. Nun verbindet sie eine aufwendige Treppe aus Grauwacke mit dem neuen Holzdeck. Das Grundstück war mit tiefen Furchen durchzogen und kaum nutzbar. Jetzt hat es eine ebene Spielfläche mit Sichtschutz zur Straße hin.

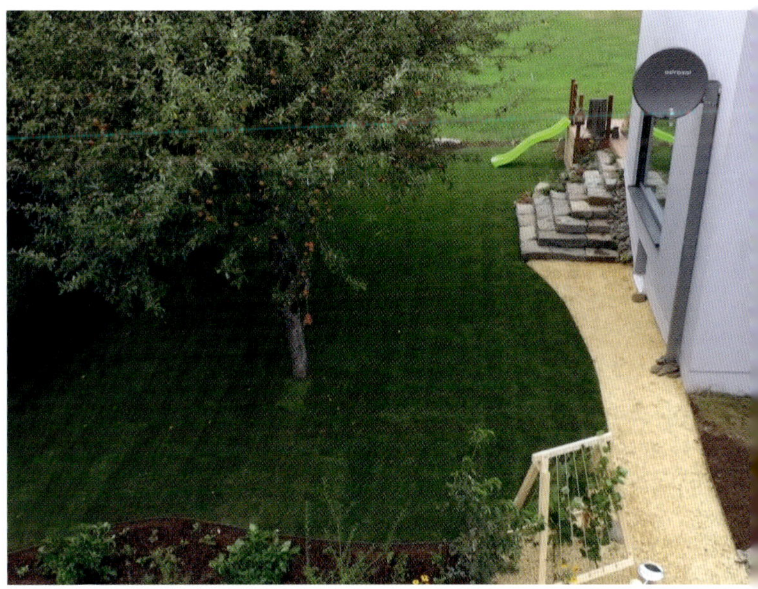

Exkurs:

Bodendecker

Nehmen wir uns die Natur zum Vorbild. Pflanzen haben den Drang, sich auszubreiten. Sie besiedeln im Handumdrehen karge Flächen, die der Mensch zuvor gerodet hat. Sie treten in einer Vielfalt verschiedener Arten an, denn jedes Gewächs bringt besondere Fähigkeiten bzw. besondere Eignungen mit. Das eine hat Wurzeln, die sich in der Tiefe des Erdreichs gut verankern, andere Gewächse treiben viele kleine Ausläufer, die die Fläche schnell mit einem Schutz aus Blättern überziehen. Gemeinsam sorgen sie dafür, dass Erde nicht weggeschwemmt wird und Hänge nicht abrutschen.

Konkurrenzstarker Storchschnabel

Speziell künstlich errichtete Hänge im Garten brauchen neben einem konstruktiven Halt auch den Schutz durch Pflanzen. Am besten eignen sich hierfür Bodendecker, Pflanzen also, die sich mithilfe von Seitensprossen und Ausläufern allmählich auf einem Beet ausbreiten. Zu den schönsten Gewächsen mit diesen Eigenschaften gehört ohne Frage der Storchschnabel (*Geranium*), von dem es allein Dutzende Arten und Sorten gibt. Durchsetzungsstark und dank seiner tief gehenden Wurzel auch gut trockenheitsverträglich ist beispielsweise der Storchschnabel 'Tiny Monster', der sich stetig ausbreitet, jedoch nicht wuchert.

Ausgreifender Wuchs

Bodendeckern gelingt es ebenfalls, die meisten Unkräuter in Schach zu halten. Dazu müssen sie konkurrenzstark sein, sich also gut behaupten können. Dazu verhilft ihnen ihr ausgreifender Wuchs, wie ihn der Balkan-Beinwell (*Symphytum grandiflorum*), Kaukasusvergissmeinnicht (*Brunnera macrophylla*) und Elfenblumen (*Epimedium*) zeigen. Alle drei Arten kommen auch gut mit Schattenlagen zurecht. Zu den niedrigen Arten zählen Purpurgünsel (*Ajuga reptans*), Gundelrebe (*Glechoma hederacea*) und das Pfennigkraut (*Lysimachia nummularia*). Ihre Triebe kriechen über den Boden und bilden dabei immer neue Wurzeln.

Bodendecker als Rasenersatz

Wo keine klare Grenze zum Rasen besteht, etwa durch Kantensteine, können diese Arten auch dort zur Konkurrenz werden. Das kann durchaus sinnvoll sein, wo der Rasen von Natur aus schlecht gedeiht, wie im Schatten. Denn dort, wo Gräser nur spärlich wachsen, empfehlen sich ohnehin Bodendecker anstelle eines Rasens. Zu den Arten, die ebenfalls gut mit wenig Licht auskommen, gehören Dickmännchen (*Pachysandra terminalis*), Kleines Immergrün (*Vinca minor*) und Teppich-Golderdbeere (*Waldsteinia ternata*). Sie blühen nicht nur schön, sondern machen zudem kaum Arbeit.

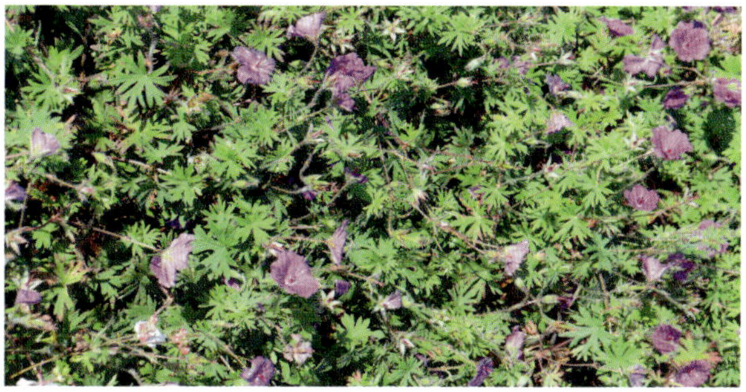

Geranium 'Tiny Monster'

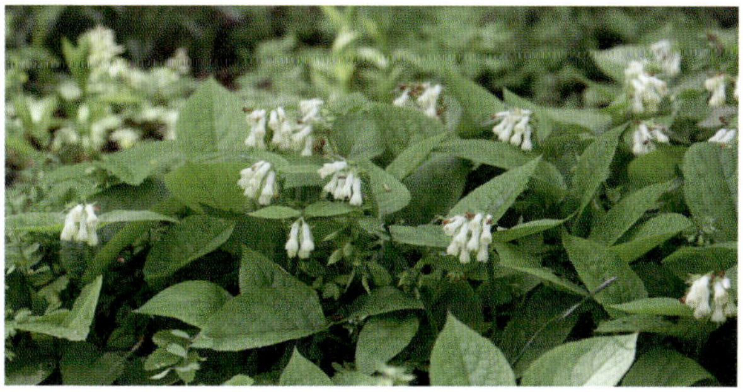

Symphytum grandiflorum

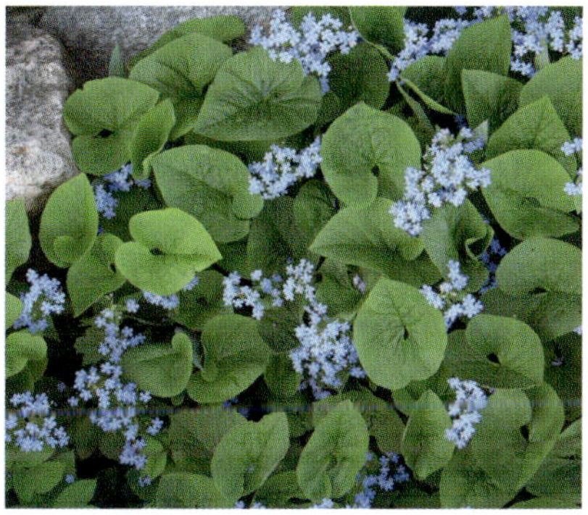

Brunnera macrophylla

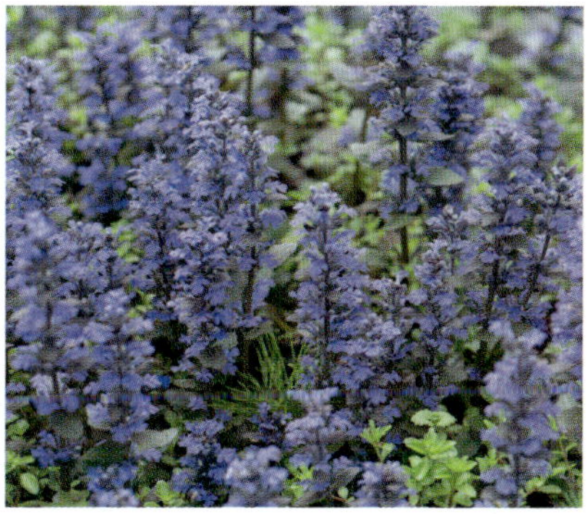

Ajuga reptans

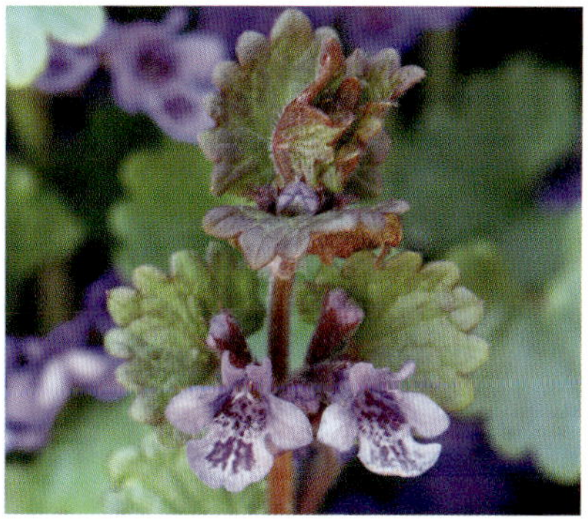

Glechoma hederacea

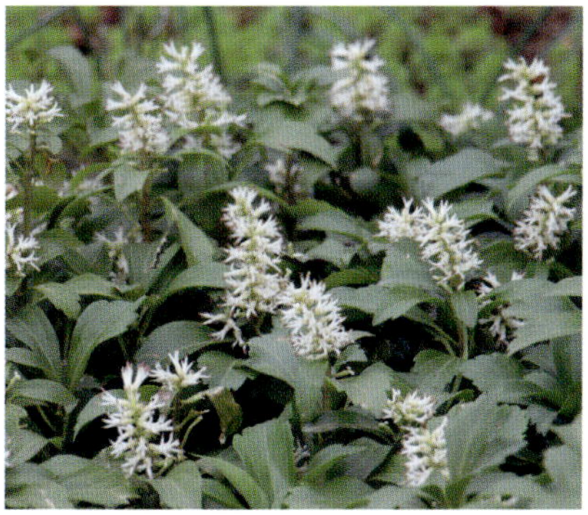

Pachysandra terminalis

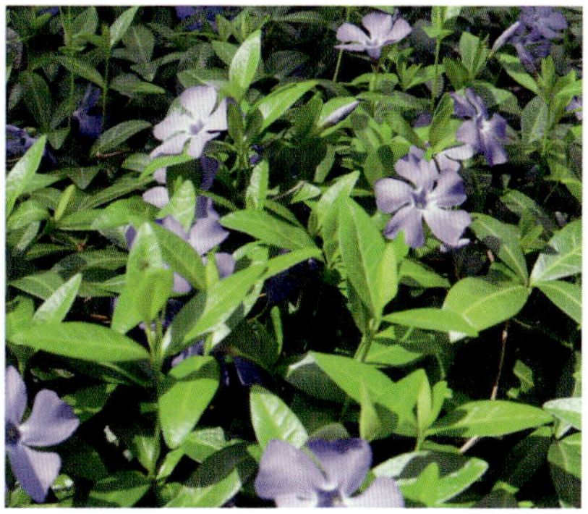

Vinca minor

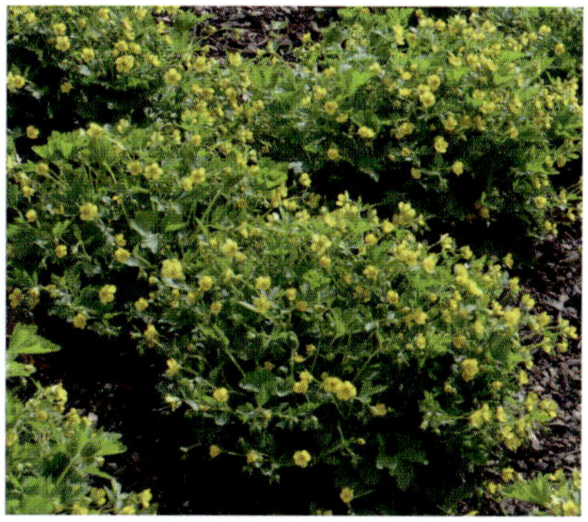

Waldsteinia ternata

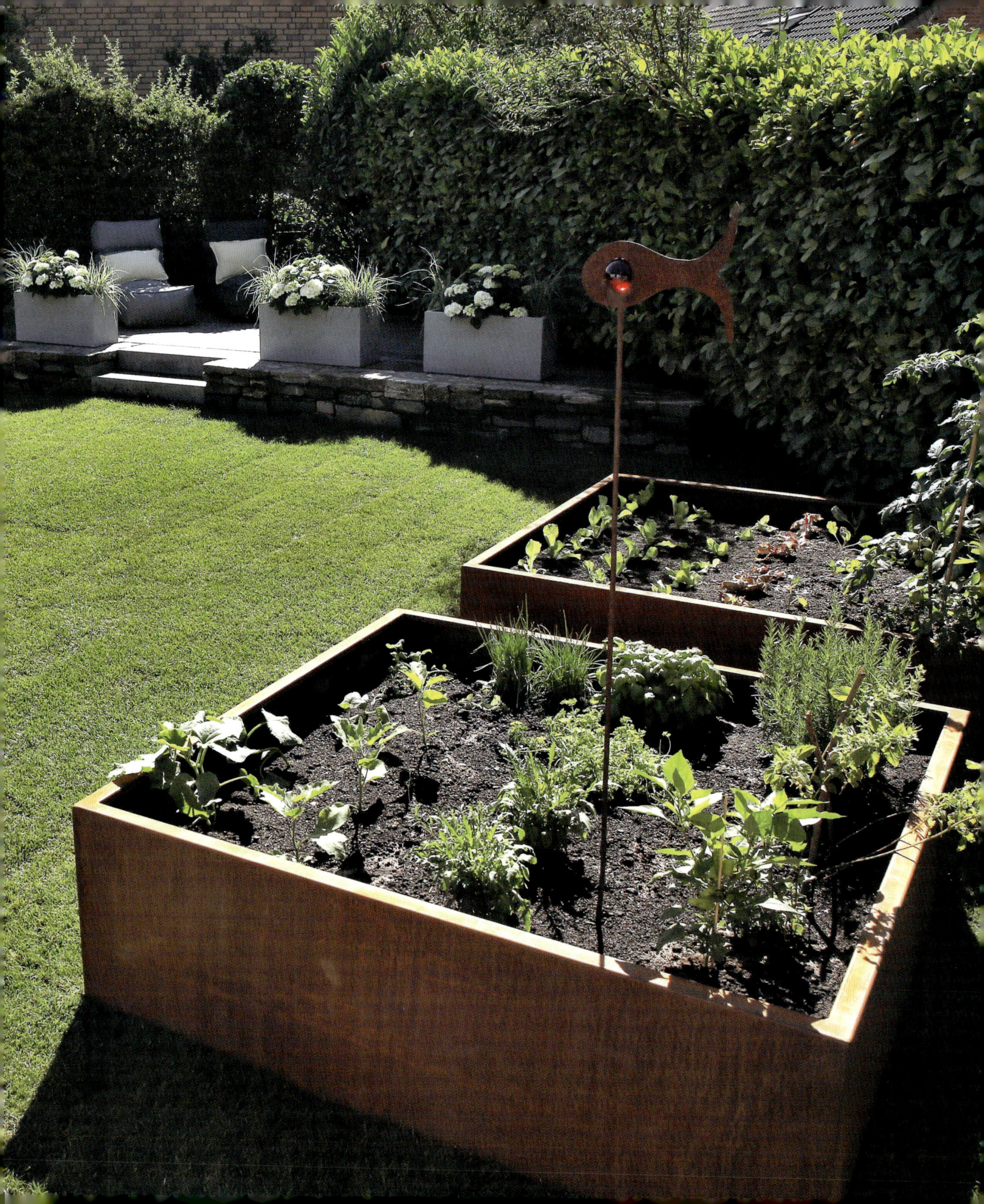

Nutzgarten -

die Selbstversorgung mit Gemüse und Obst

Genussvolle Gewächse

Gemüse anbauen

Die Anzucht von Gemüse ist gar nicht so schwierig. Tütchen aufreißen, Samen in die Erdrille gleiten lassen und Erde darüberstreuen. Toll, wenn sich erste grüne Spitzen durch die Krume bohren. Ein Fest gar, wenn schließlich fertige Radieschen und Möhren herausgezogen oder Salate geschnitten werden. Zugegeben, es gibt einfachere Wege, an Gemüse heranzukommen. Doch dann fehlt der Reiz, diese Mischung aus Lust an der Selbstversorgung und Erzeugerstolz. Und man verzichtet auf den unvergleichlichen Genuss, spontan auf leckere, knackige und garantiert ungespritzte Lebensmittel zugreifen zu können.

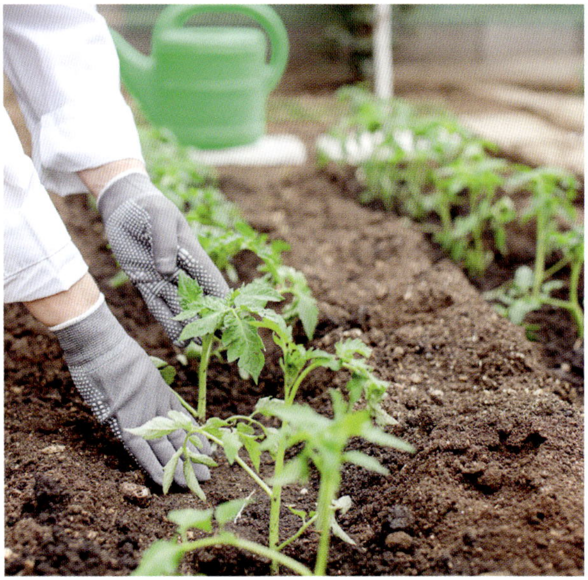

Für fruchtbaren Boden sorgen

Voraussetzung für den Anbau von Gemüse und Kräutern ist eine fruchtbare Erde. Diese zeichnet sich durch einen hohen Humusgehalt aus. Der Humus macht die Böden locker und luftig und sorgt dafür, dass Feuchtigkeit sowie Nährstoffe gespeichert werden und den Pflanzen zur Verfügung stehen. Versorgen Sie die Gemüsebeete regelmäßig mit reifem Kompost, so stellen Sie sicher, dass der Humusanteil zumindest in den oberen Bodenschichten hoch ist.

Hochbeete bewirtschaften

Wo nicht ausreichend Platz für einen Gemüsegarten ist, können Gemüse und Kräuter auch in einem Hochbeet herangezogen werden. Ein Hochbeet ähnelt einem großen Komposthaufen, in dem laufend humusreiche Erde produziert wird. Es ist allerdings mit etwas Arbeit verbunden, da es jedes Jahr zumindest in Teilen neu befüllt werden sollte. Denn im unteren Bereich wird zunächst viel organisches Material aufgeschichtet, das sich allmählich zersetzt und dabei Wärme entwickelt. Die Wärme ist den Pflanzen zuträglich, die auf dem Beet in gut zersetzter fein krümeliger Komposterde wachsen.

Diese oberste Schicht sollte mindestens 20 Zentimeter stark sein. Wer sich die Arbeit des Auf- und Umschichtens sparen möchte, kann das Hochbeet von vorneherein mit Komposterde füllen, die man auf vielen Recyclinghöfen bekommt.

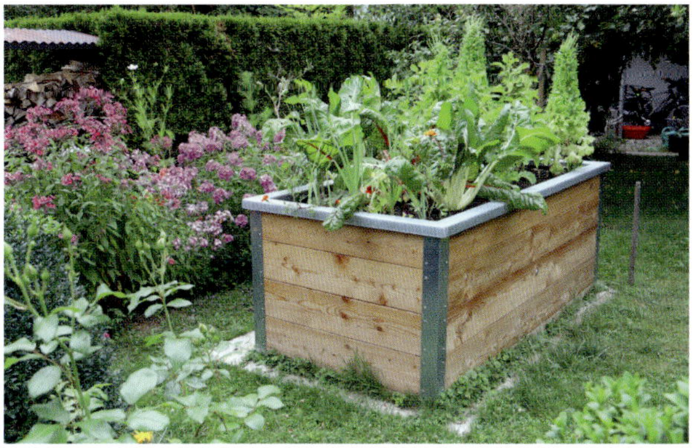

Aromatische Früchte ernten

In den heute immer kleiner werdenden Gärten ist der Platz für Obstbäume begrenzt. Vielleicht findet sich der passende Ort für einen Apfelbaum oder Birnbaum. Doch was, wenn Sie beides möchten und zusätzlich noch Pflaumen und Pfirsiche? Dann greifen Sie am besten auf die wieder populär werdende Kulturform der Spalierbäume zurück. Darüber hinaus hat Obst, das am Spalier gezogen wird, weitere Vorteile. Die flache Krone der Bäume bietet den Früchten optimale Lichtverhältnisse. Sie lassen sich an eine geschützte Wand setzen, wo auch wärmeliebende Arten wie Aprikosen und Pfirsiche noch gut ausreifen. Und sie unterteilen den Garten oder grenzen ihn wie eine Hecke ab, wenn man die Bäumchen an frei stehende Spaliere pflanzt, also an Pfosten, an denen im Abstand von 50 Zentimetern Drähte gespannt oder Latten befestigt sind. Obstbäume in Spalierform bekommen Sie in gut sortierten Baumschulen.

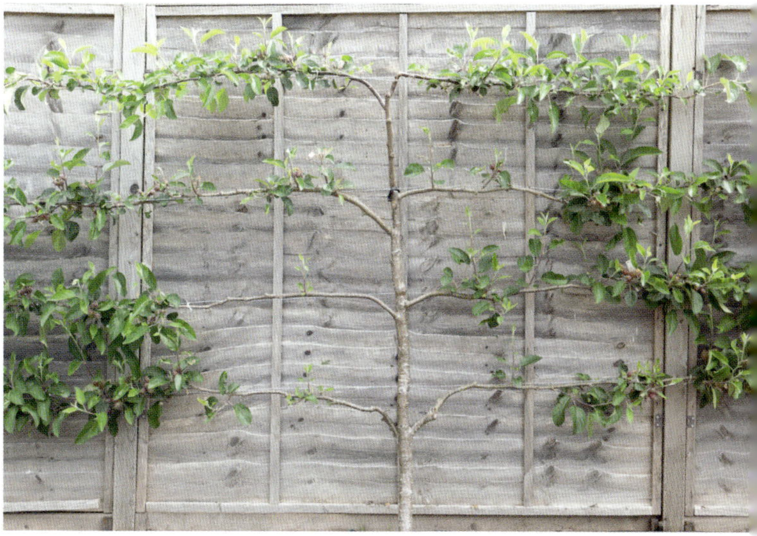

Gemüse frisch aus dem Beet

Anne und Thomas haben vor sieben Jahren ein Haus aus den 60er-Jahren gekauft und saniert. Leider blieb dann keine Zeit mehr für den Garten. Dieser ist inzwischen so zugewuchert, dass die beiden Eheleute ihre Kinder beim Spielen nicht mehr sehen können.

Wünsche für den Garten

Anne ↓

» Den Garten haben wir von den Vorbesitzer*innen übernommen. Die Terrasse hat zerbrochene Fliesen. Wir wünschen uns einen kindgerechten Garten, der offen und freundlich gestaltet ist, sodass wir die Kinder von der Terrasse aus sehen können. «

Thomas ↓

» Und es gibt viel Altbestand an Pflanzen, die wir so gar nicht gepflanzt hätten. «

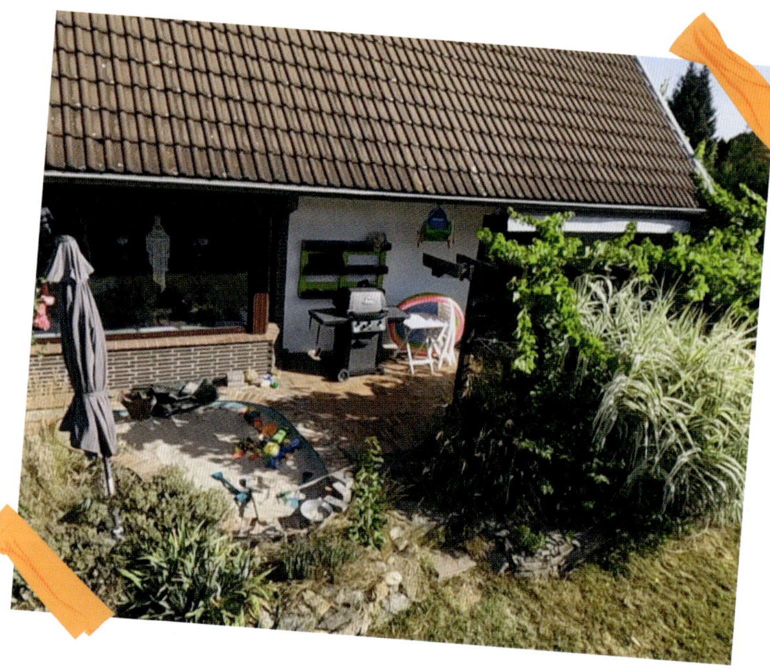

vorher

Konzept

Frank Riese möchte den Garten luftiger machen. Dafür platziert er auf der vorhandenen Terrasse ein modernes Holzdeck, das diese nach vorne und zur Seite deutlich größer macht. Der alte Teich macht einem neu angelegten Staudenbeet Platz. Dieses zieht sich über die gesamte Terrassenlänge. Eingefasst wird der obere Bereich von einer Betonstein-Trockenmauer. Von der Terrasse führt eine großzügige Treppe in den Garten. Über einen weiteren Abgang gelangt die Familie zum Gemüsebeet und in die Garage. Vor die bestehende Hecke setzt Frank einen Birnbaum. Den neuen Rollrasen hat der Profi vor allem als Spielfläche für den Nachwuchs geplant.

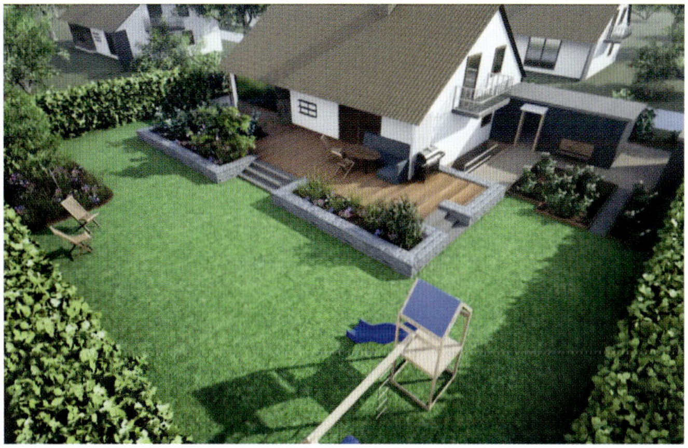

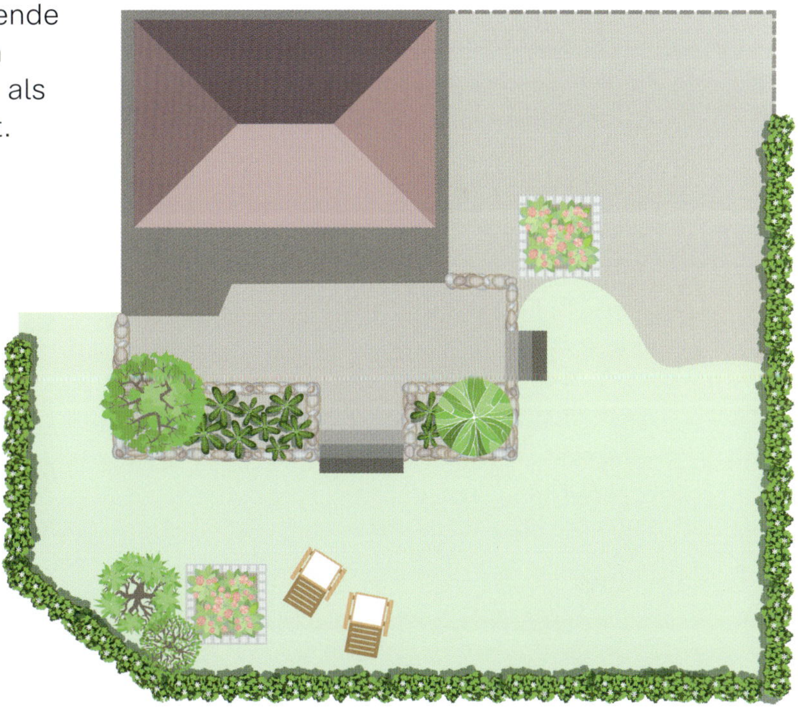

- → **Lage:** Köln-Porz
- → **Größe:** 250 m² → **Kosten:** 24.000 €
- → **Auftraggeber*innen:** Anne und Thomas
- → **Ausführender Gartenprofi:** Frank Riese

Umsetzung

Terrasse freilegen

Um die Terrasse freizulegen, werden zunächst die alte Mauer, die Pergola und viele Sträucher entfernt. Die alte Weinrebe hingegen wird gerettet, ebenso wie die Gräser und der Lavendel.

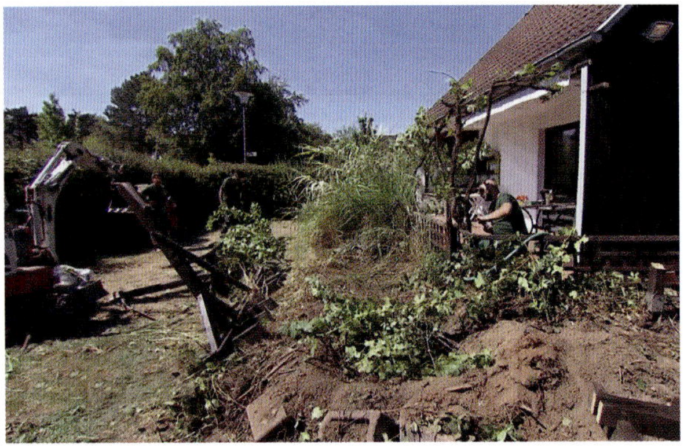

Das Holzdeck

Die Fliesen der alten Terrasse bleiben erhalten. Sie dienen den Kanthölzern als stabiles Fundament. Mit langen Schrauben werden diese darauf befestigt. Das neue Holzdeck, das auf diese Unterkonstruktion kommt, wird 50 Zentimeter breiter als die alte Terrasse. Die FSC-zertifizierten Dielen sind aus Mukulungu, auch Afri Kulu genannt. Dieses Holz gehört zu den härtesten und haltbarsten Arten, die wir kennen. Es stammt aus Westafrika. Wie alle Hölzer wird es irgendwann grau, wenn es nicht regelmäßig behandelt wird.

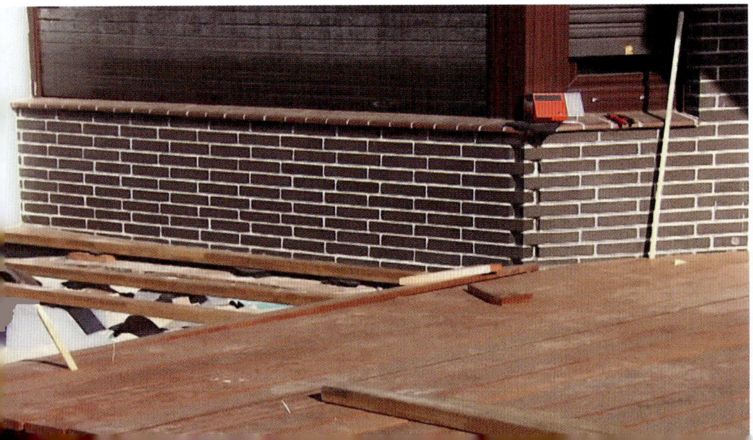

Die Verbindung zum Garten

Vor dem Holzdeck heben die Gärtner mithilfe eines Baggers die Fundamente aus, auf denen die Betonsteinmauer errichtet wird, die den kleinen Hang und das vorgelagerte Beet abfängt. Blockstufen führen vom Deck hinab in den Garten. Sie teilen das Beet, das der Terrasse einen schmuckvollen Rahmen gibt, in zwei Teile. Einige wenige Sträucher werden dort neu gepflanzt, die das Beet strukturieren. Dazu gehören eine Felsenbirne und eine Rote Blasenspiere (*Physocarpus opulifolius* 'Diabolo'). Begleitet werden diese Gehölze von Stauden und kleineren Sträuchern, darunter sind rotlaubige Fette Henne (*Sedum telephium*), Blauraute (*Perovskaja atriplicifolia*), Sommerspiere (*Spiraea japonica*) und Lampenputzergras (*Pennisetum*). Alle diese Gewächse lieben die Sonne und vertragen zuweilen auch Trockenheit.

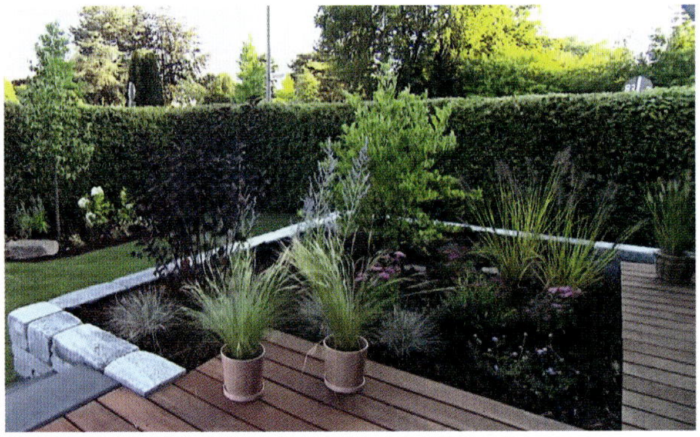

Der Gemüsegarten

An der Seite des Hauses liegt eine stark verunkrautete Fläche, auf der immer einmal wieder Gemüse angebaut wurde. Daraus soll nun ein richtiger Gemüsegarten werden. Darum kümmern sich Anne und Thomas. Zunächst befreien sie die Fläche von Unkraut. Dann graben sie den Boden um, um ihn durchgehend zu lockern. Schließlich wird das Beet geteilt. Ein kleiner Weg führt hindurch, von dem es sich besser bearbeiten lässt. Jede Hälfte bekommt eine Einfassung aus rauen Holzbrettern. An der Innenseite verhindert ein Streifen Folie den Kontakt des Holzes mit der Erde. Nun werden die Beete mit frischer, nährstoffreicher Humuserde aufgefüllt. Ein Holzrahmen hält zudem die Schädlinge fern. Zu den ersten Pflanzen, die dort eingegraben werden, gehört ein Rhabarber, der schon an anderer Stelle im Garten gedieh. Auch einige Erdbeerpflänzchen ziehen innerhalb des Gartens dorthin um. Zudem werden verschiedene Salate gepflanzt. Darunter sind 'Lollo rosso', Eichblattsalat und Kopfsalat. Das Ehepaar verfolgt mit dem Gemüsegarten ein bestimmtes Anliegen: „Unsere Kinder sollen sehen, dass Gemüse nicht einfach aus dem Supermarkt kommt", sagt Thomas. Zudem hat er Lust, seine Nahrung ein Stück weit selbst zu produzieren. Zum Salat werden als Jungpflanzen noch Kohlrabi und Rosenkohl gesetzt. Und es wird auf der Rasenfläche auch noch Obst angepflanzt, nämlich ein Birnbaum der Sorte 'Conference'. Sie ist eine der beliebtesten Birnensorten, deren süß-saftige Früchte sich lagern lassen. Um den Baum herum entsteht ein kleines Staudenbeet. Als alle Pflanzen im Boden sind, legt das Team den Rollrasen aus und wässert ihn intensiv.

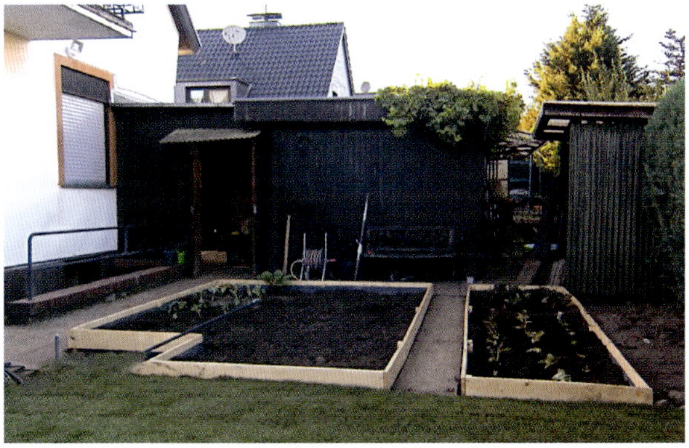

Fazit

Der in die Jahre gekommene Garten der Familie ist passé. Jetzt wirkt er viel großzügiger. Die Terrasse ohne Sicht in den Garten ist verschwunden. Endlich können Anne und Thomas ihren Kindern beim Spielen zusehen. Der zum Sandkasten umfunktionierte Teich ist in ein wunderschönes Blumenbeet verwandelt worden. Und der alte Gemüsegarten erstrahlt in neuem Glanz.

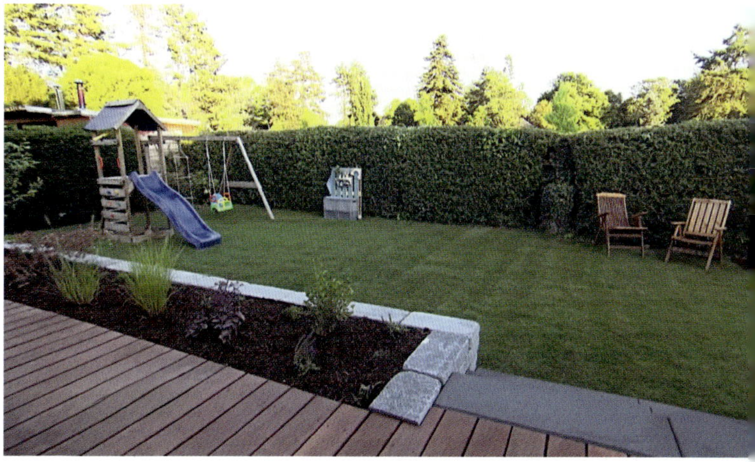

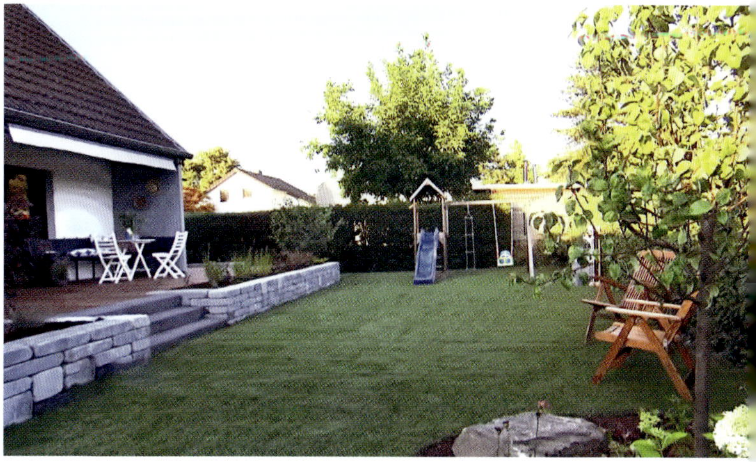

Süße Früchte direkt vor Augen

Drei Generationen unter einem Dach. Das gibt es nur noch selten. Janine und Sebastian wohnen mit ihrer Tochter Jonna sowie Janines Eltern zusammen in einem Doppelhaus – und sie teilen sich eine gemeinsame Gartenfläche. Vor einem Jahr haben sie einen Wintergarten gebaut. Der ist nun ihr ganzer Stolz. Das Problem ist nur: Für den Bau musste die alte Terrasse weichen. Diese fehlt jetzt und der restliche Garten ist durch die Bauarbeiten stark in Mitleidenschaft gezogen worden.

Wünsche für den Garten

Janine ↓

» Der Garten war einmal wunderschön, als er nur der Garten meiner Eltern war. Doch jetzt ist er eine absolute Baustelle. Nun soll daraus ein Gemeinschaftsgarten werden. Wir wollen eine große Terrasse haben, wo wir alle zusammen sitzen können, wir möchten schöne Blumen haben, bunt soll es sein, damit wir den Garten genießen können – und eine Gartenhütte wäre ganz toll. «

vorher

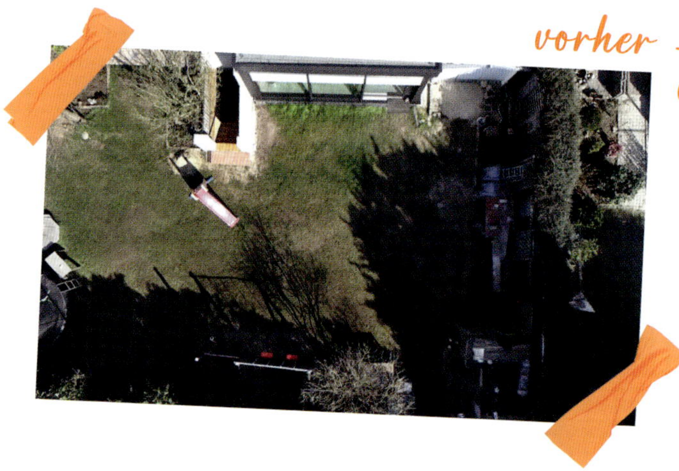

Konzept

Marius Surmann baut eine Steinterrasse mit großformatigen Keramikplatten um den Wintergarten. Daran schließt ein ebenerdiges Wasserbecken mit einer Wasserschütte aus Edelstahl an. Spalierobstbäume auf der Terrasse und ein Rhombuszaun dienen als Sichtschutz. Davor finden Stauden, Kräuter und Obststräucher ihren Platz in einem Beet. Trittplatten führen zum neuen Gartenhaus. Rollrasen im restlichen Garten rundet Marius' Konzept ab.

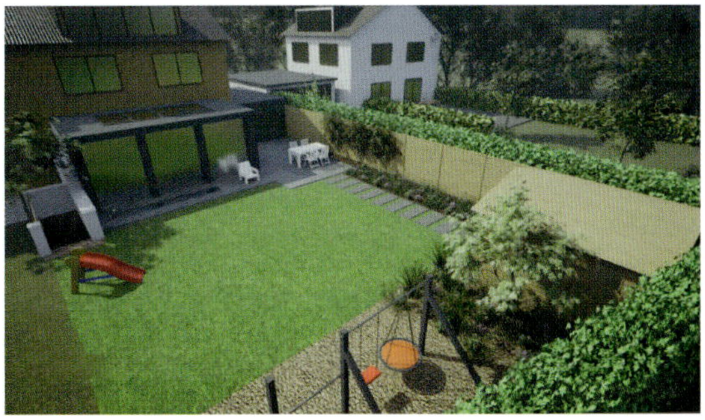

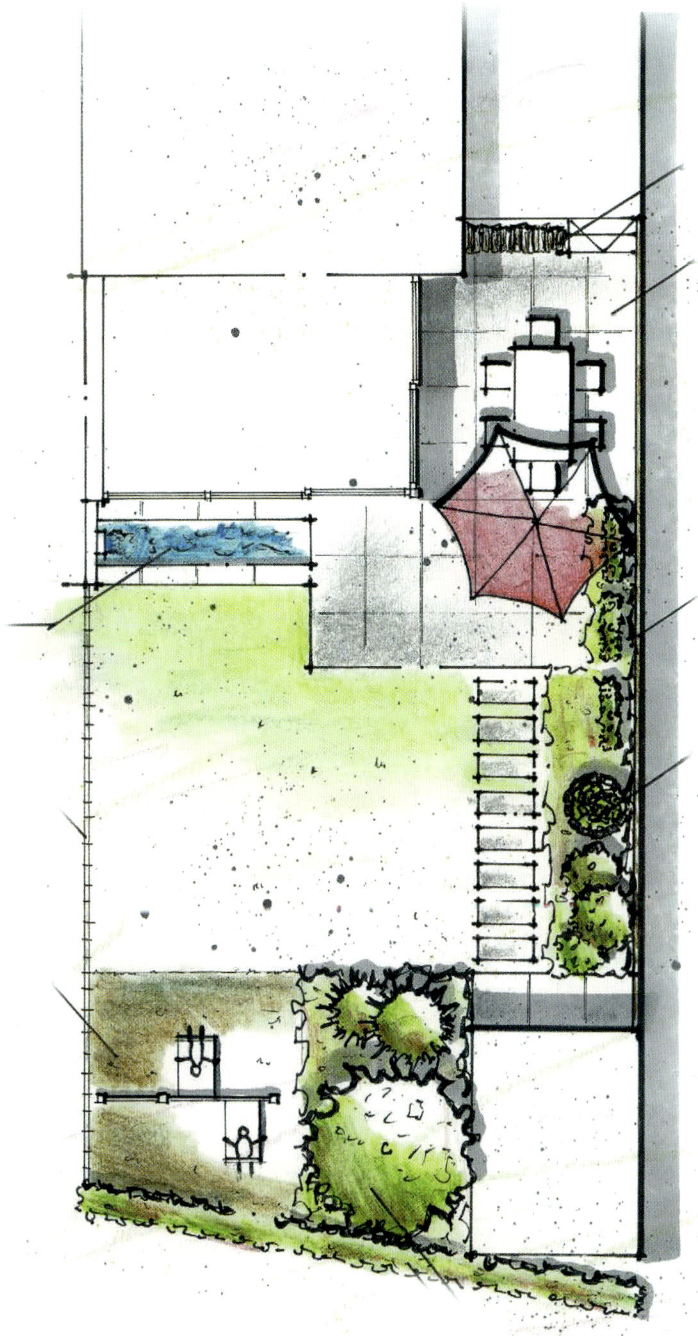

→ **Lage:** Mühlheim a. d. R.

→ **Größe:** 140 m² → **Kosten:** 25.000 €

→ **Auftraggeber*innen:** Janine und Sebastian

→ **Ausführender Gartenprofi:** Marius Surmann

Umsetzung

Grundlegende Vorbereitungen

Da der Garten von Grund auf neu gestaltet werden soll, sind zunächst elementare Arbeiten fällig. Die Grasnarbe wird abgezogen. Dann messen die Gärtner alles ein. Dazu nutzen sie ein Maßband und Farbspray, mit dem sie den Boden dort markieren, wo die neuen Beete positioniert werden sollen. Auch die Standfläche des neuen Gartenhauses wird vermessen, das gegenüber der Terrasse entstehen soll. Damit es genug Platz hat, werden Äste des Schneeballs gekappt. Die Hütte kommt auf ein 4 mal 3,20 Meter großes Fundament aus Betonplatten. Zunächst dient es als Spielhaus für Töchterchen Jonna. Später könnte daraus eine Sauna werden.

Das Wasserbecken

Für das schmale Wasserbecken am Haus wird die Bodenplatte gegossen, die Schalungssteine samt Moniereisen gesetzt und mit Fixbeton verfüllt. Dann können die Bleche für die Folie eingebaut und verschraubt werden. Zum Ausgleich kleiner Unebenheiten wird das Becken mit einem Vlies ausgelegt. Ein zweites mit Biozid behandeltes Vlies wirkt gegen Schimmelbildung und Mikroorganismen. Zum Schluss wird die graue PVC-Folie verschweißt, die das Becken abdichtet. Ihre Einfärbung wird das Wasser türkis erscheinen lassen. Die Wassertiefe beträgt zwar nur 20 Zentimeter, dennoch wird ein Schutzgitter eingelegt. Janine und Sebastian werden es entfernen, wenn die kleine Tochter schwimmen kann. Um das Becken herum verlegen die Gärtner die Keramikplatten für die neue Terrasse. Von dort führen einzelne Trittplatten durch den Rasen zum Gartenhaus.

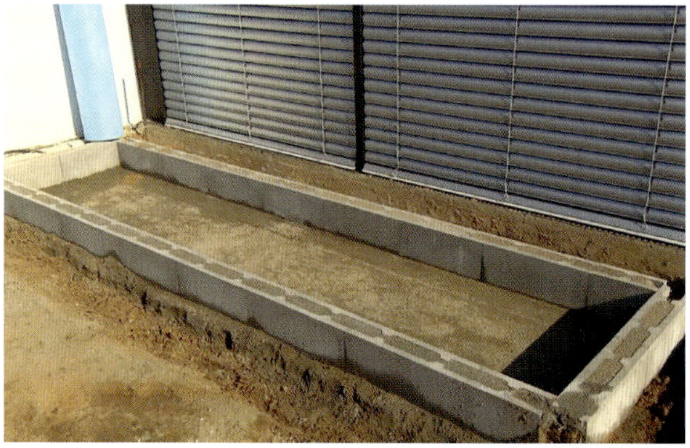

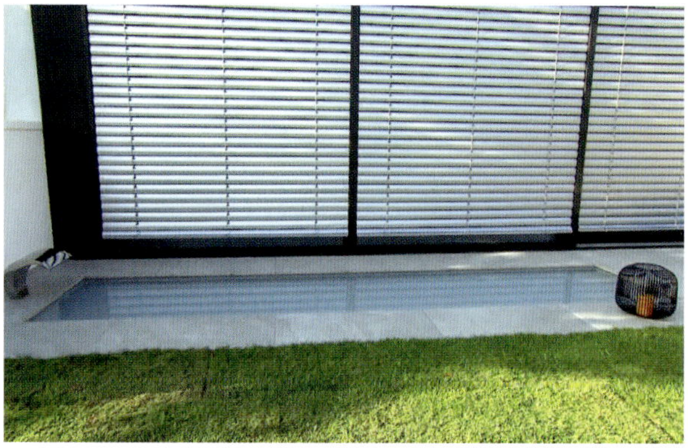

Rhombuszaun und Obstspaliere

An der Grenze zum Nachbargrundstück betonieren die Gärtner vier Rhombuszaunelemente als Sichtschutz ein, die sie zuvor gezimmert haben. Jedes davon misst 1,80 Meter an Höhe und 4 Meter an Länge. Sie bestehen aus Sibirischer Lärche. Unbehandelt erhalten diese mit der Zeit eine silbrige Patina. Vor den Rhombuszaun werden drei Obstspaliere gesetzt, zwei davon sind Äpfel und eines ist eine Pflaume. Sie begrünen den Zaun, liefern im Frühjahr zarte Blüten und im Herbst Früchte. Die Spalierobstbäume müssen regelmäßig geschnitten und an das Spalier gebunden werden, damit sie ihre platzsparende Form beibehalten.

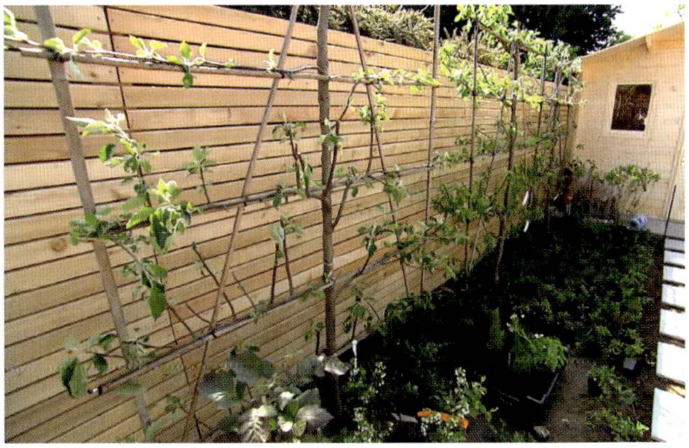

Die Beetbepflanzung

Vor die Bäume setzen die Gärtner Stauden wie die Purpur-Sonnenhüte (*Echinacea purpurea*), Kleines Immergrün (*Vinca minor*) als Bodendecker, Ziersalbei und Gräser wie das Pfeifenputzergras. Sie wachsen zu unterschiedlichen Höhen empor und haben unterschiedliche Blütezeiten. Allmählich werden die Pflanzen die gesamte Bodenfläche mit ihrem Blattwerk bedecken. In die Naschecke unmittelbar vor der Terrasse kommen Erdbeere, Johannisbeere, Blaubeere und Brombeere. Beim Reifen der Früchte direkt vor Augen kann man jederzeit von ihnen naschen, wenn sie die richtige Süße haben.

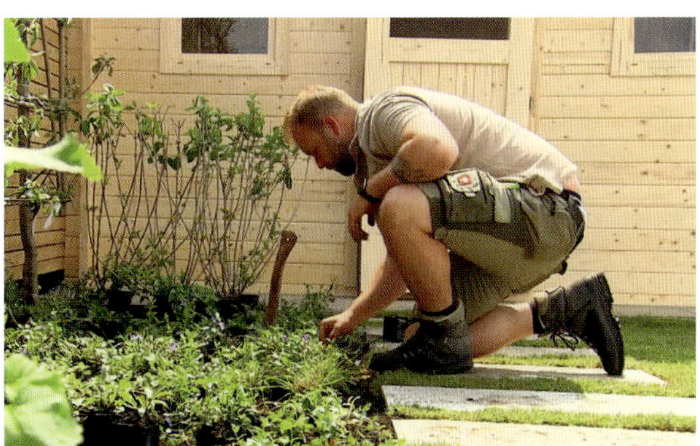

Ein Meer weißer Hortensien

Vor die Hütte pflanzen die Gärtner weiße Hortensien, die dort für ein weißes Blütenmeer sorgen. Unter den Echten Schneeball kommen die gleichen bodendeckenden Stauden wie im Beet vor dem neuen Zaun. Zum Schutz gegen die unbeliebten Hügel hat das Team eine Maulwurfsperre verlegt. Darauf wird schließlich der frischgrüne Rasen ausgerollt.

Fazit

Bisher war der Garten eine hügelige Baustelle mit kaputtem Rasen. Jetzt ist hier ein Wohlfühlgarten mit Holz, Stein, Wasser und Pflanzen entstanden. Der alte, verfallene Sichtschutz aus morschen Brettern ist einem modernen Zaun aus Lärchenholz gewichen. Spalierobstbäume, Stauden und Gräser werden bald einen natürlichen Kontrast bilden. Die bisherige Spielecke bleibt zwar erhalten, die Kombination mit dem neuen Gartenhaus, dem Echten Schneeball und einem Schattenbeet verleiht auch dieser Ecke ein völlig neues Flair.

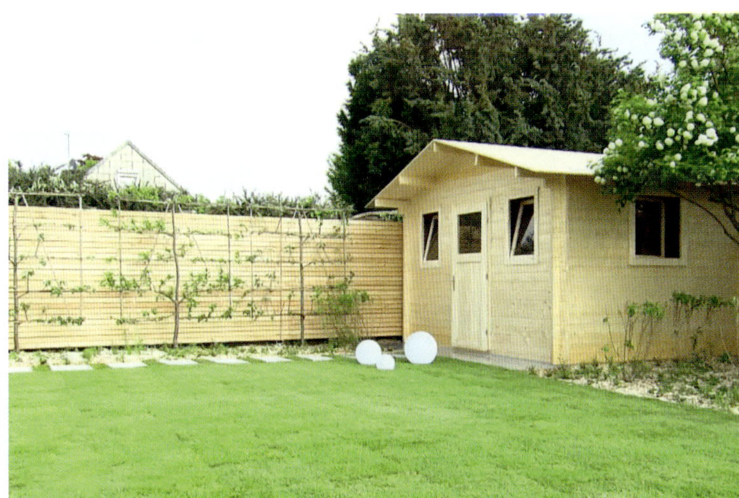

Exkurs:

Fruchtfolge und Mischkultur

Wer vorhat, sich selbst zu versorgen, sollte über die Grundlagen des Anbaus von Nutzpflanzen Bescheid wissen. Dazu gehören die Nährstoffansprüche der einzelnen Gemüsearten und was getan werden muss, um diese möglichst gesund zu erhalten.

Was ist eine Fruchtfolge?

Flächen, die für das Gemüse vorgesehen sind, gliedern sich in mindestens vier Beete. So können die Kulturen, wie in der klassischen Fruchtfolge üblich, jedes Jahr rotieren. Auf Starkzehrer wie Kartoffeln, Porree und Kohl, die kräftig gedüngt werden, folgen Salat, Rettich, Rote Bete, Möhren und Zwiebeln, die mit deutlich weniger Nährstoffen auskommen. Küchenkräuter, Erbsen und Bohnen sowie Blumen und Gründüngungspflanzen nehmen den Platz abschließend ein, bevor die Fläche wieder für Starkzehrer vorbereitet wird. So wachsen Kulturen mit unterschiedlichen Ansprüchen jedes Jahr auf einem anderen Beet.

Das fördert zudem die Pflanzengesundheit. Diese lässt sich darüber hinaus noch verbessern, wenn Sie Folgendes beachten: Pflanzen der gleichen Art und sogar der gleichen Familie können dazu beitragen, dass der Boden einseitig mit Wurzelausscheidungen belastet wird und auslaugt. Daher sollten sie nicht unmittelbar nacheinander auf demselben Beet angebaut werden. Also: Nicht nur Erbsen sollten den Standort wechseln, sondern auch Bohnen dürfen nicht auf das gleiche Stück gesät werden, auf dem zuvor Erbsen wuchsen. Denn beide gehören der Familie der Schmetterlingsblütler an. Die Anbaupause sollte für vier Jahre gelten. Daher ist die Untergliederung in vier Beete (s. o.) nicht nur sinnvoll, es hilft zudem, den Überblick zu behalten, und es ist relativ einfach umzusetzen.

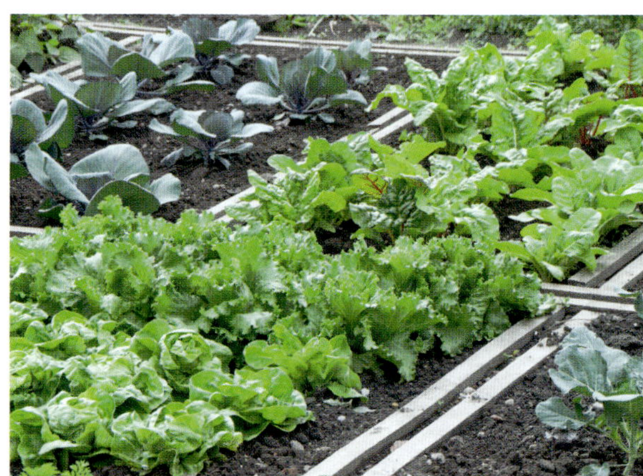

Wie Pflanzen sich gegenseitig beeinflussen

Etwas aufwendiger ist das Gärtnern mit Mischkulturen. Denn dabei geht es um das unmittelbare Nebeneinander von Nutzpflanzen und darum, wie sich deren Benachbarung auf Wachstum und Gesundheit auswirkt. Hierbei spielen ebenfalls Wurzelausscheidungen eine wichtige Rolle. Doch auch Duftstoffe, die über Blätter, Blüten und Früchte abgegeben werden, beeinflussen die Entwicklung der Pflanzen. Diese Wechselwirkungen werden schon seit vielen Gärtnergenerationen beobachtet. So wird immer wieder festgestellt, dass manche Gemüsearten und Kräuter zum Wohle ihrer Nachbarn Schädlinge vertreiben oder Nützlinge anlocken können. So schützen sich Möhren und Zwiebeln gegenseitig durch ihre jeweiligen Ausdünstungen vor der Möhren- und der Zwiebelfliege. Die Kombination von Sellerie und Kohl lässt den Raupen des Kohlweißlings und dem Sellerierost weniger Chancen. Nicht immer sind die Wechselwirkungen günstig. So gibt es auch Pflanzen, die nicht gut miteinander auskommen. Genaueres können Sie einschlägigen Tabellen entnehmen.

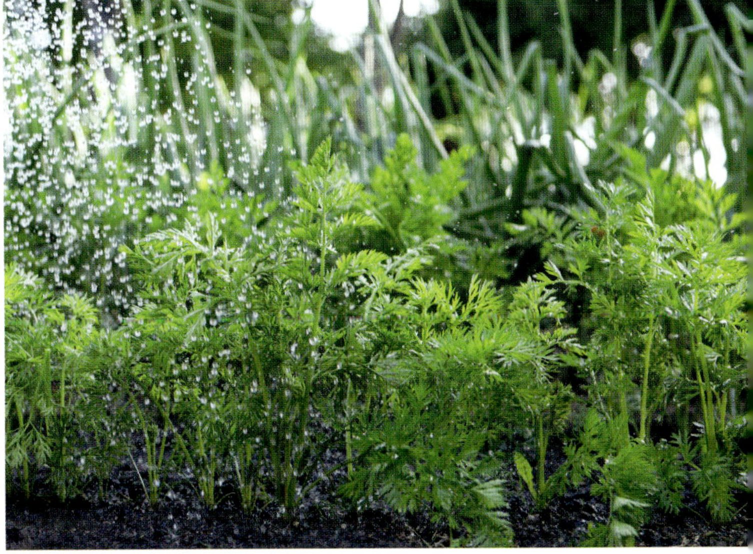

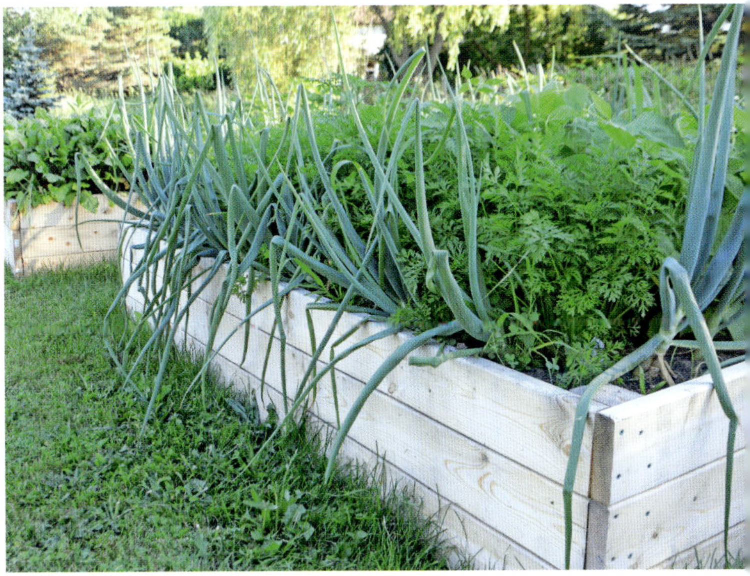

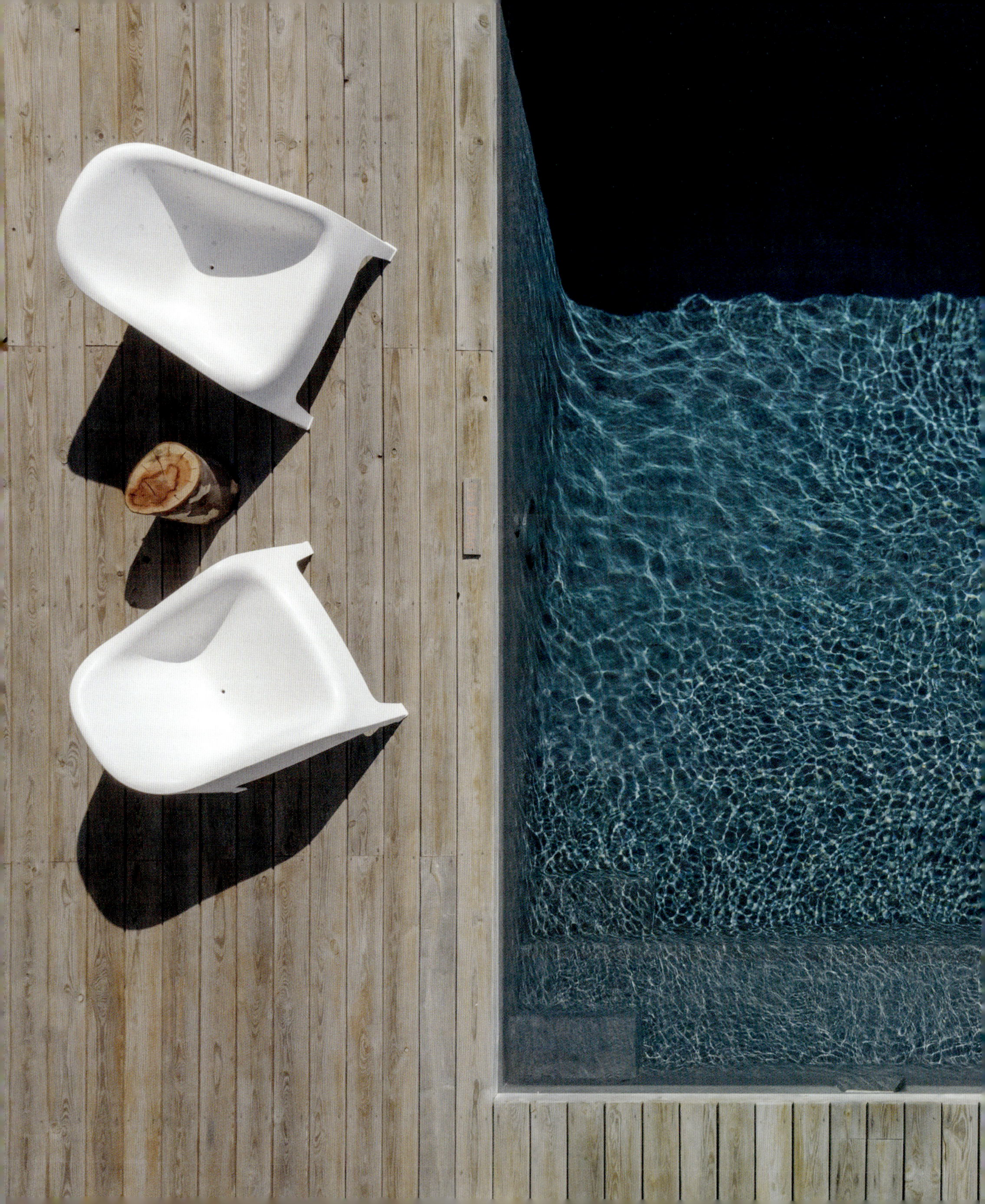

Wasser im Garten:

Pool oder Schwimmteich

Erfrischung gefällig?

Badespaß

Mittelpunkt eines Gartens muss keineswegs immer die Rasenfläche sein. Ein Pool sorgt mehr noch als das Rasengrün dafür, die Hektik des Alltags hinter sich zu lassen und Ruhe und Entspannung zu finden. Schon am Morgen bringt ein erfrischendes Bad den Kreislauf in Schwung. Und nach Feierabend taucht man gleichermaßen in eine andere Welt ein. Fraglos haben Kinder dort ebenfalls ihren Spaß. An heißen Tagen können sie dort planschen und sich abkühlen. Pools und Schwimmteiche eröffnen paradiesische Möglichkeiten. Kein Wunder, dass sie immer populärer werden.

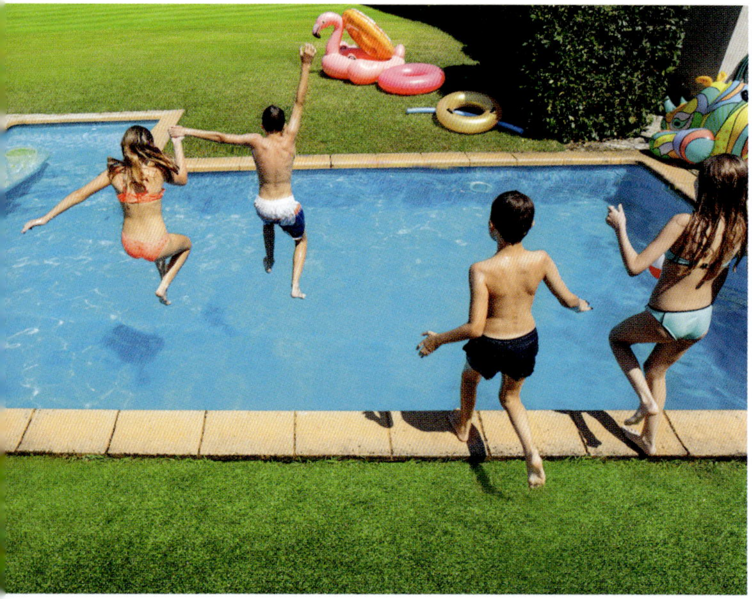

Natürliche Klärung

Pools, die harmonisch in einen wunderschönen Garten eingebettet sind, sorgen für eine perfekte Symbiose zwischen Gebäude und Außenraum. Es können Schwimmbäder sein, in denen vor allem Chemie und Technik für einwandfreie Wasserqualität sorgen oder Naturpools, die sich nach dem Prinzip der Ökologie selbst reinigen und dabei auch höchsten ästhetischen Ansprüchen gerecht werden. Schwimmteiche, die ohne Chemie auskommen, weil Pflanzen die Klärung des Wassers übernehmen, benötigen ein wenig mehr Raum. Man rechnet mit mindestens 70 Quadratmetern. Rund die Hälfte davon entfallen auf den Schwimmbereich. Eine Betonmauer unterhalb der Wasseroberfläche trennt diesen von der Regenerationszone, in der spezielle Sumpf- und Wasserpflanzen wachsen. Sie sorgen für klares, weiches Wasser, das besonders hautverträglich ist. Denn ein Naturpool kommt ohne Chlor aus. Zusätzliche Filter können darüber hinaus auch dafür sorgen, dass das Wasser frei von Schwebstoffen ist. Solch ein Pool nimmt eine zentrale Stellung ein, weil er schnell zum Lieblingsplatz für Familie und Freunde wird. Dort gibt es immer etwas zu beobachten, auch wenn gerade einmal nicht geplanscht wird.

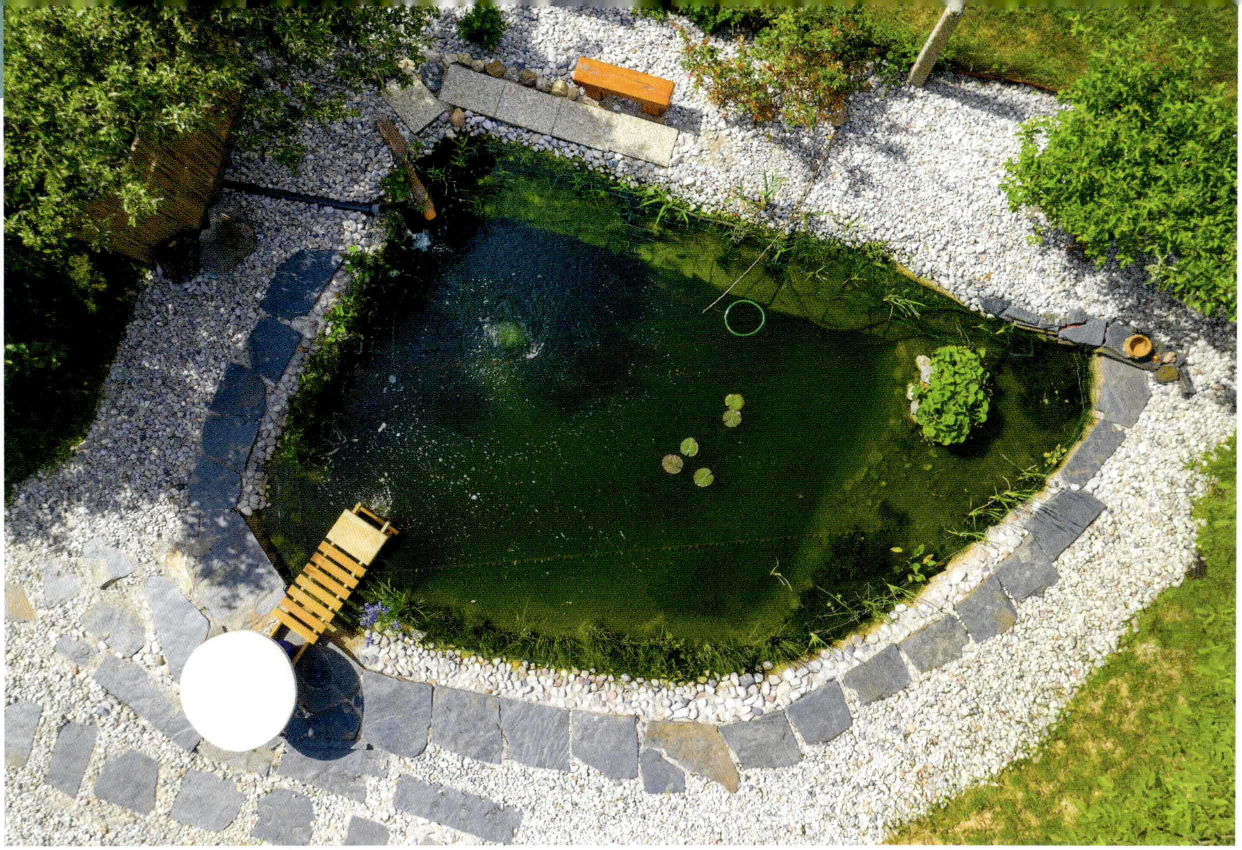

Holzdeck als Übergang

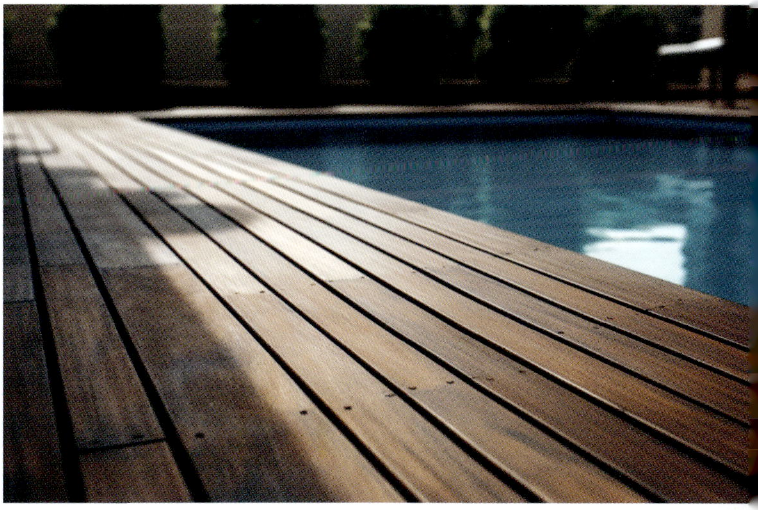

Holzdecks schaffen den Übergang zur übrigen Gartenfläche. Sie geben dem Pool einen optischen Rahmen. Zudem bieten sie Platz zum entspannten Sonnen und zum Lesen und Zusammensitzen.

Von der Sauna in den Naturpool

Mittelpunkt des Gartens war einst der Schwimmteich. Den hat das Ehepaar für seine Tochter Annika gebaut. Doch der Teich ist inzwischen umgeschlagen und nicht mehr nutzbar. Auch der Bachlauf zum Teich ist nur noch Sumpf und macht jedes Jahr viel Arbeit.

Wünsche für den Garten

Beate ↓

» Ich lese sehr gern Gartenzeitschriften, hole mir dort Ideen und bin auch bereit, mal etwas zu verändern. Ich wünsche mir einen pflegeleichteren Garten mit mehreren Staudenbeeten. Der Garten soll in Räume gegliedert werden, sodass ich ihn erkunden kann. «

Jörg ↓

» Ich würde gern den Schwimmteich wieder nutzen können und meine Frau wünscht sich eine Sauna. «

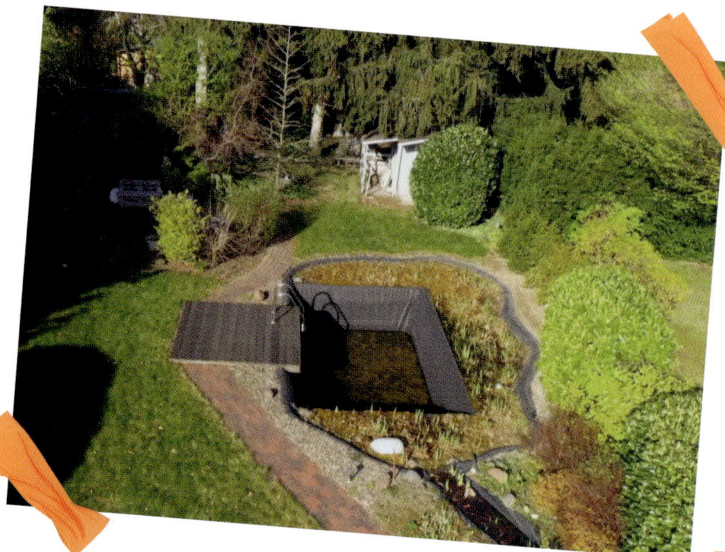

vorher

Konzept

In seinem naturnahen Konzept möchte Davit Arican Sichtschutz zum Nachbargrundstück mit Gehölzen und Stauden schaffen. Eine geschwungene Beetform mit Blumen, Stauden und Gräsern bricht die ehemals rechteckige Terrasse auf.

Der Weg wird verlängert und mündet einerseits in einem Gemüsegarten, andererseits im Wellnessbereich mit Sauna und Schwimmteich. Von der Saunaterrasse aus Stein führt ein Holzsteg direkt ins Wasser.

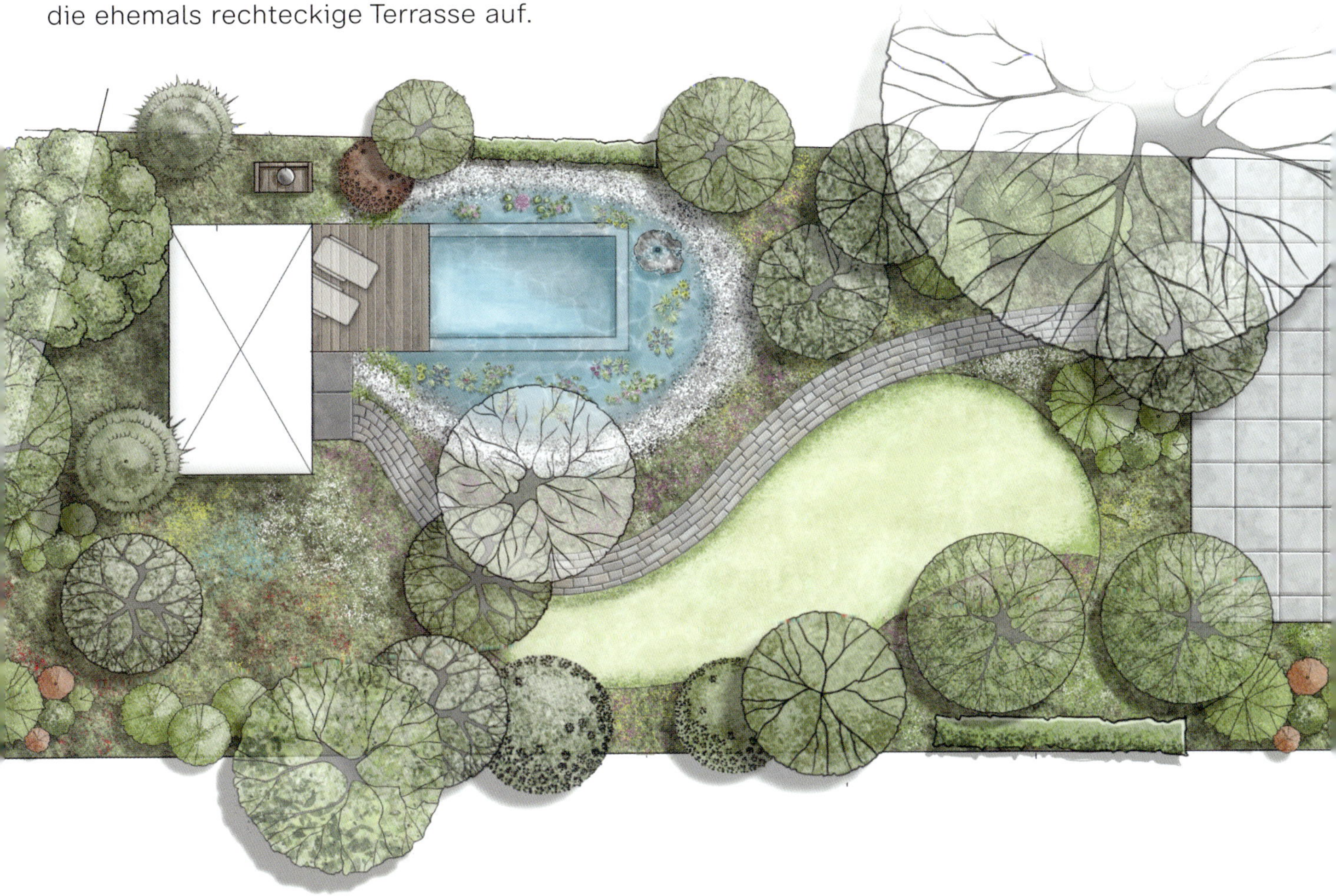

→ **Lage:** Dormagen

→ **Größe:** 400 m² → **Kosten:** 40.000 €

→ **Auftraggeber*innen:** Beate und Jörg

→ **Ausführender Gartenprofi:** Davit Arican

Umsetzung

Zuwegung schaffen

Der Durchgang in den Garten ist nur 80 Zentimeter breit. Das Team hat kleine Maschinen für die enge Zuwegung dabei. Für die großen Bauteile wurde extra ein Schwerlastkran geordert, der die Saunapaletten über das Haus hinweg auf den hinteren Teil des Grundstücks hieven kann. Der Garten wird mit Fahrplatten aus Kunststoff ausgelegt. Diese sorgen für einen befahrbaren Untergrund und schützen den Boden vor Verdichtung.

Altes erneuern

Der bestehende Holzsteg wird abgebaut und zwischengelagert. Die Familie wird ihn in den folgenden Tagen abschleifen und ölen. Die alte Teichfolie soll durch eine neue ersetzt werden. Doch die bestehende Teichmulde erweist sich als so instabil, dass der Gartenprofi sein Konzept an die Gegebenheiten anpassen muss. Er wird nun den Schwimmbereich durch Mauern stabilisieren und ihn so von den Uferzonen trennen. Das macht die gesamte Anlage teurer. 200 Betonschalungssteine und sechs Quadratmeter Beton sollen den Teich vor dem brüchigen, lehmigen Boden schützen. Armierungseisen im Inneren der Schalungssteine sorgen für die nötige Festigkeit.

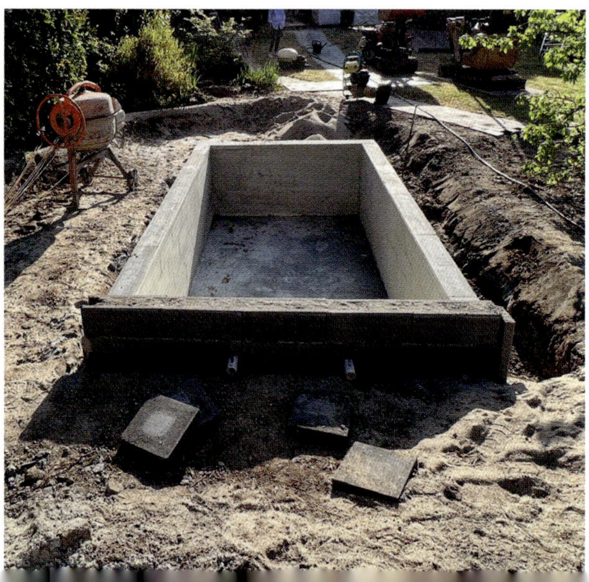

Die Mauer im Teich wird schließlich fein verputzt. Das schützt die Teichfolie vor Verletzungen, die eng wie eine Haut über dem Skelett der Mauer liegen wird. Zusätzlich legen die Gärtner Textilvlies aus, damit sich auch keine Steine durchdrücken. Dann wird die olivfarbene PVC-Folie aufgeschweißt. Die Bereiche außerhalb der Schwimmzone müssen mit Kies abgedeckt werden, damit die UV-Strahlung die Folie dort nicht brüchig werden lässt. Abschließend wird im Pool eine Reinigungstechnik installiert. Eine Umwälzpumpe saugt nun mithilfe eines Skimmers Laub und groben Schmutz von der Oberfläche ab.

Teichpflanzen

Von den vorhandenen Pflanzen können einige wiederverwendet werden, etwa der Tannenwedel und die Sumpf-Iris. Sie passen in das Konzept des Gartenprofis: Das Teichwasser soll durch Pflanzen gereinigt werden. Dazu wird um das Schwimmbecken herum ein Sumpfbereich geschaffen. Weitere Pflanzen, die gut mit den dort herrschenden Wassertiefen von 10 bis 20 Zentimetern zurechtkommen, werden gemeinsam mit der Familie in einem Pflanzencenter ausgesucht. Dort entscheiden sie sich für die rosa blühende Kuckuckslichtnelke und das Ährige Tausendblatt, welches das Wasser gut mit Sauerstoff anreichert, ebenso wie der Blutweiderich.

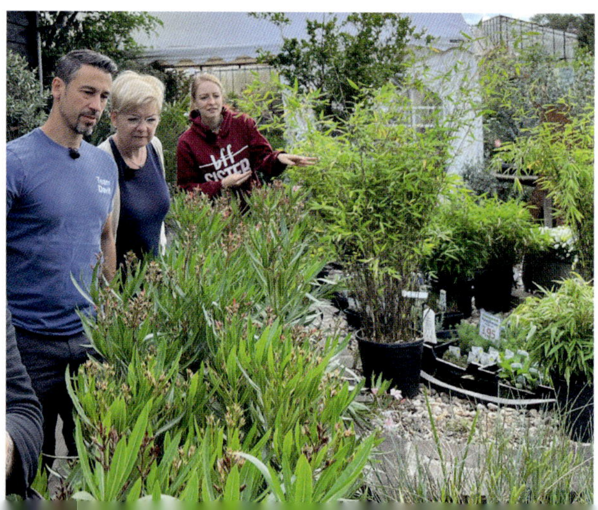

Der Saunabereich

Hinter dem Teich wird der Platz für die Sauna vorbereitet. Dazu muss das Erdreich ausgeschachtet und eine Schottertragschicht aufgebracht werden. Die darauf verlegten Gehwegplatten dienen als Fundament für die Sauna. Darüber hinaus bilden sie eine Terrasse. Von dort aus führt der Holzsteg direkt in den Schwimmteich.

Ein Amberbaum (*Liquidambar styraciflua*), der im Garten an anderer Stelle ausgegraben wurde, wird neben dem Teich in der Sichtachse der Sauna positioniert, um das wuchtige Gebäude optisch aufzubrechen. Im Herbst überzieht ihn eine schöne Rotfärbung.

Geschwungener Weg zur Sauna

Ein Weg führt geschwungen um den Baum herum. Dafür verwenden die Gärtner den Klinker, der ebenfalls schon im Garten vorhanden war. Dieses wertvolle Material mit seiner hohen Festigkeit wurde aufgenommen und wieder verbaut. An der Sauna vorbei endet der Weg als kleiner Pfad im Gemüsegarten. Auf der anderen Seite der Sauna ist eine Außendusche entstanden, die sich halb hinter einem neu gepflanzten Bambus verbirgt.

Pflanzenkonzept für den Garten

Insgesamt 60 verschiedene Arten an Blumen, Stauden und Gehölzen hat der Gartenprofi für die Gestaltung des Gartens vorgesehen. Zwei neue Beete und der ehemalige Bachlauf werden damit begrünt. Das Pflanzenkonzept setzt auf Blütenstauden für den Sonnenbereich. Gräser und Blumen sollen diesen auflockern und Sträucher für Sichtschutz sorgen. Die Auftraggeber*innen hatten sich gewünscht, dass die Rasenfläche kleiner wird und stattdessen Blumen und Sträucher die Terrasse einrahmen sollen. Um die neuen Beete anlegen zu können, wird die Grasnarbe abgetragen. Auch das Beet rund um den Amberbaum bekommt unter anderem mit Grasnelken einen blühenden Akzent.

Fazit

Wo vorher ein versumpfter und unbenutzbarer Badetümpel stand, schmiegt sich jetzt ein Wellnesstempel an einen Naturpool. Anstelle einer zugewucherten Fläche mit Wasserlilien und Tannenwedel erstrahlen jetzt bunte Wasserpflanzen, die das Wasser mit Sauerstoff versorgen und klären. Eine große Rasenfläche hat sich in einen Garten mit verschieden Räumen, geschwungenen Beeten und einem Fokus auf Wellness gewandelt.

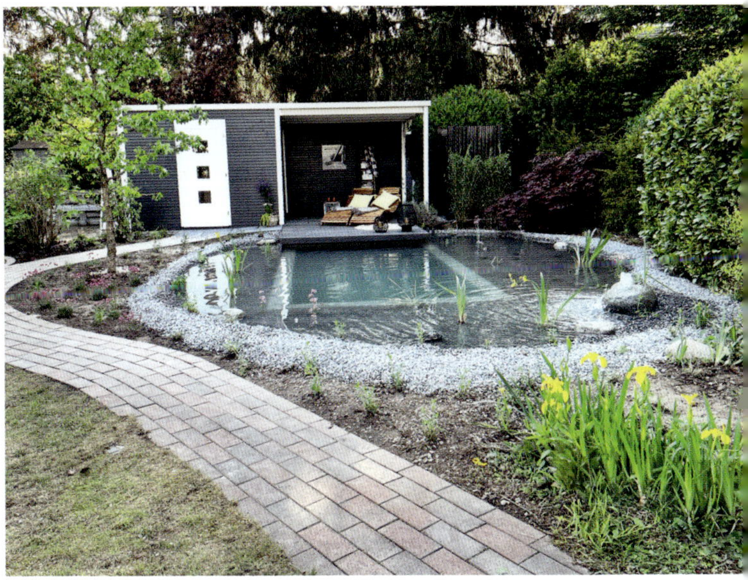

Ein Bad für zwei Familien

Erik ist mit Alex verheiratet. Er wohnt in der einen Haushälfte, sein Zwillingsbruder Ron bewohnt mit seiner Frau Annika und den beiden Kindern die andere. Vor zehn Jahren haben sie gemeinsam im elterlichen Garten gebaut. Zu den Haushälften gehören jeweils eine Terrasse und ein Sichtschutz. Ansonsten lockt kaum etwas nach draußen.

Wünsche für den Garten

Erik ↓

» Wir hätten gern einen Pool und eine Feuerstelle. Das wäre unser Traum als Familie. «

Annika ↓

» Wir haben nie richtig etwas angelegt. Dann kamen allmählich die Spielgeräte für die Kinder. Nun wünschen wir uns einen richtigen Garten. Am liebsten eine Wohlfühloase. «

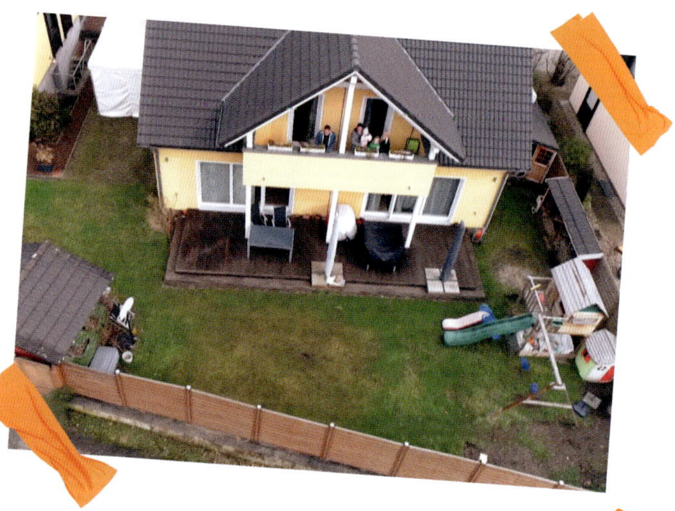

vorher

Konzept

Davit Arican legt ordentlich vor: Er verlängert die vorhandene Terrasse mittels eines Holzstegs, von dort gelangt man zum sechs mal drei Meter großen Pool im neuen Familiengarten. Sträucher sollen den Zaun abdecken, ein Staudenbeet und Gräser setzen farbliche Akzente. Auch zur Hausseite sind weitere Beete und Sträucher geplant. Auf der anderen Seite des Holzstegs führen Trittplatten zu einer gemütlichen Sitzecke mit Feuerstelle sowie einem weiteren Beet.

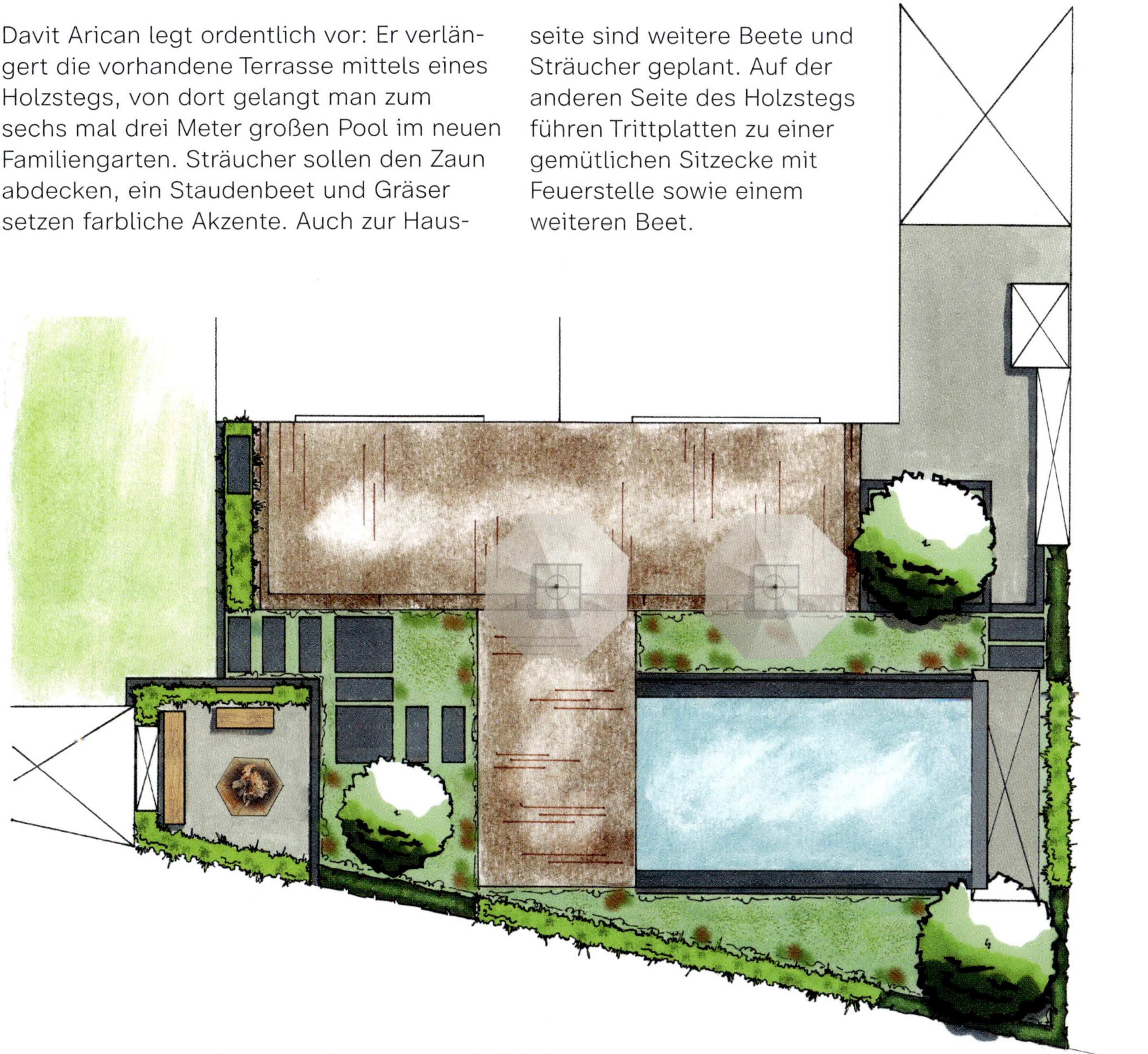

→ **Lage:** Essen → **Größe:** 160 m² → **Kosten:** 40.000 €
→ **Auftraggeber:** Zwillingsbrüder Erik und Ron
→ **Ausführender Gartenprofi:** Davit Arican

Umsetzung

Den Zaun öffnen

Zuerst muss der Sichtschutzzaun an der hinteren Grenze abgebaut werden, um einen Zugang in den Garten zu schaffen. Dann ist die Bahn frei für den Bagger, der die Mulde für den Pool aushebt. Der Pool wird eine Tiefe von 1,5 Metern haben. Wegen des Betonfundaments wird noch zusätzlich 20 Zentimeter tiefer ausgeschachtet. Der Bagger bewegt fast fünf Kubikmeter Erde. Auch der wertvolle Mutterboden wird entfernt, doch nur um ihn zwischenzulagern und später vor Ort wiederzuverwenden. Schotter und andere Baumaterialien gelangen per Kran in den Garten.

Eine Ecke zum Relaxen schaffen

Die geplante Lounge-Ecke, die an den Pool anschließt, umfasst eine Fläche von rund zwölf Quadratmetern. Als Untergrund ist eine Schotterschicht vorgesehen. Darauf kommt eine wassergebundene Decke aus Brechsand, den ein Rüttler verdichtet. Diese Oberfläche bleibt wasserdurchlässig. Es entstehen also keine versiegelten Flächen. Randsteine gleichen den vorhandenen Höhenunterschied aus und legen die neue Gartenhöhe fest. Auf den Schotter folgt daher Zement für die Randsteine.

Das Poolbecken einpassen

Der Bagger verfrachtet noch 46 weitere Tonnen Aushub aus dem Garten. Dann wird das Betonfundament für den 500 Kilogramm schweren Pool gegossen. Ein Kran befördert das robuste Fertigbecken aus glasfaserverstärktem Kunststoff an den vorgesehenen Platz, auf dem zwei Zentimeter dicke Styrodurplatten den Untergrund ebnen und zur Isolierung beitragen. Es sitzt perfekt. Doch vor dem Badespaß steht noch mehr Handarbeit an: Um das Poolbecken wird von außen Schaufel für Schaufel Erdreich in die Mulde gefüllt. Gleichzeitig wird allmählich das Wasser eingelassen. Wichtig ist, dass sich der Druck durch das Wasser und der des Erdreichs ausgleichen. Anderenfalls würden sich die Wände des Pools verformen. Ein ausgeklügeltes Glasschiebedach deckt den Pool schließlich ab. Es lässt 80 Zentimeter Kopffreiheit, sodass man auch bei schlechtem Wetter dort schwimmen kann. Zugleich ist es eine Kindersicherung. Daher muss es nach dem Schwimmen fest verschlossen werden.

Das Holzdeck bauen

Sechs Tonnen Schotter werden als Untergrund für das neue Holzdeck und den Holzsteg verteilt, auf denen man zum Pool gelangt. Als Belag dient sogenanntes Kebony-Holz. Es ist kein Tropenholz, sondern es besteht aus Kiefernholz, das durch die Behandlung mit speziellen Alkoholen besonders haltbar ist. Daher eignet es sich besonders gut für den Einsatz in Wassernähe.

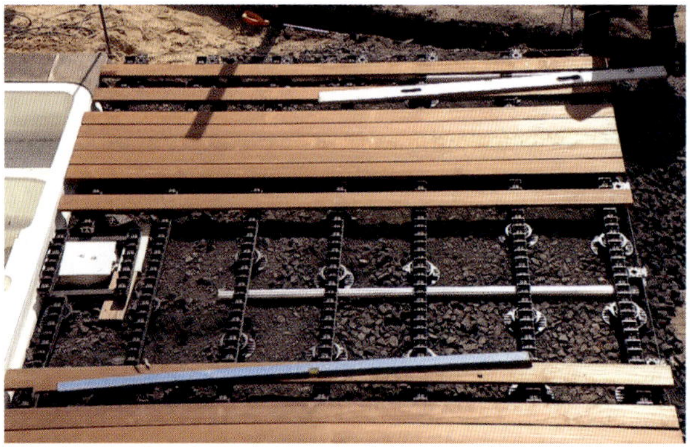

Die Bepflanzung vermittelt ein Mittelmeer-Feeling

In das Beet an der Terrasse kommt eine Brautkirsche (*Prunus incisa* 'The Bride'). Ihren Namen trägt sie, weil sie ab März über und über mit weißen Blüten bedeckt ist. Das Loch wird eineinhalbmal so tief ausgehoben, wie der Ballen groß ist. Anschließend wird dieser mit Wasser eingeschlämmt, damit die Wurzeln sich gut mit dem Boden verbinden. Um den Stamm herum breitet sich Lavendel aus. Stauden und Bodendecker werden rund um den Pool gepflanzt. Sie sorgen dort für Farbe. In den eher schattigen Bereichen sind es etwa Polster-Phlox und Günsel, die den Boden komplett bedecken werden. In die Sonne kommen Frauenmantel und Mannstreu (*Eryngium*). Vor der Pflanzung wird der Mutterboden wieder verteilt. Auf eine Rasenfläche verzichtet die Planung komplett. Dafür setzt der Gartenprofi auf Stauden, Gräser und Bodendecker. 200 Exemplare davon rahmen den Poolbereich ein.

An der Feuerstelle entspannen

Schließlich ist auch die Feuerstelle fertiggestellt. Ein Cortenstahlrahmen dient als Lagerfläche für das Feuerholz. Zusammen mit einem Sichtschutz aus Cortenstahl erhält dieser Ort ein besonderes Ambiente. Und in der Lounge-Ecke am Pool sorgen Dolomitsand, Bambussträucher und bunte Kissen für eine entspannte Beach-Atmosphäre.

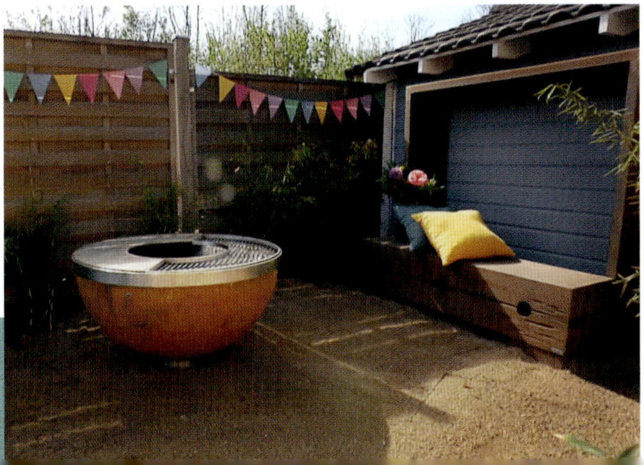

Fazit

Zehn Jahre lang lag der Garten der Familie brach, bis der Gartenprofi die 160 Quadratmeter große Fläche total verwandelt hat. Nun kann ihn die Familie als gemütlichen Rückzugsort genießen und gemeinsam Stockbrot über der Feuerschale grillen. Klein, aber fein ist hier ein neuer Platz an der Sonne entstanden. Auch die trostlose Rasenfläche ist nun Geschichte. Sie ist einem sechs mal drei Meter großen Pool gewichen, der noch eine Sicherheitsglasabdeckung bekommt. Bunte Staudenbeete bringen rund ums Jahr das lange ersehnte Garten-Feeling.

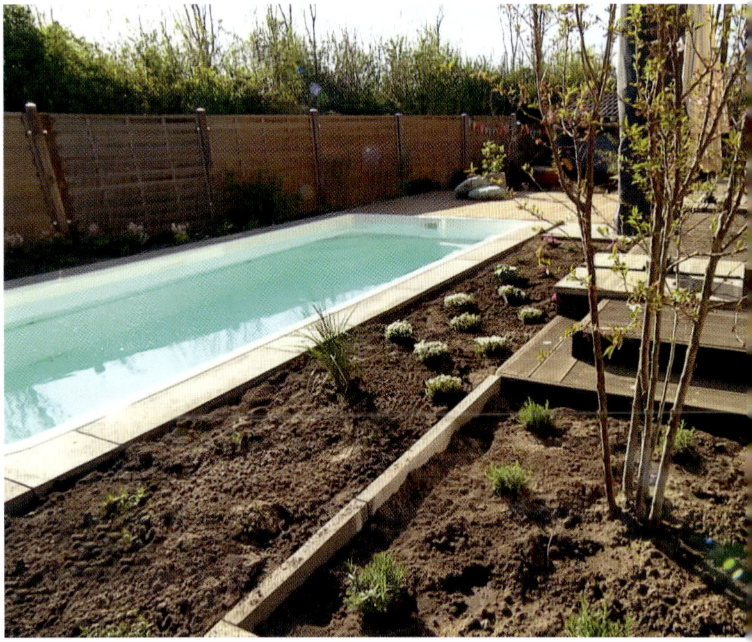

Exkurs:

Wasser in vielen Spielarten

Feuchtbiotope lassen sich im Garten auch auf kleinem Raum anlegen. Sie dienen dann nicht zum Schwimmen, doch sie beleben die Sinne auf andere Art: durch das Plätschern eines Wasserspiels sowie die Akrobatik von Schmetterlingen und Libellen.

Ein naturnaher Teich

Für einen Teich samt Sumpfbereich sollten Sie mindestens zwölf Quadratmeter kalkulieren. Typisch sind die ausgeprägten Uferzonen, die eine üppige Vegetationen mit speziellen Pflanzen gedeihen lassen. Wird das Feuchtbiotop teilweise beschattet, dann heizt sich das Wasser nicht so stark auf. Dementsprechend hat man weniger Ärger mit Eintrübungen und Algen. Wem das Risiko einer Teichanlage wegen der eigenen noch kleinen Kinder zu hoch erscheint, der sollte an dem vorgesehenen Platz zumindest schon eine Mulde ausheben lassen und mit etwas Sand befüllen. Diese kann zunächst als Abenteuerspielplatz dienen. Sind die Kids dann aus dem problematischen Alter raus oder können schwimmen, stellt man den Teich fertig.

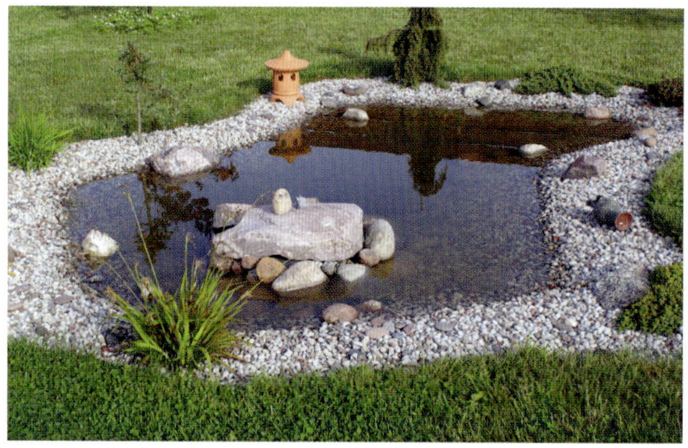

Geradlinige Wasserbecken

Rechteckige Wasserbecken mit befestigten Rändern aus Holz, Stein oder Beton eignen sich, um Wasserspiele darin zu inszenieren, um Gartenachsen zu betonen oder einfach nur, um sich an der spiegelnden Oberfläche zu erfreuen. Die Ufer bleiben unbepflanzt. So wird die geradlinige Form nicht gestört.

Sprudelnde Wasserspiele

Sprudelnde Wasserquellen lassen sich schon mit einfachsten Mitteln installieren. Sie können auf weniger als einem Quadratmeter auch ohne Teich betrieben werden. Dazu benötigt man ein kleines Wasserbecken mit Deckel, eine Pumpe und eine Fontäne. Man bekommt es beispielsweise als Bausatz im Handel. Kieselsteine kaschieren das in den Boden eingelassene Wasserreservoir. Der Klang des fallenden Wassers richtet sich nach dem Untergrund und der Fallhöhe. Ein Sprudelstein erzeugt ein helles Plätschern. Ergießt sich der Strahl hingegen aus größerer Höhe direkt in tieferes Wasser, klingt es dunkel.

Zu wenig Platz kann eigentlich kein Grund dafür sein, auf Wasser im Garten zu verzichten – und sei es nur, dass Sie eine Vogeltränke aufstellen.

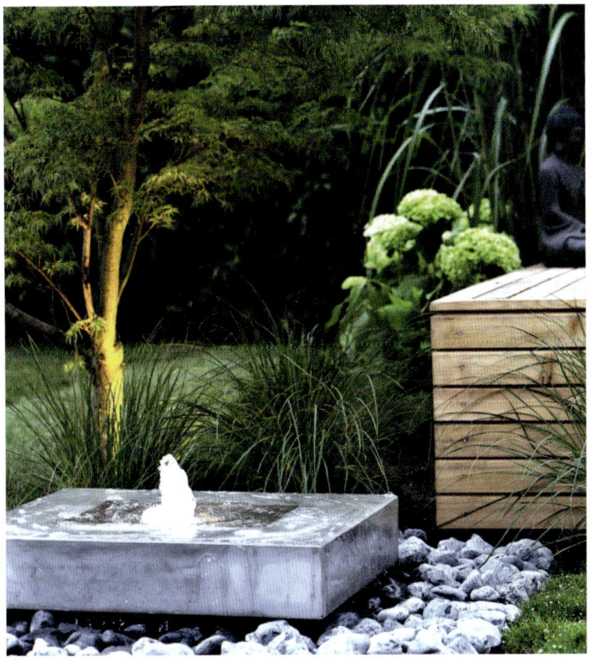

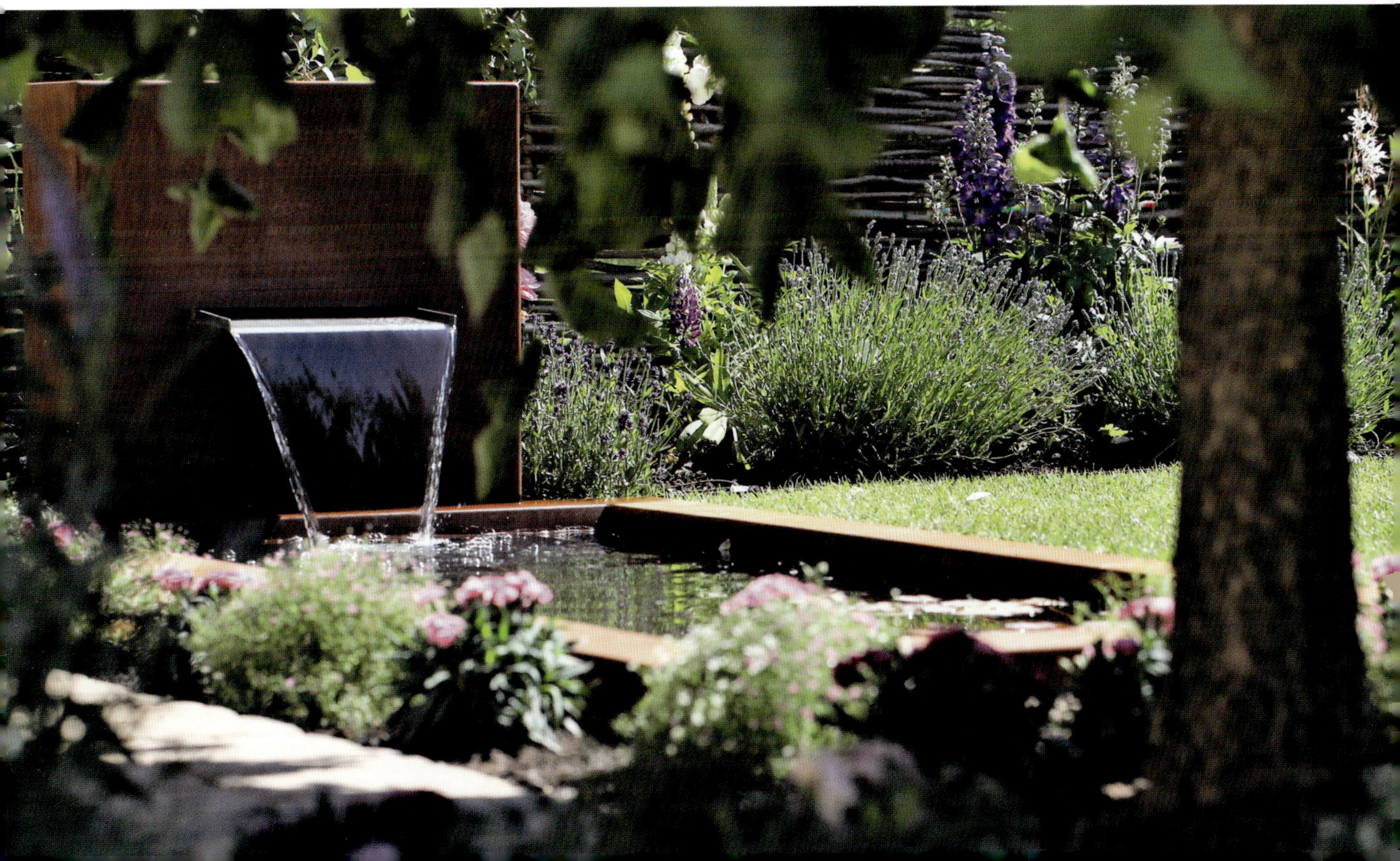

Pflanzenregister

Sachregister

N

O

P

R

S

T

U

V

W

Z

Über die Sendung

Duell der Gartenprofis

Die Sendung „Duell der Gartenprofis" wird seit 2017 im ZDF ausgestrahlt. In diesem Dokutainment-Format geht es um den Umbau und die Verschönerung von Gärten. Dazu entwickeln zwei Gartenprofis Konzepte für jeden Garten und bewerben sich um den Auftrag der Besitzer*innen. Für einen der beiden Gartenprofis müssen sich die Kund*innen entscheiden. Dieser darf das eigene Konzept mit seinem Team daraufhin umsetzen. Eva Brenner moderiert die Sendung und steht den Familien beratend zur Seite. Zur Vervollkommnung des Gartens setzt sie ein DIY-Projekt um und verschönert die neue Wohlfühloase mit Deko.

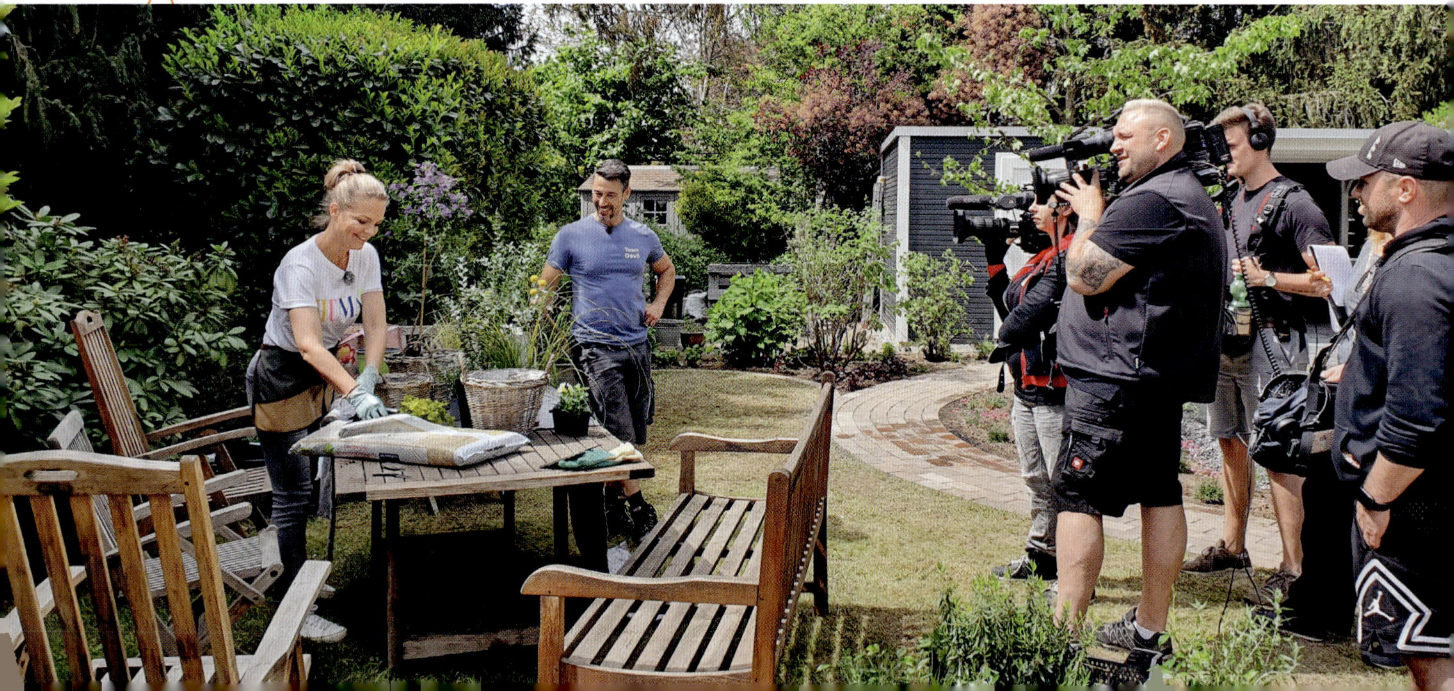

Über den Autor

Michael Breckwoldt studierte Gartenbau und Philosophie. Er verfügt über langjährige Erfahrungen in der Gartengestaltung sowie im Anbau von Gemüse. Nach dem Studium machte er sich als Journalist und Autor selbstständig. Er schrieb für Zeitschriften wie „Flora", „Brigitte" und „Schöner Wohnen". Jahrelang leitete er das Gartenressort des Lifestylemagazins „Living at Home". Inzwischen widmet er sich hauptsächlich dem von ihm gegründeten Onlineshop „Garten und Gabel" sowie seiner Tätigkeit als Lehrer.

→ www.gartenundgabel.de

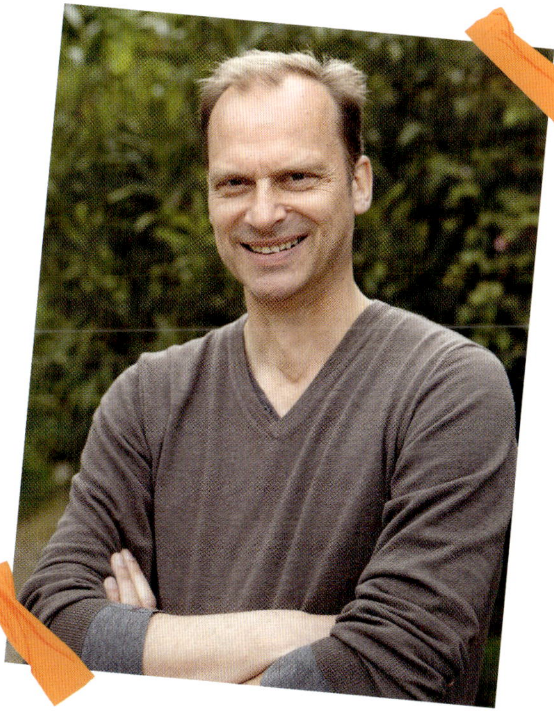

Impressum

Bibliografische Information der Deutschen Bibliothek.

Die Deutsche Bibliothek verzeichnet diese Publikation in der Deutschen Nationalbibliografie.

Detaillierte bibliografische Daten sind im Internet über http://www.dnb.de/ abrufbar.

EIN BUCH DER EDITION MICHAEL FISCHER

1. Auflage 2024

Covergestaltung: Anna Fiedler, Luca Feigs
Redaktion und Lektorat: Saskia Hauck
Layout: Luca Feigs
Satz: Anna Fiedler

Logo lizenziert durch ZDF Studios GmbH © ZDF 2024
Eine Produktion der Redseven Entertainment GmbH

Bildnachweis:
Alle Bilder © ZDF, mit Ausnahme der Folgenden: Profilbild Alexandra Lehne (S. 8 und 10): © Claudia Stranghöhner; Profilbild Davit Arican (S. 8 und 12): © Carrerra-Studios; Profilbild Frank Dietl (S. 16): © Frank Dietl; S. 30: © Toa55/Shutterstock; S. 32: © Tom Meaker/Shutterstock; S. 43: © Frank Lambert/Shutterstock, © Lapa Smile/Shutterstock, © Melissaberry/Shutterstock, © Kim Grosz/Shutterstock, © vulcano/Shutterstock; S. 44: © Gorloff-KV/Shutterstock; S. 54 oben und S. 55 oben: © Nicole Johag; S. 57: © MacBen/Shutterstock, © Paul Maguire/Shutterstock, © M. Schuppich/Shutterstock, © Wiert nieuman/Shutterstock, © Wut_Moppie/Shutterstock; S. 70: © Ground Picture/Shutterstock; S. 71: © Procreators/Shutterstock, © Radoslav Cajkovic/Shutterstock; S. 75: © rootstock/Shutterstock, S. 85: © Sue Chillingworth/Shutterstock, © Maren Winter/Shutterstock © Watercolor_Art_Photo/Shutterstock, © Natalia Greeske/Shutterstock, © Lillusion/Shutterstock, © LifeCollectionPhotography/Shutterstock, © Julia Naether/Shutterstock, © vvoronov/Shutterstock; S. 86: © Bespaliy/Shutterstock; S. 88: © VKKARRI/Shutterstock, © PROSTO photostudio/Shutterstock; S. 89: © John And Penny/Shutterstock, © amperespy44/Shutterstock, © Lmuhamads/Shutterstock; S. 98: © Yurich20/Shutterstock; S. 99: © brizmaker/Shutterstock, © Cameris/Shutterstock; S. 106/107: © Nicole Johag; S. 112: © Iva Vagnerova/Shutterstock; S. 113: © Irina Borsuchenko/Shutterstock, © Beekeepx/Shutterstock; S. 114: © Alexandra Lehne; S. 116: Razumhelen/ Shutterstock; S. 117 links: Ewa-Saks/Shutterstock, rechts: Galina Bolshakova 69/Shutterstock; S. 122: © Alexandra Lehne; S. 123 rechts oben: © Alexandra Lehne; S. 127 links und rechts oben: © Alexandra Lehne; S. 128: © Kathryn Roach/Shutterstock; S. 130: © Leszek Glasner/Shutterstock, © theapflueger/Shutterstock; S. 131: © Beekeepx/Shutterstock, © Manfred Ruckszio/Shutterstock; S. 141: © Joe Kuis/Shutterstock, © photoPOU/Shutterstock, © Bogdan Svistsilnik/Shutterstock, © OlgaOtto/Shutterstock, © Miroslav Hlavko/Shutterstock, © Orest lyzhechka/Shutterstock, © Anton Zhuk/Shutterstock, © Beekeepx/Shutterstock; S. 144: © Tarasovastock/Shutterstock; S. 145: © fotofantasia/Shutterstock, © Andrew Fletcher/Shutterstock; S. 154: © audaxl/Shutterstock; S. 155: © Jurga Jot/Shutterstock, © Vintagepix/Shutterstock; S. 156: © Luis Viegas/Shutterstock; S. 158: © Sergey Novikov/Shutterstock; S. 159: © Kletr/Shutterstock, © Maksym93/Shutterstock; S. 168: © alexkatkov/Shutterstock; S. 175: © Michael Breckwoldt.

Illustrationen: Farbige Hintergründe: © ZDF; Blumen: © Net Vector/Shutterstock.

Gartenpläne:
S. 35, 161 und 165: © Davit Arican, S. 39 und 95: © Nico Sollazzo, S. 49: © Frank Riese, S. 53 und 105: © Nicole Johag, S. 63: © Frank Dietl, S. 67 und 151: © Marius Surmann, S. 81: © Dennis Thiele, S. 119 und 125: © Alexandra Lehne, S. 133 und 137: René Pütz.

ISBN 978-3-7459-2195-3

Gedruckt bei: PNB Print SIA „Jansili",
Silakrogs, Ropazu novads, LV-2133, Lettland

www.emf-verlag.de